AMBASSADORS' VIEWS ON
CHINESE MODERNIZATION

各国大使眼中的

中国式现代化

孙超◎主编
Edited by Sun Chao

双语版
BILINGUAL EDITION

中信出版集团 | 北京

图书在版编目（CIP）数据

各国大使眼中的中国式现代化：汉、英 / 孙超主编
. -- 北京：中信出版社，2023.6
ISBN 978-7-5217-5739-2

Ⅰ. ①各… Ⅱ. ①孙… Ⅲ. ①社会主义建设－现代化建设－研究－中国－汉、英 Ⅳ. ① D61

中国国家版本馆 CIP 数据核字（2023）第 087167 号

各国大使眼中的中国式现代化
主编：孙超
出版发行：中信出版集团股份有限公司
（北京市朝阳区东三环北路 27 号嘉铭中心 邮编 100020）
承印者： 北京诚信伟业印刷有限公司

开本：787mm×1092mm 1/16 印张：22.25 字数：334 千字
版次：2023 年 6 月第 1 版 印次：2023 年 6 月第 1 次印刷
书号：ISBN 978-7-5217-5739-2
定价：99.00 元

服务热线：400-600-8099
投稿邮箱：author@citicpub.com

祝愿卢中友谊不断发展，一起向未来！[①]

亨利·阿尔伯特·加布里埃尔·菲利克斯·
玛丽·纪尧姆　卢森堡大公

中国是伟大的合作伙伴。卢森堡和中国两国虽然大小不同，但长久以来两国关系一直很好，并且在贸易、投资、金融等领域保持着很高水平的合作。卢森堡希望同中国进一步深化合作，共同促进世界发展。

2022 年，中国共产党第二十次全国代表大会对未来 5 年乃至更长期中国的发展做出重要规划。坚持对外开放是中国的基本国策，中国的发展将为中卢两国合作和世界各国带来更多新机遇。我们向所有为卢中友谊做出贡献的人致敬，祝愿卢中友谊不断发展，一起向未来！

① 本文由卢森堡驻华使馆协助提供。

Wish the Luxembourg-China Relations Develop Constantly for A Shared Future[①]

Henri Albert Gabriel Félix Marie Guillaume,
Grand Duke of Luxembourg

China is a great partner. Although quite different in territorial area, the two countries have maintained good relations for a long time, with high level of cooperation in trade, investment, finance and other areas. Luxembourg hopes to further deepen cooperation with China and jointly promote development of the world.

The 20th National Congress of the Chinese Communist Party in 2022 has made a significant development plan for China in the next five years and beyond. Adhering to its fundamental state policy of opening-up, China's development will bring more new opportunities for Luxembourg-China cooperation and other countries of the world. We pay tribute to all those who have contributed to Luxembourg-China friendship, and wish the Luxembourg-China relations develop constantly for a shared future.

① This article was provided with the assistance of the Embassy of Luxembourg in China.

巴中友谊：长久、爱和信任[1]

夏巴兹·谢里夫　巴基斯坦总理

孔子曾这样赞美朋友和友谊：益者三友，“友直、友谅、友多闻”。

巴中永恒的友谊符合孔子所阐述的这三个特质！

长久、爱和信任能恰到好处地描述巴中友谊。没有哪种关系像巴中关系这样，如此深入人心、牵动人心。人们用饱含深情的诗情画意的语言来形容这无与伦比的关系。同舟共济、守望相助的感人故事代代相传，已成为我们共识中不可磨灭的一部分。

在两国人民的热情培育下，在两国领导人高瞻远瞩的引领下，巴中友谊的种子已长成根深叶茂的常青树，经受住了国际局势动荡和国内各种变化的考验。

对巴基斯坦来说，与中国的关系是我们外交政策的基石。在中国，巴基斯坦被称为“巴铁”，是“铁杆”兄弟。在其他地方，巴中关系因其独特的坚毅、始终不渝的坚持和深厚的信任而广受赞赏。

我就任总理后的首次访华之旅正值中国共产党第二十次全国代表大会胜利闭幕后不久的重要时刻。

我向习近平总书记和中国共产党开启了中国发展进步的新时代

---

① 本文由巴基斯坦驻华使馆协助提供。

表示最诚挚的祝贺。我深深相信，这也预示着巴中友谊将迎来更加光明的未来！

自我从政以来，中国的文明特质、悠久历史以及成为世界政治经济中心的艰辛历程等让我充满好奇。

在此前的中国之行中，我试图解开中国快速成长和发展的奥秘。中国人民的无私奉献、辛勤劳动，特别是为实现国家目标所展现出的“中国速度”都给我留下了深刻的印象。作为旁遮普省的首席部长，我试图以同样的精神发展该省的社会经济。作为巴基斯坦总理，我决心以同样的热情努力实现我们共同的发展目标！

自从我上次访华以来，国际形势发生了前所未有的深刻变化。比如，地缘政治紧张引发的冲突、意识形态分歧的重燃、经济和技术“脱钩”以及代价高昂的军备竞赛。遗憾的是，与此同时，还有许多人正遭受贫穷、疾病和饥饿。

21 世纪的当务之急是我们需要以一种新格局来应对出现的新挑战和新机遇，令本地区摆脱冲突和战火。我们希望在相互尊重、保持合作精神的基础上，与邻国建立友好关系，希望在《联合国宪章》和决议的基础上，通过对话和外交手段和平解决所有悬而未决的争端。

所有这些挑战的性质和起源都是独特的，如果不加以应对，它们可能会严重影响全球化的进程，使人类所取得的伟大成就付之东流。这就必须开展习近平主席所倡议的“全球行动、全球应对、全球合作”。

在这样的国际形势下，巴中战略伙伴关系的重要性更加凸显。重要的地理位置、双方共同的观点、不断扩大的经济伙伴关系以及强烈的使命感使我们成为天然的伙伴。

巴方致力于进一步深化两国关系，继续在核心问题上相互支持，继续为促进地区和平与互联互通做出努力，逐步将巴中全天候战略合作伙伴关系推向信任和密切合作的新高度。

新冠肺炎疫情发生后，中方向巴方提供的声援和支持，是我们友谊久经考验的生动写照。60 多架载有紧急医疗物资的救援飞机被派往巴基斯坦，中国制造的疫苗是巴基斯坦全国疫苗接种行动的支柱。

同样，在巴基斯坦发生特大洪灾后，中国领导人、中央政府、地方政府、企业和各界人士纷纷挺身而出，向巴基斯坦灾民伸出援助之手。令我特别感动的是，很多看到巴基斯坦洪灾画面的中国孩子，也捐出了他们的零花钱。这些感人的故事真实反映了两国人民的深情厚谊和兄弟情谊。

今天，在迈向强劲、可持续和包容的经济发展过程中，巴基斯坦发现自身正处在前所未有的变革中。与其他国家一样，由于全球经济增长放缓、食品和石油价格上涨以及供应链中断，巴基斯坦的经济也面临着许多挑战。尽管全球经济面临不利因素，巴基斯坦政府仍在努力利用自身的资源和潜力，以确保人民的繁荣与进步。

无论是实现全面建成小康社会的第一个百年奋斗目标，还是全面建成社会主义现代化强国的第二个百年奋斗目标，在实现这些目标的过程中，中国的成就都给我们以启示。

中国是巴基斯坦最大的贸易和投资伙伴。我们希望通过充分发挥巴中自由贸易协定第二阶段议定的作用和加强产业合作来深化我们的伙伴关系。巴基斯坦可以成为中国的制造业基地，成为中国工业和供应链网络的延伸。

作为世界第五大人口大国，巴基斯坦青年比例超过60%，人才辈出，市场发展迅速，潜力巨大。在工业现代化、农业现代化、基础设施、绿色能源和数字经济等领域，巴基斯坦为中国企业提供了有吸引力的投资机会。

自古以来，巴基斯坦肥沃的河谷一直是南亚次大陆的粮仓。在农业互补的基础上，我们两国可以加快双边合作，促进农业企业化、高效用水、杂交种子和高产作物开发，建立冷库链。这种合作对于解决与粮食安全有关的共同关切具有更加重要的意义。

气候变化对人类的生存构成了威胁。近来前所未有的洪水淹没了巴基斯坦 1/3 的领土，3 300 多万人受到影响，经济损失巨大。这场气候变化引发的灾难给质疑者敲响了警钟，也吹响了联合行动的号角。

中国是应对气候变化的领军者之一，并且不断升级灾害应对机制。我们期待学习中国在预警系统、建设坚固的基础设施和灾害管理方面的领先技术。

知识经济已成为拉动国家经济增长的新动能。在巴基斯坦，我们将重点放在电子商务、科技园区和智慧城市建设上。我们赞赏中国科技的迅速进步，愿与中国扩大在量子计算、机器人、人工智能、大数据等新兴和智能技术领域的合作。

巴基斯坦是“一带一路”倡议最早的合作伙伴。我们还积极支持习近平主席提出的全球发展倡议，该倡议与“一带一路”倡议相辅相成，有助于落实联合国 2030 年可持续发展目标。作为一个重要伙伴国家，巴基斯坦期待与中国共同努力，实现全球发展倡议目标。

中巴经济走廊作为“一带一路”倡议的旗舰项目，在短短几年时间里为我们社会经济发展注入了新的活力。我记得，中巴经济走廊是在我哥哥纳瓦兹·谢里夫前总理任内正式启动的。作为旁遮普省首席部长，我在创纪录的时间内完成了许多关键的能源和公共交通项目，包括萨希瓦尔燃煤电厂、真纳太阳能公园和巴基斯坦首个拉合尔橙线公共交通项目，为当时的政府工作做出了贡献。

作为巴基斯坦乃至整个地区的游戏规则改变者，中巴经济走廊是我国政府发展议程的核心支柱。在中巴经济走廊的框架下，能源和交通基础设施项目顺利完成，并为巴基斯坦经济振兴打下了基础，也为两国各领域合作打下了坚实基础。

中巴经济走廊下一阶段的高质量发展，将围绕产业、能源、农业、信息通信技术、铁路公路网等重点领域，将瓜达尔港建设成为贸易和转运、投资和区域互联互通的枢纽。我们的总体目标是，发挥中巴经济走廊的潜力，促进巴基斯坦包容性和可持续增长，促进社会经济发展，改善人民生活。

确保中国在巴人员和项目的安全是我们的首要任务之一。有中国人在巴基斯坦失去了宝贵生命，也是我们的损失。我们不会让任何人破坏我们的亲密友谊和牢固的经济伙伴关系。我们将不遗余力地把这些肇事者绳之以法。

对于旁观者来说，巴中友谊可能是由各自国家利益驱动的。对历史学家而言，可能是相近的地理位置和相同的过往经历让我们走到了一起。但对我们巴基斯坦人来说，我们两国人民之间的兄弟情谊有更深刻的本质，它超越了国家间关系的一般准则，将我们团结在一种长长久久的关系中。

在进一步扩大两国人文交流、凝聚两国民众的同时，我们要特别重视加强两国青年交流，传承两国友好的优秀传统，让两国青年在日新月异的世界中把握两国友好的重要意义。

为了实现两国人民的美好未来和地区和平稳定的共同愿景，巴中紧紧联系在一起。这是历史赋予我们的责任，我们一定会全力以赴！

2015 年 4 月，习近平主席在巴基斯坦议会发表演讲，称赞巴中关系“比山高，比海深，比蜜甜”。我坚信，我们的关系能够帮助我们实现共同的愿景。

巴中友谊万古长青！

Pakistan-China Friendship: Longevity, Love and Trust[①]

Shehbaz Sharif, Prime Minister of Pakistan

Confucius once paid tribute to friends and friendship in these illuminating words:

"There are three types of good friends: one that is direct and honest; one that is trustworthy, dependable, and generous when you need help; and one that is knowledgeable and talented to guide you and show you what you can't see."

Pakistan-China eternal friendship fulfils all three attributes as illustrated by the Great Master!

Longevity, love and trust aptly describe Pakistan-China friendship. There is no relationship like ours which so deeply touches the soul of our people and evokes such strong emotions. Poetic expressions with emotive diction are used to captivate the essence of these fabulous ties. Touching stories of mutual support and solidarity in difficult times, transferred from generation to generation, have become an ineffaceable element of our collective consciousness.

Nurtured by the enthusiasm of our peoples and steered by vision of

① This article was provided with the assistance of the Embassy of Pakistan in China.

the leadership, the seed of Pakistan-China friendship has blossomed into an evergreen tree with deep roots and strong branches. It has withstood the vicissitudes of international upheavals and vagaries of domestic changes.

For Pakistan, relations with China form the cornerstone of our foreign policy; in China, Pakistan is described as Ba Tie i. e. China's Iron Brother, and elsewhere our ties are appreciated for their unique strength, enduring permanence and unfathomable trust.

I had my first bilateral visit after assuming office, and that too at an opportune time, soon after the successful conclusion of the 20th National Congress of the Communist Party of China.

I would like to express my heartiest felicitations to my brother General Secretary Xi Jinping and the Communist Party of China for starting a New Era of China's progress; and I say with complete confidence that it heralds the dawn of a brighter era of Pakistan-China friendship too!

Ever since the beginning of my political career, China's civilizational ethos, rich historical experiences and its odyssey to become the centre of global politics and economics has been a subject of irresistible curiosity for me.

In my previous visits to China, I tried to unlock the secrets of its rapid growth and development. I was deeply impressed to observe the selfless dedication, toil and labor of Chinese people, in particular the "Chinese speed" to achieve national targets set by the leadership. As the Chief Minister of Punjab, I tried to work with the same spirit for the province's socio-economic development. As the Prime Minister of Pakistan, I am determined to work with similar passion to meet our common development goals!

Since my last visit to China, the international landscape has undergone a profound transformation unprecedented in its scale and scope. Geopolitical tensions are leading to conflicts, resurrection of ideological divide, economic and technological decoupling, and costly arms race. Sadly, this is happening when a multitude of humanity continue to suffer from poverty, disease and hunger.

The imperatives of 21st century demand a new paradigm to deal with emerging challenges as well as opportunities and to wean our region away from conflict and conflagration. We seek friendly relations with our neighboring countries on the basis of mutual respect and spirit of cooperation, and desire peaceful resolution of all outstanding disputes through dialogue and diplomacy based on UN charter and resolutions.

The very nature and genesis of all these challenges is unique and, if left unattended, they could reverse the march of globalization and undo the great achievements humankind has made. It surely requires what President Xi Jinping has often said, global action, global response and solidarity.

Amidst this unfolding global scenario, the salience of China-Pakistan strategic partnership has increased manifold. The imperatives of geography, our common outlook, expanding economic partnership and an acute sense of destiny have made us a natural partner.

Pakistan is committed to further deepen bilateral ties between our two countries, continue our mutual support on core issues, continue our efforts for regional peace and connectivity and progressively advance our all-weather strategic partnership of cooperation to a new pinnacle of trust and close cooperation.

The solidarity and support China extended to Pakistan in the aftermath of COVID-19 pandemic was the vivid manifestation of our time-tested friendship. Over sixty relief flights carrying emergency medical supplies were sent to Pakistan. Chinese-made vaccines were the mainstay of our nation-wide immunization drive.

Similarly, after the recent devastating floods in Pakistan, China's top leadership, central government ministries, provincial governments, enterprises and common people from all walks of life came forward to assist the flood-affected people of Pakistan. I was particularly touched to note that even children on watching visuals of floods in Pakistan donated their pocket-money. These moving stories truly reflect the deep affection and close fraternal bonds between our two peoples.

Pakistan today finds itself at the anvil of unprecedented changes as it marches forward for a robust, sustainable and inclusive economic development. Like other countries, Pakistan's economy too is facing number of challenges due to global economic slowdown, rising food and oil prices and supply chain disruptions. Despite the global economic headwinds, my government is working assiduously to harness our indigenous resources and potential for ensuring prosperity and progress of our people.

In pursuance of these objectives, we draw inspiration from China's achievements be it attaining the first centenary goal of building a moderately prosperous society or its endeavors for meeting the second centenary goal of building a modern socialist country in all respects.

China is Pakistan's largest trade and investment partner. We want to expand these ties by making an optimal use of the 2nd Phase of Pakistan-China Free Trade Agreement and enhancing industrial cooperation. Pakistan can serve as the manufacturing base for China and an extension of its industrial and supply chain network.

As the fifth populous country with over 60 percent youth, talented human resource and a burgeoning market with immense growth potential, Pakistan offers attractive investment opportunities to the Chinese companies in areas of industry, agriculture modernization, infrastructure, green energy and digital economy.

Since ancient times, the fertile river valleys of Pakistan have been the granaries of the subcontinent. Building upon the complementarities in agriculture, our two countries can fast-track bilateral cooperation to boost corporate farming, efficient water usage, development of hybrid seeds and high yield crops and establishing cold storage chains. This cooperation has assumed an added importance to address common concerns related to food security.

Climate change poses an existential threat to humanity's survival. The recent unprecedented floods in Pakistan inundated one-third of our territory and affected over 33 million people with huge economic losses. This climate-induced catastrophe is a wake-up call for the sceptics and a clarion call for joint action.

China is leading voice for addressing the adverse impacts of climate change and has upgraded its disaster response mechanism. We look forward to learning from China's technological advancement in early warning system, building resilient infrastructure and disaster management.

Knowledge-based economy has emerged as the new driver for national growth. In Pakistan, we are laying focus on e-commerce, establishment of technology parks and smart cities. We appreciate China's rapid advancement in science and technology and want to expand cooperation in emerging and smart technologies including quantum computing, robotics, AI, and big data.

Pakistan is the earliest partner of President Xi Jinping's visionary

Belt and Road Initiative. We have also ardently supported President Xi's Global Development Initiative, which complements BRI and would contribute to the implementation of UN 2030 SDGs. Pakistan looks forward to working with China to meet GDI goals as a key partner country.

China Pakistan Economic Corridor(CPEC) as the flagship of BRI has infused renewed vitality into our socioeconomic development in a short span of a few years. I fondly recall that CPEC was formally launched during the tenure of my brother, former Prime Minister Nawaz Sharif. As the Chief Minister of Punjab, I contributed to the then government's effort by completing many key energy and public transport projects in record time which included coal power plants at Sahiwal, Quaid-e-Azam Solar Power Park and Pakistan's first Lahore Orange Line mass transit project.

As a game-changer for Pakistan and subsequently for the broader region, CPEC is the central pillar of my government's development agenda. Under its rubric, the successful completion of energy and transport infrastructure projects have set the stage for Pakistan's economic revitalization and for laying a solid foundation for cooperation in diverse sectors.

CPEC's next phase of high quality development will encompass key areas such as industry, energy, agriculture, ICT, rail and road network and developing Gwadar Port as a hub of trade and transhipment, investment and regional connectivity. Our overall aim is to harness the potential of CPEC for Pakistan's inclusive and sustainable growth, socioeconomic development and for improving livelihoods of our people.

Safety and security of Chinese personnel and projects in Pakistan remains our top priority. The loss of precious Chinese lives in Pakistan is our loss. We would not let anyone to damage our close friendship and strong economic partnership. My government would spare no effort to bring to justice the perpetrators of these reprehensible acts.

To a cursory observer, Pakistan-China friendship may be driven by their respective national interests. To a historian, the geographical proximity and commonality of past experiences may have brought us together. But for us in Pakistan and in true essence, fraternal bonds between our two peoples are much deeper, transcending the general precepts of inter-state ties and uniting us in an eternal and timeless relationship.

While intensifying our efforts to expand our bilateral cultural exchanges and bringing people of our two countries together, we need to pay a special focus to encouraging more exchanges amongst our youth to bequeath finest traditions of our bilateral friendship and to help them grasp its significance in a fast-changing world.

Both Pakistan and China are tied together by a common vision to play a role for bright future of our people as well as for peace and stability of the broader region. This is a responsibility that history has placed on our shoulders and we would surely fulfill it!

And I am confident that our relationship, which President Xi hailed as"taller than mountains, deeper than oceans, and sweeter than honey"in his address to Pakistan's Parliament in April 2015, can help us achieve our common aspirations.

Live Long Pakistan-China Friendship!

埃中友谊：彼此信任，相互尊重，团结一致

艾哈迈德·希德　埃塞俄比亚共和国财政部部长

中国和埃塞俄比亚是全面战略合作伙伴关系。在过去的20多年里，中国是埃塞俄比亚最大的贸易伙伴之一，最大的外国投资来源之一，也是最大的基础设施承包商和携手发展最重要的伙伴之一。在中方的支持和援助下，我们完成了部分道路基础设施项目，这增加了埃塞俄比亚的商业和就业机会，减少了贫困，更改善了人民生活。埃塞俄比亚—吉布提铁路、亚的斯轻轨、亚的斯亚贝巴—阿达马收费公路、阿达马风电项目和集成产品开发的成功建设，为非洲的区域一体化，尤其是非洲之角创造了有利的环境。同时，也促进了非洲大陆自由贸易区的建设。

中国为埃塞俄比亚机场、水电厂、制造业和工业园区的升级和建设提供了支持，帮助埃塞俄比亚实现成为非洲下一个全球制造中心的愿景，这些投资对于消除贫困、创造更多就业机会产生了更深远的影响。

两国在技能发展、技术转让以及人力资源开发领域的合作，促进了非洲领导力卓越学院的建设和亚的斯亚贝巴河畔绿色发展项目的发展。在中国的帮助下，埃塞俄比亚还成功发射了第一颗和第二颗人造卫星。

在这个不断变化的世界中，埃塞俄比亚和中国建立了深厚坚定

的友谊。面对新冠肺炎疫情，两国互相支持；后疫情时代，两国在经济恢复计划中携手前行。秉持着互惠互利、可持续、包容和独立发展的共同信念，我坚信两国将以新的方式全方位加强合作，包括数字经济、绿色发展、航空航天等激动人心的新领域。

这里我要隆重提到的是，我们真诚的朋友孙超在分享全球政要领袖和外国驻华大使的观点与故事方面做出了巨大的创新和努力。她的作品表明了中国在积极与世界各地的人民沟通，是促进中国和世界其他国家之间关系的桥梁。我希望大家能够走进她的作品，领略更多的中国故事。

最后，请让我向中国和埃塞俄比亚两国人民致以最美好的祝福，愿我们两国和平、进步、繁荣。

Ethio-China Friendship and Partnership is Based on Mutual Trust, Respect and Solidarity

Ahmed Shide, Minister of Finance of the Federal
Democratic Republic of Ethiopia

China and Ethiopia enjoy strategic and comprehensive partnership. Over the last two decades, China has been one of our biggest trading partners, largest sources of foreign direct investment, the biggest infrastructure contractors and the most important development partners. With the support and assistance from China, several road infrastructure projects are completed with a direct impact on improving commerce, creating jobs, poverty reduction and improving livelihoods of Ethiopians. The successful completion of the Ethio-Djibouti Railway, the Addis Light Railway, the Addis Ababa Adama toll road and the Adama wind projects and IPD are creating a conducive environment for regional integration in Africa, especially in the Horn of Africa and complementing the African Continental Free Trade Area .

The support extended from China has been also instrumental in upgrading and construction of airports, water and power plants, manufacturing sectors and industrial parks, assisting realisation of Ethiopia's vision of manufacture hub of Africa. These investments have a profound impact on job creation and on poverty eradication.

The cooperation between the two countries in the realm of skill development, technology transfer and human resource development has been instrumental with the realization of the construction of the African Leadership Excellence Academy, the Addis Ababa Riverside Green Development projects and the first and second satellites which were both launched in Ethiopia with China's assistance.

Ethiopia and China have forged important and unwavering friendship and supported each other in this changing world, including in the face of the COVID-19 pandemic and continue to forge ahead in post COVID-19 recovery program. With shared belief on mutual benefit, sustainability, inclusive and independent development, I firmly believe Ethio-China's all-round cooperation would get stronger via new forms of cooperation, such as digital economy, green development, aerospace and many more new and exciting endeavors.

Important to mention here that our sincere friend Sun Chao, her innovative and tremendous efforts on sharing global leaders and foreign ambassadors' opinions and stories. They are good attempts for showing China's efforts communicating with the audience around the world. Her work can act further as a bridge builder foster the relationship between China and the rest of the world. I encourage you to keep following her work for more China's stories.

Finally, let me extend all my best wishes to the people of China and Ethiopia for peace, progress and prosperity.

聆听的力量

孙超

驼铃声声，丝路漫漫，绵亘千年的丝绸之路有过太多的荣光，也经历了太久的风沙掩埋。2013 年，中国国家主席习近平提出共建丝绸之路经济带和 21 世纪海上丝绸之路重大倡议。从此，“一带一路”倡议掀开了中国与世界发展新的一页。

根植历史，指向未来；源于中国，属于世界。曾经古人穿越沙海绝境，翻越丛岭天堑，留下了凿空西域的足迹；今天我走近上百位世界各国政要、驻华大使，感受丝路再焕生机的全新面貌。

世界熙熙攘攘，采访现场一片安静，我和政要、大使面对面，聆听一个又一个故事，一种又一种声音。认真聆听，我们能感同身受，增进相互了解，达成共识；认真聆听，我们能发现对方的真实期待，把期待转化成实际行动；认真聆听，我们能更好地发出中国声音，让世界更好地读懂中国，为推动构建人类命运共同体做出积极贡献。

当今世界充满着不确定性，可持续发展与全球性挑战并存，中国则是给人们带来机会和希望的国家。“中国式现代化”为解决全球问题提供中国智慧、中国方案、中国力量。

葡萄牙驻华大使杜傲杰就表示，中国的发展和繁荣不仅有益于中国人民，更有益于世界。

芬兰首位女总统塔里娅·哈洛宁赞叹中国在全球化方面发挥了建设性作用。中国在应对全球挑战中更起到了表率作用。

联合国系统驻华协调员常启德表示，中国为全球治理做出了卓越的贡献。中国在过去数十年间所展现的领导力堪称典范。

亚洲基础设施投资银行行长金立群娓娓道来：中国倡导建立亚投行，我们要在充满不确定性的世界中探索一条具有最大包容性和可持续的发展道路。

厄瓜多尔驻华大使卡洛斯·拉雷亚则非常享受在中国的安全感。在新冠肺炎疫情最严重的时期，他被中国人民的严明纪律所震撼，他们要向中国学习将集体主义精神和同理心置于自我和个人主义之上。

巴西驻华大使保罗·瓦莱表示，中国和巴西是东半球和西半球最大的发展中国家，两国之间积极互动堪称南南合作的典范。尽管地理上远隔山海，但是人民心心相印。

秘鲁驻华大使路易斯·克萨达自豪地说自己属龙。他最喜欢做的事情之一就是骑着自行车到处逛逛，探索中国的新事物，就像他1983 年第一次来北京时那样。

第二次担任冰岛驻华大使的古士贤更是盛赞中国共产党的建立是20 世纪改变世界的最伟大的事件之一。

巴基斯坦驻华大使莫因·哈克说，中国让 8 亿多人民摆脱了贫困，这在现代社会是一个了不起的奇迹，是一个巨大的成功。这是了不起的成就，也是巴基斯坦学习的榜样。

卢森堡驻华大使俞博生到访习近平外交思想研究中心，成为首位到访习近平外交思想研究中心的外国驻华大使。卢森堡大公亨利是第一位抵达中国参加北京 2022 年冬奥会的国家元首。亨利大公表示，北京冬奥会组织出色，开幕式非常精彩。中华民族大团结使中国取得了了不起的成就，中国消除绝对贫困更为中国人民和世界带来实实在在的福祉。

……

这样动人的对话故事还有很多很多。过去7年里，我采访了上百位各国政要、驻华大使，每次对话都让我感慨万千。因为每次对话不仅铭刻着历史的记忆，更回应着时代的呼唤。

放眼世界各国，我们能更清晰更深刻地认识到中国始终坚持传承优秀传统文化，立足本国具体实际，从新的实际出发，寻求符合中国人民的最佳发展道路。以中国式现代化全面推进中华民族伟大复兴，始终坚持中国特色之根本，不断创造人类发展新奇迹。

现在，《各国大使眼中的中国式现代化》终于和大家见面了，它跨越国界、时空和语言，凝聚着世界各国大使、政要及决策者不同的感悟和智慧，凝聚着众人的真情和汗水，希望能帮助更多人走近中国，了解中国的发展和我们身处的世界，为诸位带来一些新思路、新方案、新力量。

全新的《各国大使眼中的中国式现代化》（中英双语版）是在《各国大使眼中的“一带一路”》出版三年多后大家努力和探索的最新成果。但限于篇幅和时间等诸多客观因素，很多内容未能收录或未能完美，不免有些许遗憾，请朋友们多多海涵，也请大家多多与我们交流，帮助我们做得更好。

“人类的希望像是一颗永恒的星，乌云掩不住它的光芒。特别是在今天，和平不是一个理想，一个梦，它是万人的愿望。”

太空浩瀚，岁月悠长。

The Power of Listening

Sun Chao

For thousands of years, the Silk Road not only had witnessed its glory in its long spreading and camel bells but also had been lost in sandstorms for many years. In 2013, Chinese President Xi Jinping proposed to jointly build the Silk Road Economic Belt and the 21st Century Maritime Silk Road. Since then, the Belt and Road Initiative has opened a new page in the development of China and the world.

Rooted in history, the Belt and Road Initiative points to the future; Proposed by China, the Belt and Road Initiative belongs to the whole world. Our ancestors used to traverse desert miles by miles and transcend hills by hills, leaving their footprints on the new regions. Today I have interviewed hundreds of global leaders and ambassadors to learn the vigor and vitality of the new Silk Road.

Sitting face to face, I listen closely to their diversified stories and different voices. Our interview room is quiet and harmonious while the outside is bustling and dynamic. To hearken their voices is to enhance mutual understandings and reach more consensuses. By listening, we can realize the true expectations and turn them into actions. By listening, we can make the rest of the world understand China better and we can share

China's narratives well, and make positive contributions to building a community with a shared future for mankind.

In a world full of uncertainty, we promote sustainable development while facing global challenges. China is a country that provides opportunities and hopes to all the people across the world. To address global issues, Chinese Modernization offers Chinese wisdom, Chinese approaches, and China's power.

José Augusto Duarte, the ambassador of Portuguese to China, once put it that China's development and prosperity are beneficial not only to the Chinese people but also to the world.

Tarja Halonen, the first female president of Finland praised China has played a constructive role in globalization and a leading role in addressing global challenges.

Siddharth Chatterjee, Resident Coordinator of the United Nations in China said that China has made a remarkable contribution to global governance and demonstrated exemplary leadership in the past decades.

Jin Liqun, president of Asian Infrastructure Investment Bank(AIIB) mentioned that the goal of China's initiating the establishment of AIIB is to explore the most inclusive and sustainable development path in a world full of uncertainty.

Carlos Humberto Larrea Dávila, the ambassador of Ecuador to China, who really enjoyed the sense of security in China. During the worst period of COVID-19, he was deeply impressed by the strict discipline of Chinese citizens. They learn from China, that is, to put collectivism and empathy above selfishness and individualism.

Paulo Estivallet de Mesquita, the ambassador of Brazil to China, indicated that China and Brazil are the largest developing countries in the eastern and western hemispheres. The positive interactions between two countries can be considered as a model of "South-South cooperation". Despite the geographical distance between the two countries, Chinese and Brazilian people are Close in heart and soul.

Luis Quesada, the ambassador of Peru to China, was proud of his Chinese zodiac dragon. One of his favorite things is to explore new things in China on his bike, just like his first visit to Beijing in 1983.

Gunnar Snorri Gunnarsson, who serves as the ambassador of Iceland to China for the second time, acclaimed that founding of CPC is one of the greatest events in the 20th century that really has changed the world.

Moin ul Haque, the ambassador of Pakistan to China, commanded that it is a remarkable miracle and a huge success that China lifted over 800 million people out of poverty, which is an extraordinary achievement that Pakistan should pursue.

Marc Pierre Hübsch, the ambassador of Luxembourg to China, was the first foreign ambassador to China to visit the Xi Jinping Thought on Diplomacy Research Center. The Grand Duke Henri of Luxembourg was the first head of state to arrive in China for the Beijing 2022 Winter Olympics. He stated that the Beijing 2022 Winter Olympics was well organized and the opening ceremony was splendid. The Great Unity of the Chinese nation has made great achievements in China, and the elimination of extreme poverty in China has brought tangible welfare to the Chinese people and the world.

……

There are more and more touching stories. During the past 7 years, I have interviewed over 100 hundred global leaders and ambassadors. Every time I was inspired and deeply touched and each dialogue is not only engraved with history and also responds to the calls of the times.

Taking a broader view of the world, we can understand China's mission for its people more clearly and deeply. China is always on the path of finding the most appropriate development road for Chinese people by carrying out outstanding traditional culture and basing on China's specific and new reality all the time. Promote the great rejuvenation of the Chinese nation in an all-round way with Chinese modernization, and constantly create new miracles of human development while adhering to the fundamentals of Chinese characteristics.

Today *Ambassadors' views on Chinese Modernization* published by CITIC Press Group, finally meets you. The book transcends boundaries, time, space, and language, embodies the different insights and wisdom of ambassadors, leaders and decision-makers around the world, and unites the passions and efforts of all of us. I hope it can help more people know better about China and China's development as well as the world we are living in. I also hope it can provide you with some new thoughts, new approaches, and new powers.

The new book *Ambassadors' views on Chinese Modernization (bilingual)* is our new joint efforts and new exploration more than three years after the publication of *Ambassadors' Views on the Belt and Road Initiative*. However, due to various objective reasons, including the limited time and length of the articles, some contents are not included and may not be perfect. Please be more forgiving. And we sincerely welcome all of you to communicate with us and to help us do better.

"The hope of human is being like a perpetual star whose light never be overshadowed by dark clouds. Especially today, peace is not an ideal or a dream, but the shared wish of millions of people. "

The universe remains immense as the years are long.

目录

第一部分　中国式现代化是人口规模巨大的现代化

Part Ⅰ　It is the modernization of a huge population

第二部分 中国式现代化是全体人民共同富裕的现代化
Part II It is the modernization of common prosperity for all

第四部分 中国式现代化是人与自然和谐共生的现代化

Part Ⅳ It is the modernization of harmony between humanity and nature

第五部分 中国式现代化是走和平发展道路的现代化

Part V It is the modernization of peaceful development

第一部分

中国式现代化
是人口规模巨大的现代化

中国和联合国携手共创未来

——访联合国系统驻华协调员常启德

2021 年是中国恢复在联合国合法席位 50 周年，也正是在这一年，常启德开始担任联合国系统驻华协调员。在和我的独家对话中，他分享了对中国的发展以及中国参与联合国事务的真知灼见。联合国驻华系统成为中国自改革开放以来深刻经济及社会变革的建设者和见证者。

中国从 1971 年恢复在联合国合法席位到今天，在 50 多年时间里，为世界上最大的国际组织的全球治理工作做出了卓越的贡献。

常启德从此开始了对中国五千多年瑰丽锦绣文明的了解。他表示，中国在过去数十年间所展现的领导力堪称典范，令他对中国和联合国携手共创更美好的未来充满信心。

我的中文名字

孙超：我想从您的中文名字谈起。我对您的中文名字很感兴趣，“常启德”三个字让人不禁联想到中国的哲学大师。请问这个中文名字背后有什么深意吗？

常启德：在我准备来中国时，我的助手格蕾丝和办公室的所有同事坐在一起讨论过给我起一个怎样的中文名合适。他们还去询问了北京大学的朋友的意见。最后，他们把我的姓定为“常”，和我本名中的印度姓氏“Chatterjee”比较相配。另外，他们认为我聪明、有智慧、有文化，于是把这一切放在一起，组成了我的名“启德”。我希望我没有辜负我的中文名字。

中国远远超乎我的预期

孙超：在您解释自己中文名字的过程中，我发现您对中国的了解已然很多，这给我们留下了非常好且深刻的印象。您现在对中国的印象如何？您在北京的真实生活与您之前的预期有差距吗？

常启德：中国远远超乎我的预期。这是我第一次来中国，之前在印度，我家就住在加尔各答的唐人街附近，所以我的童年是在与中国人的交往中度过的。当我真正来到中国时，我对中国取得的显著进步印象十分深刻。40 多年前，中国的人均国内生产总值仅有 180 美元，到今天已经超过 12 000 美元。这种进步和神话式崛起可以说是非常惊人的。我认为这对世界其他地区起到了重要的榜样作用。

一个闪闪发光的充满人情味的国家典范

孙超：您认为中国人做的最有中国特色的事情是什么？

常启德：中国有五千年历史的深厚文化。我认为中国文化、中国传统、中国哲学，等等，这些都为世界提供了许多可供学习的东西。我想这就是为什么当外国人看中国的时候，会看到一个闪闪发光的充满人情味的国家典范。总而言之，我们认为中国是一个有着悠久历史的重要国家。

孙超：您拥有超过25年的丰富工作经验，在许多重要领域履职过，包括国际合作、安全与和平等领域，也曾在许多联合国机构任职。现在您担任联合国系统驻华协调员，能和我分享一些在您职业生涯中难忘的经历吗？

常启德：我最难忘的一段经历是在南苏丹的时候，顺便说一句，中国有出色的维和人员，他们不仅在维护南苏丹的和平方面表现出色，还为当地社区修建了桥梁、道路和基础设施，大大改善了当地的生活条件。所以首先我想赞扬一下中国在南苏丹为改变当地生活、改善当地条件所做的工作。2000年，我们在南苏丹设立了第一个联合国办事处，这是20多年前的事了。那一年，苏丹人民解放军遣散了3 551名童兵，给我留下了深刻的印象。当时，现任南苏丹总统萨尔瓦·基尔正领导着反抗军，进行着将南苏丹从苏丹分离的独立战争。我在那里开设办公室时，战争还在进行。

但对我来说，最重要的事件莫过于南苏丹现任总统萨尔瓦·基尔同意从军队中遣返童兵。他可能是第一位在战争期间，在那种情况下，还坚持遣返童兵的非洲领导人。当我亲眼看到那些7～9岁就被从父母身边带走，被训练成士兵，拿起枪去战斗的孩子重新回归普通男孩子的行列，我感觉到自己的精神受到了抚慰，也许这是最令我难忘的经历。令人钦佩的是，萨尔瓦·基尔总统勇敢地承担起了这一责任，亲自指示指挥官让孩子们离开军队。

中国在多边合作中的作用巨大

孙超：当我在联合国工作时，亲历了不同国家之间由于差异而导致的冲突以及大家如何努力工作解决冲突。在国际组织中，例如联合国，自然会有不同的观点，那么国际组织该如何让不同的人们达成合作呢？

常启德：这就是联合国成立的原因，它的成立正是为了达成共识。你也知道，联合国是在第二次世界大战后成立的。中国就是1945年《联合国宪章》第一批签署国之一，实际上也是第一个签署国。联合国的宗旨是达成全球共识，携手从那个充满冲突和战争的年代走出来。说联合国是为了把人类带往天堂或许有点夸张，但联合国的成立确实是为了将人类救出地狱。我认为，自1945年以来，没有发生重大的世界性战争这一事实足够证明我们是有共识的。我们可能会有不同的观点，会面临多方地缘政治的挑战，但归根结底这些都代表着各国的成熟和智慧。比如在中国，习近平主席一直坚定地倡导多边主义原则，号召各国团结起来应对世界问题。他承诺，中国力争二氧化碳排放于2030年前达到峰值，2060年前实现碳中和，这是对全人类的保护计划。所以我认为中国在多边合作中起到的作用是非常大的。

如何分享中国的宝贵经验

孙超：我想您对中国的扶贫工作也有很深的了解。2021年我们赢得了脱贫攻坚战的全面胜利。事实上，这是中国历史上第一次全面消除极端贫困，世界上应该没有其他国家能在如此短的时间内就让数亿人摆脱贫困。您如何评价中国的经验？

常启德：各种形式的贫困或许是人类最大的陷阱。贫困是造成各种不平等不公正的最大原因。我曾在非洲生活过，也曾在南亚住过一段时间，我见过贫困真实的一面。贫困是多方面的，不仅表现为收入贫困，更是社会整体的贫困，贫困会扩张，任何人都无法幸免。让每个国家实现自我变革可能是联合国面临的最大挑战之一，目前总体的情况就是这样。之所以将消除贫困作为可持续发展第一项目标，是因为我们想要结束这个自人类存在以来就一直困扰我们的问题。为此，我们的成员国于 2015 年召开会议并提出了可持续发展目标，特别是前 5 个目标，都是需要时刻关注的未竟事业。所以过去 42 年中国在脱贫攻坚方面做出的贡献是相当了不起的。

中国不仅在 42 年的时间里使近 8 亿人摆脱了贫困，而且在过去仅仅 7 年中让近 1 亿人摆脱了绝对贫困。人们在摆脱贫困的同时，也获得了尊严，获得了希望，获得了机会，能够去接受更好的教育、更好的健康服务和更好的技能培训。现在所有这些因素开始为国家发展效力，国家有了技术、有了科学，然后有了工程师、医生、艺术家……他们聚集在一起，又会掀起新的发展浪潮，构建社会发展的肌理。如果我们没有投资于中国，没有投资于人力资本，中国本应取得的进步就不会发生。这也是联合国的分内之事，我们很自豪，在 1979 年，我们在中国建立了第一家办事处。

而我也见证了中国这次的成长之旅。从这个意义上来讲，在脱贫攻坚的过程中，我真的在与中国一同前行。你知道这与技术创新和大数据也有关。我们必须利用机会，不仅要向中国学习，还要利用现有技术，比如可再生能源和绿色技术，这是能使世界变得更好的方式。新能源将不再是化石能源，而将会是来自大自然的绿色能源，再反过来共同推进对大自然的保护。我们现在面临着很多压力，这就是为什么我会提到习近平主席做出的承诺，即中国要在 2030 年前达到碳排放峰值，2060 年前实现碳中和。作为人类，我们面临着一种不可抗力的存在，而贫困又会带来进一步的危害，因为贫困状态下，人们会持续依赖煤炭和其他石化产品来提高生活水平。

因此，解决这一问题的最好办法是利用科学技术和创新。但要做到这一点，我们得从中国所做的事情中汲取经验，乡村振兴计划也有很多值得借鉴之处，它是第十四个五年规划的一部分，也是联合国支持中国的计划的一部分。我们要确保中国能保持住已经取得的成果，使脱贫人员不会因为外部冲击而重新陷入贫困，比如我们现在正在面对的洪水、高温抑或是其他自然灾害。我们要如何建立一个更能抵御这些天灾的社会呢？

我想提三点。第一，祝贺中国成功让这么多人摆脱了贫困。第二，我们必须在战略上保持这一成果，不仅要确保人们不会返贫，还要保护环境以促进人类发展。第三，我曾在非洲度过了一段很长的职业生涯，该如何与发展中世界的其他地区，特别是非洲分享中国的成功经验，让非洲实现飞跃呢？非洲需要学习中国的经验以实现可持续发展目标，特别是确保人们有接受优质教育的良好机会，以及推动两性平等。

孙超：欢迎您在 2021 年来到北京。2021 年是非常特别的一年，是中国共产党成立 100 周年，也是“十四五”规划的开局之年，还是中国恢复在联合国合法席位 50 周年。作为联合国系统驻华协调员，我想知道您在中国任职期间工作的重点或者目标是什么？

常启德：感谢你的问题。我认为这个问题很重要，作为第 27 届负责联合国驻华机构、基金和项目的联合国驻地协调员，我打算继续推进中国和联合国的合作。过去 42 年来，我们一直在这里向中国提供帮助。现在情况有所变化，虽然中国取得了很大进步，消除了贫困，但还有很多事情需要面对，我称这类事情为新问题。因此，我首先要做的事是确保于 2021 年 1 月启动的联合国对华可持续发展合作框架的合作机制能顺利实施。

这项机制有三个总体战略目标。第一个是和平与繁荣，这与中国的第十四个五年规划是一致的，与中国未来 50 年的愿景是一致的。我们要建设中国，保持繁荣昌盛，沿着与人民和幸福息息相关的轨道不断向前。

第二个是环境问题。这恰好也是对习近平主席的回应，他曾呼吁我们关注正在面临的气候危机。对此，我完全支持习近平主席的这一愿景。整个联合国大家庭团结一致，都支持中国的努力，不仅支持中国对保护本国环境的努力，也支持中国去保护世界各地的环境。中国和美国两个大国在保护我们的地球家园方面的作用至关重要，两个国家有技术、资源、智慧、能力、产业、相关机构去做出改变。因此，我希望我们能在气候危机方面看到更多的合作，我们看到，中美之间就如何保护我们的地球已进行了多次讨论。

第三个战略目标非常重要，是关于伙伴关系的。在当前形势下，我们需要更多的伙伴关系。可持续发展目标所涉及的不仅仅是政府与联合国之间的伙伴关系，还要汇聚国有企业、其他企业、私营组织和民间社会等各种力量。全人类要共同努力，促进人类发展、人类进步，实现可持续发展目标。现在距离 2030 年只有几年的时间了。希望到那个时候，我们能够自豪地回顾联合国和中国所做过的事情，宣告我们不仅在中国实现了可持续发展目标，而且经过我们的共同努力，世界其他地区也实现了可持续发展目标。

孙超：在联合国的指导下，中国该如何与世界其他国家分享经验？中国该如何在全球合作中发挥重要作用？

常启德：我们已经在非洲和世界其他地区看到了在南南合作中做出的重大举措。我们能与非洲国家建立怎样的伙伴关系呢？我们会寻求这种南南合作的机会，但又不仅仅局限于南南合作，我们要将全球北部地区也纳入这一关系中。我认为中国在这个问题上又一次处于非常关键的位置。

孙超：当今全球治理面临挑战，对此，中国的答案是构建人类命运共同体，包括“一带一路”倡议等。我们该如何更好地应对这些全球挑战呢？

常启德：我认为，我们必须持续关注多边主义的振兴，这是联合国在多边主义的本质中倾向的方面。新冠肺炎疫情提醒了我们全球团结和各国共同努力是多么重要。因为如果我们没有意识到这个看不见的病毒的影响，它就会进入人体夺取一个又一个生命。因此，全球共识、多边主义、团结是非常关键的。不同于往日，我认为现在的我们来到了一个转折点，在这个转折点上，我们依然面临着和以往相似的挑战，比如公共卫生问题，比如环境问题，这意味着我们要更加紧密地合作，这样，我们不仅可以摆脱困境，还可以给年轻人带来希望，让他们担负起未来的使命。同时，我们还要把地球建设得更加繁荣和安全，让我们的子孙一代代幸福地生活下去。

更多的公共服务意识

孙超：提起年轻人，您知道，很多年轻人对在联合国这样的国际组织工作很感兴趣，您有什么建议给这些年轻人吗？

常启德：我认为非常重要的一点是我们要有更多的公共服务意识。我们要确保自己充满进取和勤奋的意识，充满职业精神，并且有人道主义精神。我认为中国在这方面表现得相当慷慨，不仅是在过去的40多年里，甚至早在20世纪60年代，中国就支持了很多非洲国家的建设。就像是一个乐善好施、充满人道主义的大熔炉，我们要做的是获得这种能力。这不仅关乎能不能在联合国工作的问题，还关乎我们是不是有公共服务意识，或者说是社会意识，因为不论是在红十字会、非政府组织，还是在联合国儿童基金会、联合国森林论坛和联合国妇女署等机构，都是在组织内部工作，但我们的信念应该是：不仅仅是在某个组织的总部工作，还要去最困难的区域工作。

我就是这样开始了我的职业生涯的，去最困难的地区，波斯尼亚、索马里、南苏丹、达尔富尔，以及伊朗开展工作。到这些地方是因为，在最困难的地方，你能感受到自己的工作所带来的影响，体会到人类所面临的真实的苦难，而我们要做的就是寻求合作来结束这些悲剧。所以我要告诉所有年轻人，如果你想要追逐梦想，那就去吧，但要确保自己有基础知识、技能、教育做铺垫，最重要的是，要本着慈善的原则，还要有不可或缺的热情。

为什么不能这样

孙超：作为我们的传统，您可以和中国朋友分享一句您最喜欢的话或者座右铭吗？

常启德：好的，这应该是萧伯纳的一句话。引语如下：有的人看到已经发生的事情，问“为什么会这样”，而有的人却梦想从未有过的事，然后追问“为什么不能这样”。今天我们正处在这样一个应该问“为什么不能这样”的时刻，我们应该团结起来，试着将这个世界变得更好。

骑着我的自行车探索北京

——访秘鲁驻华大使路易斯·克萨达

秘鲁是中国在拉美地区的主要投资对象国之一，主要涉及矿产、石油资源开发等领域。秘鲁还是拉美地区华人华裔数量最多的国家。

我独家专访了秘鲁驻华大使路易斯·克萨达，畅谈了他1983年第一次来北京的有趣经历以及对两国合作广阔前景的看法。

大使很自豪地告诉我说："我属龙，出生于1952年。我想说我在中国生活得非常幸福，我将会永远记住我在这里的时光。中国还有很多东西我没见过。我最怕当我回去的时候，我会对自己说：'哦，我还没看过这个，我没看过那个。'中国幅员辽阔，即使在北京，我也会骑着我的自行车到处逛逛，就和1983年一样。我喜欢探索新事物，喜欢新老街道和社区邻里。我经常说中国有太多东西，即使你在中国生活50年，你还是会对中国感兴趣。"

我学习中文的秘诀

孙超：大使先生，我忍不住看到墙上的照片，前两位人物是中国人吗？

路易斯·克萨达：他们是秘鲁首任驻中国使节和中国首任驻秘鲁使节。早在 1875 年，我们就同中国当时的清朝建交了，成为拉丁美洲第一个同中国建交的国家。墙上的这些照片是我们秘鲁的驻华大使们。

孙超：大使先生，我知道您会说中文。

路易斯·克萨达：我会说一点中文。我认为依靠点滴的积累并不能熟练掌握，为了学好中文，最好还是去学校里专门学习。我学习中文的秘诀在于我曾学过日语，所以汉字对我来说并不陌生。

每种语言都多姿多彩。我说西班牙语可以不犯任何语法错误，这一点我可以保证。英语是外交用语，所以我也说英语。另外我还学过法语和日语。

骑着自行车观察北京

孙超：大使先生，您曾提到："在中国的生活真是一点都不会无聊。"在中国的生活中，您觉得最有趣的事情是什么？您如何看待中国和中国人民？

路易斯·克萨达：我喜欢观察社会。我喜欢在街上骑着我的自行车，看看其他人的生活，就这么简单，但我很享受。当然，中国风景秀丽，历史文化遗产丰富，充满着奇妙的事物。比如我逛朝阳公园，能看到一些家庭在散步，这样的场景很有趣，也很吸引我。你能感受到人与人之间的联系，感受到人们和家人、朋友之间的联系，我很喜欢这一点。

孙超：1983 年您第一次踏上中国的土地，近 40 年过去了，您觉得中国有何变化？

路易斯·克萨达：我在中国的整个经历都很难忘。实际上，分别作为游客和外交官，我曾多次来到中国，所以我能够看到这些年来中国的发展。每次我来到这里，都能看到进步，包括人们生活的改善。我一生中去过次数最多的中国城市是北京和上海，在这两座城市里我更能体会到这种进步。

大约40年前，也就是在1983年，我在东京的大使馆当二等秘书，我第一次来到了中国。因为我一直对中国的文化、历史、社会等方面充满了各种想象，所以我想来中国。我和另一个外交官及其家人住在外交人员公寓。我和他骑着自行车逛北京，我们没有坐汽车。就在那时，我第一次和中国人有了联系，尽管只是问路。

我知道他们不会说英语，但我们仍然可以通过眼睛、手和其他东西进行交流。有一次，我的自行车爆了一个胎，于是我找到一个修车店。那时候人人出行都靠自行车，所以街上有很多修车店。我依靠手势和眼神来和修车店的人互动，例如请他帮忙修车，询问"我需要支付多少钱"，那次经历十分有趣。

有一次我迷路了，不过我最后得到了帮助，那次真是令我印象深刻。那时候，我住在某个区，出门时迷了路，当时有一些人在街上，我拦住了一个年轻人，麻烦他给我指路到我住的地方。他不会说英语，他就拦下路过的每一个行人，看看谁会说英语，能和我交流。被拦下的每个人都愿意腾出时间看看能不能帮上忙。他大概问了15个人，终于有一个大学教授帮助了我。

我认为，在国外时，最重要的事情之一就是与当地人交流。在第一次来到北京之后，我还去过很多城市，那些地方都有丰富的历史遗迹和美好的事物。与此同时，40年来，中国经历了翻天覆地的变化，社会在一点点发展。我第二次来的时候，情况就不一样了。实际上，我每次来中国都能看到明显的变化。

孙超：您骑自行车游览北京太有趣了。

路易斯·克萨达：北京很安全，我也受到了同事们的鼓励。实际上，当年还有一个和我一起从日本来的同事，也是我的朋友，他来自委内瑞拉，我们一起来到北京。

那时候在北京外国人不多，所以无论你到哪里，人们都会注意到你。有一次，我在一个学校停下自行车。孩子们原本都在做游戏，但一看到我停下，他们就跑过来，挤到我身边，兴致勃勃地讨论自行车。老师跟在他们后面，喊他们停下来，把他们带回了教室。

我还记得有一次，我看到一个工厂大门半开着，我很好奇地想着："那里有什么？为什么门开着？"所以我停下了自行车，推开门，看到有很多穿着制服的工人，大概有 100 个工人在吃午饭。那是午餐时间，我感觉到我打扰了他们，所以我说了"对不起"，然后所有工人都抬起头，和我打招呼用中文说"你好"，真的很有趣，我们彼此打招呼的这一刻真算得上是一个历史性的时刻。那是最重要、最珍贵的东西之一。

孙超：您作为大使在北京已经度过了三个春节，您是如何庆祝中国这个传统节日的？

路易斯·克萨达：很多秘鲁人包括我自己都很喜欢吃饺子，我们也很喜欢各种中国菜。这是因为 170 年前有中国人移民到秘鲁，他们主要是来自广东省和福建省，所以在历史上中国对秘鲁有非常大的影响力。因此，我们比北美洲的人更加习惯中国的特色食物。

在北京这个大都市生活，你可以享受到来自中国各地的美食，比如四川的、湖北的美食等。品尝各地的美食很棒。中国人非常热情好客，无论我到哪里，总是有当地政府和朋友邀请我品尝特色美食，还有体验其他美妙的事情。

孙超：秘鲁是南美洲华人华裔最多的国家。华人华裔在秘鲁的生活怎么样？

路易斯·克萨达：华裔占秘鲁人口的8% ~10%。我要说，他们应该为自己的中华传统感到自豪。实际上，自从中国人来到秘鲁，他们的家庭就一直在努力奋斗，现在华人华裔把中国的价值观和秘鲁的价值观结合起来，生活也富裕起来。秘鲁的华人华裔向人们展示了人要乐观积极，生活总会有光明的未来，他们树立了良好的榜样。因此，秘鲁和我要向秘鲁的华人华裔表示祝贺。

给年轻一代的寄语

孙超：能否请您分享更多外交生涯中难忘的经历呢？给有志向成为外交官的年轻人说点什么吧。

路易斯·克萨达：如果有年轻人想要成为外交官，我必须告诉你们，作为一名外交官是非常难的，你必须离开家人和熟悉的城市，甚至是离开自己的国家。如果你真的想成为外交官，你必须让自己融入不同的社会中。尽管在多数时候，这很有意义，但不是所有的事情都那么容易。

如果我回望自己的职业生涯，我从未因为我选择了这个职业而后悔过，我有许多难忘的经历，更重要的是，我为我的国家服务。因此，你必须挖掘和外国交往所有的可能性，让我们可以在各个领域更好地交流，比如在政治、经贸、投资、文化、卫生领域等。这很有挑战性，但也很值得。

我曾经是一名法律系的学生，如果沿着这条路走下去，也许我将成为一家公司的律师。但现在我很高兴能有机会在不同的国家生活，与不同的人交流。对于一名外交官来说，在一个特色鲜明的国家非常重要，比如中国。一方面，中国有一段神秘辉煌的历史，文化强盛；另一方面，中国人有很多有趣的性格特点。所以没有人会忘记他们在中国的经历。当你读到中国的历史，你会发现它具有强大的吸引力，我非常享受我在中国的生活。

中国共产党的领导

孙超：您如何看待中国的发展以及中国共产党的领导？

路易斯·克萨达：回溯历史，中国共产党对当代中国来说至关重要。中国共产党给整个国家带来稳定。众所周知，中国的发展并不容易，经历了很多坎坷，面临着诸多挑战。

作为一名外交官，我的首要职责是尊重中国的政治体制和政治生活。中国共产党的领导给中国人带来了福祉，在中国共产党的领导下，中国现在繁荣富强，并且伸出援手给其他国家提供援助，实现了以脱贫为主要目标的全部计划。中国在脱贫方面取得了巨大的成就，很多事迹都非同凡响、蜚声中外，激励了其他国家的脱贫工作，当然每个国家会根据各自的特点来借鉴中国的脱贫经验。

总体上，中国为其他国家树立了良好的榜样。在过去的 40 年里，中国已经实现了许多目标，而同样的情况下，其他国家可能要花上 100 年甚至 200 年的时间，中国却在这么短的时间内实现了这么多目标。实际上，中国一直是一个强国，现在是一个经济强国、技术强国。上述的所有都说明了在世界上处于领先地位意味着什么。因此，毫无疑问，我们都希望中国继续发挥负责任大国的作用，继续保持领先地位，特别是在大家需要合作的困难时期，在全球化遇到了这么多障碍的时刻。因此，我们不仅期待中国今天的表现，也期待见证中国未来如何不断提升自己。

秘鲁是中国在拉美第二大投资目的地

孙超：2022 年是中国和秘鲁建交 51 周年，您对两国关系的未来发展有何期待？

路易斯·克萨达：秘鲁是南美洲第二个同中华人民共和国建交的国家。我们两国之间的关系总是不断在发展，不断达到新的高度。当然，我们知道，由于疫情尚未结束，我们还面临一些困难。我们在首都博物馆的秘鲁文明艺术展，那是 2021 年庆祝两国建交 50 周年活动的高潮。展览先后在太原、天津、重庆、长沙、广州举办，最后来到北京。

以秘鲁文明艺术展为框架，我们会面向不同的受众举办不同的研讨会。我们在秘鲁也会举行庆祝活动。在过去的 50 多年里，我们长期合作，成果颇丰，现在中国是我们的第一大贸易伙伴，两国贸易额接近 240 亿美元。目前，秘鲁已成为中国在拉美的第二大投资目的地。

中国是我们在矿业领域的第二大投资国，很多投资都在矿业领域。现在，中国也在能源领域进行了投资，比如石油。最重要的是，我们在 2009 年签署了自由贸易协定，2010 年起生效，在我们的贸易增量中发挥了至关重要的作用，我们两国也建立了非常牢固稳定的关系。以前我们更多向中国出口基础产品，但现在我们的消费品也在中国市场受到欢迎，销售额不断上涨，主要是鳄梨、蓝莓、芦笋和葡萄。同时，贸易不断在变化，我们需要深化合作、改进贸易协定。我们需要在电子商务和其他领域合作立法，从商务部到贸易部，我们的团队正在协商方法，这样我们可以合作升级建设我们的食品药品管理局。

电子商务、知识产权和市场准入领域的合作随着时间在不断变化，它们将是合作的重要领域。现在很多产品的生产需要在世界各地合作完成，如果你有一件产品，你会在某个国家生产一部分，在另一个国家生产一部分。所以我们必须在合作上更加精准，开展更多技术方面的合作，两国已经达成合作共识，还有一些部分需要调整。

孙超：中国是秘鲁的最大贸易伙伴之一。秘鲁矿业资源丰富，银、铜、铅、金储量均位居世界前列。矿产品出口目前已是秘鲁与中国开展的贸易活动中占比最大的部分。中国的“一带一路”倡议对两国的经贸关系发展又会产生什么样的作用呢？

路易斯·克萨达：我们很高兴参与中国的“一带一路”倡议，我们对倡议所涉及的领域都非常感兴趣，特别是基础设施建设，这是我们合作的重点。在这方面，我们确实有差距。因此，我们希望吸引更多的中国公司来秘鲁，开展更多合作项目。我们在 2019 年共同签署了谅解备忘录。目前为止，我们和中国有两大关键合作领域：一个是能源领域的投资；另一个是我们会与中国远洋海运集团建设一个大型港口，它将是我们位于世界这一侧的南太平洋中心的港口。此外，“一带一路”建设也带来了很多新成果，比如数字化道路、人工智能和通信技术等。

中国对于在秘鲁的铁路建设也很感兴趣。已经有一些公司在秘鲁修建铁路，而且非常成功。

在秘鲁有 170 家中国公司。秘鲁有一个中国商业区，而且 8% 的秘鲁人有中国背景，在秘鲁的中国企业家并不会觉得孤独。秘鲁有很多企业，不仅有秘鲁企业和中资企业，还具有秘鲁和中国两国背景的企业。实际上，由于疫情，秘鲁已经经历了一段非常艰难的时期，不过根据国际货币基金组织的分析，从宏观经济和财政上来说，秘鲁仍然经济健康，发展稳定。

马铃薯扶贫

孙超：在历史上，秘鲁的经济依赖出口，收入分配不均。因此秘鲁农业部重视“马铃薯扶贫”，在亚太经合组织会议期间委派代表为马铃薯做宣传，希望发挥“马铃薯之乡”的优势，在劳动力多、海拔高的地区种植马铃薯，从而达到解决山区农民就业，解决温饱、确保粮食安全的目标。您可否介绍一下秘鲁马铃薯扶贫的情况？

路易斯·克萨达：虽然我们两国在扶贫进程中存在差异，但也有一些共同的基本观点，这很有趣。我们通过促进经济发展、重新整合金融业分类、为私营企业提供便捷来扶贫。这些方法都在起作用。

我们的改革始于20世纪90年代初，已经有大约30年的历史了。一些机构如国际货币基金组织称，秘鲁将是拉丁美洲经济复苏较好的国家。秘鲁有良好的经济基础，30年前就开始改革，现在我们经济繁荣，金融业和中央银行强大，私营经济非常活跃。我可以毫不谦虚地说，秘鲁的劳动力非常优良，秘鲁人很勤劳，所以秘中合作是一个很好的组合，涵盖了经济发展需要的各类资源。

世界各地都有用马铃薯来扶贫的情况。秘鲁的马铃薯生产已经持续了数千年。马铃薯为世界做出了很大贡献，但对我们来说马铃薯不仅利于扶贫，更具有象征意义。

我们积极推动国际上对马铃薯品种改良的研究。当前，食品安全问题十分关键，我们在秘鲁建了国际马铃薯中心，旨在对马铃薯的品种改良进行科学研究。该组织与中国科学家合作密切，例如，在北京成立了一个分部，还在云南省开发了新的马铃薯品种，比如CADA。我很高兴我们的研究所能够为中国的扶贫做出贡献。此外，它还在2019年秘鲁古代文明展上出现，向中国公众展示马铃薯在双方合作中的重要性。

独一无二的秘鲁

孙超：秘鲁作为闻名世界的古印加文明发祥地，拥有混合了印第安和西班牙特色的菜肴，源于印第安、西班牙和非洲的传统音乐，以及马丘比丘古城、库斯科城等10余处世界遗产。秘鲁新晋成为中国人眼中的旅游胜地。在全球化背景下，您对进一步发展中秘旅游业有何建议？

路易斯·克萨达：秘鲁是独一无二的，它融合了不同文化。秘鲁原住民已经在这片土地上生活了数千年。我们也经历了很多变化，欧洲人，例如西班牙人，在秘鲁的殖民统治持续了300年。与此同时，非洲人也来到了这个国家。然后是亚洲移民，比如中国人和日本人，最后是其他欧洲国家的人。所以，文化融合使我们的社会非常有趣，富有吸引力。

另外，秘鲁虽然并不是一个大国，但有令人叹为观止的沙漠，有雄伟壮丽的山脉，例如安第斯山脉，有无与伦比的山峦和峡谷，还有反映文化融合的城市，美不胜收，也有丛林，有各种各样的动物和植物，是生物多样性的完美代表，而且，得益于文化融合，秘鲁的美食文化也发展得很好。

此外，秘鲁人民非常热情好客，并非所有社会都是这样的。中国人会发现，进行如此广泛的人文交流大有裨益，他们在秘鲁受到热烈欢迎。当然，我们还需要做更多努力。比如，中国游客对秘鲁充满了期待，我们的酒店也在努力满足中国游客的需求。基本上，在过去的几年里，我们做了大量的工作。在宣传我们的国家时，我并不会因为主动邀请中国人交流而感到不好意思，我们在所有社交媒体上非常活跃。

就像中国拥有5 000年左右的历史一样，我们的国家也拥有非常古老的文明。到 2019 年，我们有大约 4 万名中国游客，其中大部分游客是去参观历史遗址和古城的，我想中国人普遍对历史文化很感兴趣。中国朋友和我们一样喜欢美食。此外，大多数到秘鲁旅游的中国人也喜欢我们的自然风光。因此，对于中国游客来说，秘鲁不仅拥有绚丽多彩的文化和辉煌壮丽的历史，也拥有美丽怡人的风景和丰富多样的生物。世界上大部分的气候类型，秘鲁都有。我们不是一个大国，但如果你能从秘鲁的一边旅行到另一边，你将欣赏到环境的变化，动植物的差异。总之，来秘鲁旅行是很值得的。

不说谎，不偷懒，不偷窃

孙超：作为我访谈的传统，您能分享一句来自您国家的格言或者您最喜欢的一句话吗？

路易斯·克萨达：当我们还是孩子时，老师在学校里教育我们要为自己国家的历史感到自豪，就像中国的老师一样。老师还教给我们一句话：不说谎，不偷懒，不偷窃。这句话来自印加帝国。虽然这句话听起来很大，道德教育色彩很浓，但这个价值观经历了时代的更迭，使人产生共鸣，是生活中非常重要的价值观。

全球发展倡议重申中国致力于加快实现可持续发展目标的承诺

——访联合国人口基金驻华代表康嘉婷

联合国人口基金的英文缩写是UNFPA，是中国在人口发展领域最早的国际合作伙伴之一。基金于1979年进入中国，与中国政府合作的历史悠久。在我独家对话联合国人口基金驻华代表康嘉婷时，她告诉我：随着中国社会发展和进步，基金也改变了工作方式。例如，1980年，中国的孕产妇死亡比例为100比10万，这意味着每出生10万个婴儿，就大约有100名妇女死亡。2020年的数据显示，中国的孕产妇死亡比例已经下降到了约16比10万，中国接近成为世界上孕产妇死亡比例最低的国家，而且中国政府承诺还会加大投资、加强孕产妇医疗服务，进一步降低这个比例。如今，中国已经拥有高水平的能力，联合国人口基金计划将中国的经验和专业知识分享给其他国家，助力其他国家降低孕产妇死亡比例。

最重要的永远是人与人之间的相互连接

孙超： 这是您第一次在中国工作吗？您如何看待中国人？您在中国

工作感觉如何呢？

康嘉婷：首先非常感谢今天能有机会和你分享我的经历，以及联合国人口基金在中国的工作。一年前，我和家人来到中国，大多数时候我在北京。虽然我在全球许多地方工作生活过，但在这之前我从来没有在中国生活过，所以能来这里工作我非常高兴。北京的生活让我感觉很不错，在这里，我们认识了很多朋友，爬长城，吃美食，生活丰富多彩。我儿子今年 12 岁，北京是一个十分安全的城市，所以在这里能够提高他的独立性，他可以自己骑车去找朋友们玩耍。

孙超：您的职业生涯很精彩，生活也十分成功，我对您的个人经历很感兴趣，请您分享一下职业生涯中难忘的时刻好吗？

康嘉婷：能够从事现在的职业，我觉得自己很幸运。25 年来，我在世界各地工作，比如拉丁美洲、非洲和亚洲。我觉得很难从这些经历中只选出一段最难忘的，但我不会忘记的是，无论身处什么文化，最重要的永远都是人与人之间的相互连接。即使处在不同的文化之中，作为人，有很多事情能让我们打破隔阂、彼此沟通，可以是婴儿降生的喜悦，也可以是一家人聚在一起美餐一顿的幸福。我经常自己一个人出远门，总是会被人们的开放包容和热情所打动。其实你和我的相遇也是这样的，对吧？你邀请我和你的家人共进午餐，在饭桌上，这是我们两个家庭彼此分享的特殊时刻。这些时刻会永远留在我的心中。我发现无论身处贫穷国度还是富裕国度，人们都很热情好客，愿意敞开心扉与我分享生活，这是我永远都会珍视的东西。

爱看人们锻炼、跳广场舞

孙超：您在中国生活已经一年了，有什么让您印象深刻的事情吗？

康嘉婷：我可以给你分享一次有趣的经历。我之前去云南的一个叫雨崩的小村庄度假了一周，从那里可以徒步去雪山。很多中国家庭都会去那里徒步旅行，所以我决定不和朋友们一起去，我打算自己去。徒步来回花了 5 个小时，一路上我遇到了很多中国家庭，他们有人给了我鲜花饼。我还遇到了一对夫妇，他们的狗能听懂中文和英文两种语言！我遇到了一位老太太，我们一起徒步了一会儿，虽然语言不通，但是我们很享受彼此的陪伴。路上我也碰到了一些孩子，他们主动和我聊天，因为他们在学校里学英语，所以他们想练习英语口语。因此，有机会遇到许多不同的人的确是一种美好的体验，人们想和我聊天，想知道我来中国的原因，和我分享在中国的不同经历，有人告诉我他们去过我的家乡英国旅游。这些时刻让我难以忘怀。

来北京之前，我不知道北京是什么样的，到了北京，这座城市的绿化程度让我啧啧称奇。我们很喜欢北京绿色环绕的地方，我喜欢去朝阳公园晨跑，那里十分热闹。我爱看中国人锻炼、跳广场舞的情景。另外，我们全家真的很喜欢徒步，在北京最棒的事情之一就是去爬山，交通很方便。

孙超：作为一名女性领导者，如果有时光机可以回到过去，您想给年轻时的自己提什么建议？

康嘉婷：我希望我在 18 岁的时候就知道，一切都会好起来。因为当你 18 岁的时候，你就会开始想“我该从事什么样的职业”“我的未来会怎样”这些问题，你当时并不能知道一切都会好起来。现在我和很多年轻人一起工作，他们对自己的职业也有类似的焦虑，对此，我的建议总是一样的——无论你做什么工作，都要做到最好，不断思考“我怎样才能做出改变”“我如何在现有的工作中引入新思维、新策略”，我相信机会自然就会来临。

将中国的经验和专业知识分享给其他国家

孙超： 联合国人口基金是中国在人口发展领域最早的国际合作伙伴之一。您能分享一下基金在中国的目标和主要成就吗？

康嘉婷： 联合国人口基金的英文缩写是 UNFPA，在 1979 年进入中国，于 1980 年开始实施第一批项目，因此基金和中国政府以及中国其他机构的合作历史悠久。在很大程度上，我认为这不是基金所取得的成就，而是在基金的支持下，中国在妇女和青年健康与福祉方面所取得的成就。随着中国社会的发展和进步，基金也改变了工作方式。我举一个例子，1980 年，我们开设办事处时，中国的孕产妇死亡比例为 100 比 10 万，这意味着每出生 10 万个婴儿，就约有 100 名妇女死亡，这个死亡比例是很高的。2020 年的最新数据显示，中国孕产妇死亡比例已经下降到了约 16 比 10 万。中国接近成为世界上孕产妇死亡比例最低的国家，并且中国政府承诺还会加大投资、加强孕产妇医疗服务，以进一步降低这个比例。在早期的工作中，我们提供国家总体能力建设，分享其他国家的经验，但随着时间的推移，这种工作方法已然发生了变化。如今，中国已经拥有高水平的能力，我们现在打算将中国的经验和专业知识分享给其他国家，助力其他国家降低孕产妇死亡比例。

孙超： 这些年来，我们双方的合作卓有成效，合作领域不断扩大，合作模式不断优化，那么未来双方将会加强哪些领域的合作呢？

康嘉婷： 我认为，联合国人口基金与中国合作伙伴未来所做的一切，都将在解决低生育率和老龄化问题的框架内进行。2021 年，中国颁布了三孩政策，我们正与我们在中国政府中的合作伙伴一道研究可行的政策和实践方法，帮助中国应对低生育率和人口快速老龄化所带来的挑战。

最大化女性的选择权

孙超：联合国人口基金致力于为世界各地的妇女和女孩子创造更光明的未来，不论她们面临着多少挑战。作为一名女性领导，我想您对女性的发展深有感触。

康嘉婷：我非常关心性别平等，主张最大化女性的选择权，以及尽可能给她们机会让她们成为最好的自己。在千年发展目标和现在的联合国可持续发展目标的行动计划下，我们在全球范围内都能看到情况有所改善，特别是在生殖健康、新生儿健康和初等教育入学率等方面的改善。但在许多国家，当一个女孩 10 岁时，她会面临很多其他风险：性暴力、意外怀孕、被迫退学、得到的机会更少。有些女孩在还没长大、未满 18 岁的时候，就被迫嫁人。有些女孩会遭受传统习俗的伤害，比如割礼。所以，女孩在青春期时要面临很多挑战，如果我们不在这个阶段帮助她们、保护她们，不能确保她们完成学业，等她们成年之后，将会处于弱势地位。她们可能会早早成家、生孩子，无法完成学业，而在往后的人生里，这些因素可能会影响她们工作或生存的能力。对于联合国人口基金来说，帮助 10 岁及以上的青春期女孩很重要，我们也对全年龄段的女性提供支持。随着人口快速老龄化，我们开始更多地考虑 50 岁以上中老年妇女的诉求。例如这个年龄段的女性会面临什么挑战？基金能够为支持 50 岁以上的妇女做些什么，来让她们拥有性别平等、良好的健康状况和生活福祉？

孙超：说到妇女发展，您认为中国有什么经验可以更好地与世界其他国家分享吗？

康嘉婷：在中国，我发现在和专业人士开会的时候，其中大多数专业人士都是女性，这让我印象很深刻。最近，我们在国家统计局会见了我们的合作伙伴，参会的所有统计学家、人口学家和科学家都是女性。所以我认为，在中国的一些领域，女性能够在职业生涯中脱颖而出，担任高级职位，我们也知道，现在中国高校的女生数量多于男生。正如我前面所说，中国政府在性和生殖健康方面的投资使许多妇女受益，新颁布的《中国妇女发展纲要（2021—2030年)》制定了一个明确的框架，要继续对妇女发展进行投资，让妇女能发挥自己的潜力，从而让整个社会受益。

孙超：2021 年，中国的出生人口创新低，人口结构正在发生变化。您认为中国应该担心低生育率和人口老龄化问题吗?

康嘉婷：目前，中国有 14. 2 亿人，仍然是世界上人口最多的国家。但当我们展望未来时，由于出生率降低，人口将不会像过去那样增长。我们和中国的合作伙伴做了一些分析，表明人口规模很有可能已经达到峰值或接近峰值。未雨绸缪很有必要，我们可以预见两种情况，人口规模要么在一段时间保持不变然后缓慢下降，要么更快地下降。因此，在三孩政策的背景下，有了支持生育率提高的新政策，就能更好地保证产假、陪产假，提高托育服务的质量和可负担性等。但根据我们在其他国家看到的情况，这些政策对提高生育率的作用可能微乎其微，随后生育率便趋于平稳，也许到 2050 年，人口规模可能又有下降之势。但这未必是件坏事，人口下降或快速增长都不一定是坏事。真正重要的是政府应当着眼于这些预测，然后为可能发生的人口规模变化做出规划，生育支持政策就是一种规划。我们还需要考虑一件事，中国 60 岁以上的人口正在增加，相比于以往的几代人，如今这些处于退休年龄的人更富有、更有文化、更健康。所以我们不妨思考，这一群体可以为中国经济和社会发挥什么作用呢？随着人均寿命的提高，有一天活到 90 岁或 100 岁都将成为普遍现象——人们真的要在 60 岁退休，然后剩下 40 年无所事事吗？这显然不太可能。那么我们该如何在职场为老年人提供更多便利，让他们可以兼职工作、开创事业，或者以其他方式为社会做贡献呢？面临不断缩减的劳动人口，我们也应当思考，在很多工作流程都将自动化的情况下，科技能发挥什么作用呢？当政府对人力进行投资时，劳动力人口拥有了更高的受教育程度、更强的技术能力，文化程度需求不高、技术性不强的工作就可以采取自动化。未来我们会有很多机会，我认为中国在接下来的20～30 年的经验可以为其他国家所借鉴。比如，我们可能认为非洲国家的年轻人口在快速增长，但并不是所有的非洲国家都是如此。有些非洲国家在未来 15 年内将出现人口迅速老龄化和生育率下降的情况。因此，我认为中国的经验会受到其他国家的密切关注。

孙超：我想了解联合国人口基金有没有关于深入分析中国人口、发展，以及如何更好应对新挑战新任务的研究报告？

康嘉婷：我们最近和合作伙伴——中国人口与发展研究中心，一起做了一项研究，从人口随时间可能发生的变化这一角度研究当前的人口，并对 2050 年之前的人口变化进行了预测。我们最近做的很多工作都集中在低生育率和老龄化问题上，因为不仅仅是中国，整个亚洲地区都有很多关于这两个话题的讨论。新加坡、日本都有低生育率的问题。所以，有很多讨论都是围绕各个国家出台的政策、进行的干预和投资展开的，然后评估这些方法的有效性。根据全球研究，我们能明确一点：低生育率绝不仅仅是某一项政策可以解决的。如果想有效解决生育率下降问题，干预措施必不可少，但这十分具有挑战性。以新加坡为例，对于一个女性从怀孕到她的孩子 13

岁，新加坡在生育支持相关方面做了很多投资。但新加坡的总体生育率仍然停留在1.1左右，他们的政策仅仅能维持这一水平，而无法提升女性育儿数量，从而大幅提高生育率。因此，这非常具有挑战性。但我认为，联合国人口基金始终强调的一件事是，生育率归根结底始终与生殖选择有关。妇女及其伴侣必须要有权选择是否生、何时生、生几个。同时，我们也要确保避孕措施是可获得的。对于那些想生孩子但又觉得负担不起的人来说，带薪产假或有补贴的托育服务也很重要。因此，最大化女性及其伴侣的生育选择权是最重要的话题之一。

孙超：联合国人口基金在中国有很多合作伙伴，您能否举一些与中国同行建立伙伴关系的范例呢?

康嘉婷：我们在中国有很多好的合作伙伴。当我第一次来到中国见到所有的合作伙伴时，有一件事打动了我：我们的合作伙伴中有很多人真心感激我们在中国40多年来共同完成的工作。比如，联合国人口基金在许多年前资助的合作伙伴——中国人口与发展研究中心的建立，现在它已成为一个成熟的独立的中心，不仅造福中国，而且与世界其他国家共同开展研究合作。我们还与中国计划生育协会建立了非常牢固的合作关系，并且会继续密切合作。现在，中国是中上等级收入国家，有能力做到实地帮扶的工作，所以我们减少了这方面的工作。联合国人口基金与国家层面的合作将工作重心更多地放在政策制定和项目设计等方面。以中国计划生育协会为例，我们合作很紧密，正是在他们的帮助下各项服务才能落实。目前，基金也和青海省、陕西省建立了坚实的合作伙伴关系，我们正在努力提高计生用品的可获得性，同时加强助产服务，确保当地妇女有更好的分娩体验。

全球发展倡议重申中国致力于加快实现可持续发展目标的承诺

孙超： 您认为我们应该如何更好地合作来分享经验，实现联合国机制下的可持续发展目标？

康嘉婷： 习近平主席宣布了全球发展倡议，这重申了中国致力于加快实现可持续发展目标的承诺，不仅在帮助中国，而且也在帮助欠发达国家加快实现可持续发展目标方面发挥作用。当我们纵观联合国可持续发展的 17 个目标时，会发现许多国家并没有走上 2030 年全面实现这些目标的正轨，这意味着我们联合国人口基金的工作也发生了变化。早在 1980 年，当基金开始在中国的工作时，我们就专注于帮助政府和其他合作伙伴切实地做出改变，支持中国老百姓和社区。现在，我们的规划中有一个重点——我们与中国政府每 4 ~5 年就会协商战略，我们将在南南合作领域与中国伙伴合作，利用中国现有的能力和经验，向设有联合国人口基金国家办事处，并且需要我们进一步支持的欠发达国家提供帮助。例如，在塞拉利昂，我们有一个中国资助的项目，帮助加强对妇女的培训和提供宫颈癌医疗服务。现在，塞拉利昂卫生部和中国的一家省级医院之间建立了伙伴关系，这家省级医院为塞拉利昂的医院工作人员提供培训。这只是联合国人口基金通过促进南南伙伴关系，使其他国家能够从中国的专业知识中受益的一种方式。

孙超： 年轻人在联合国可持续发展目标中发挥了什么作用？我们怎样才能更好地开发年轻人的潜能？

康嘉婷： 尽管我们常说妇女和女孩是我们联合国人口基金所做工作的核心，但实际上所有年轻人都是我们工作的核心。我们意识到男孩同样也面临着挑战，我们还需要在性和生殖健康方面向男孩提供更多的信息和知识。我们为年轻人做了很多全面的性教育工作，同时还在青年赋权和领导能力方面做了大量工作，确保青年了解可持续发展目标，知道如何为社会发挥积极正向的作用。年轻人是我们的未来，当对年轻人发展做出正确的投资时，他们可以用新的想法和创造来改变社会，对此我们必须提供支持。

面向太阳，脚步向前

孙超：21 世纪以来，经济全球化的深入发展给一些善于利用自身比较优势的发展中国家带来了发展机遇，以中国为代表的新兴市场国家实现了快速发展。当年国际局势发生了深刻变化，全球治理的有效性受阻，您对当前形势下全球治理体系的变革有何看法？

康嘉婷：新冠肺炎疫情对所有国家、所有人在很多层面上产生了巨大影响，这是我们之前无法想象的。今天，我们在千年发展目标和可持续发展目标上取得了进展，联合国人口基金的优先任务是确保我们已经取得的成就不会白费，这是至关重要的。然后，我们再看治理问题，同时回到你关于年轻人的问题，其中的关键就是培养下一代。因此，与这一代年轻人一起工作时，要让他们向世界敞开心扉，确保他们愿意与人合作，愿意为社会做贡献。中华全国青年联合会举办了第一届世界青年发展论坛，有趣的是，来自世界各地的年轻人希望参与并成为国家间对话的一部分，他们分享经验，研究作为年轻人自己可以发挥什么作用来使社会、使世界更美好。对于这样的潜力，如果我们对年轻人进行适当的投入，为他们创造平台和空间，让他们发挥领导作用，就可能对世界的未来产生积极的影响。

孙超：作为我访谈的传统，请您分享一句最喜欢的话或格言好吗？

康嘉婷：我可以分享两句吗？我总是对我儿子说的一句话是“向这个世界敞开怀抱，拥抱它给你的所有机会”。让自己保持开放，去做你能做的不同事情，去你能去的任何地方。另一句是一直萦绕在我脑海中的格言，来自纳尔逊·曼德拉的书《漫漫自由路》。他谈到了作为一个乐观主义者的感受，以及成为一个乐观主义者意味着什么，他说这意味着即使事情看起来很困难，即使你可能感觉自己并没有进步，你也应该总是“面向太阳，脚步向前”。对我来说，这句话是我职业生涯和个人生活中的座右铭。我总是喜欢朝太阳看，一直前进，寻找那些积极的机会和时刻。

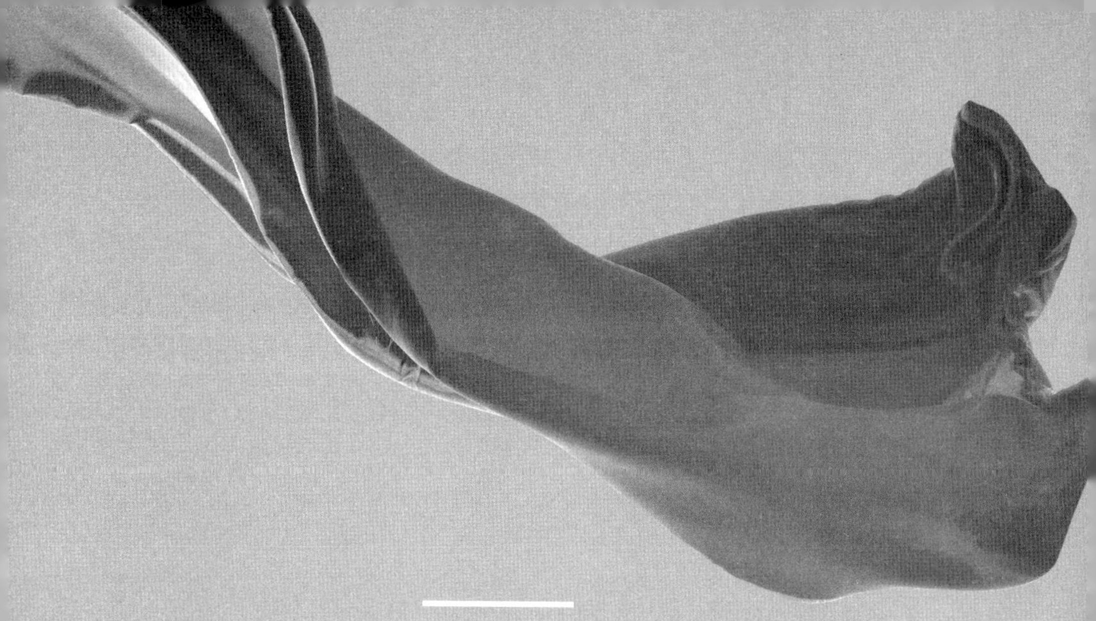

第二部分

中国式现代化
是全体人民共同富裕的现代化

空中丝路紧密连接中国和卢森堡

——访卢森堡驻华大使俞博生

卢森堡是一个高度发达的国家，是欧元区内最重要的私人银行中心及全球第二大投资信托中心，仅次于美国。人均收入水平位居世界前列。人均寿命也高达 80 岁，是世界上最安全、生活水平最高的国家之一。卢森堡在国土上是小国，在金融上却是一个大国。

2021 年年末，卢森堡驻华大使俞博生到习近平外交思想研究中心访问，成为首位到访中心的外国驻华大使。俞博生说，如果只用三个词来形容半个世纪以来卢中发展的深厚关系，那就是：卓越、友谊和尊重。卢森堡大公是第一位抵达中国参加北京 2022 年冬奥会的国家元首。两国领导人强调做大做强卢中货运“空中丝绸之路”。

孙超：大使先生，您还记得第一次来中国的情形吗？您感觉在北京的生活怎么样？

俞博生：首先，感谢你邀请我参加“一带一路”大使访谈。我非常高兴也很荣幸能受到邀请来到这里。你问我第一次来到中国时的印象，我想应该是我任卢森堡驻华大使后，一来到中国，就感受到了中国人民的热情好客，外交部的同事们也非常热情周到。我总是能遇到非常温暖热情的人，他们待我就像家人，把我当作贵客。不得不说，这些经历让我在中国，特别是在北京过得非常愉快。

孙超：大使先生，您在中国已经几年了，您去过中国的很多地方，您最喜欢哪个城市？您最喜欢的中国菜是什么？

俞博生：在给出答案之前，我得好好想想，因为我几乎每天都能发现新的中国菜。每次访问一个省份或城市，我总会很期待当地的特色菜。之前我去了武汉，不得不说，我最喜欢的早餐绝对是武汉的热干面，而且必须得是辣味的。

孙超：我很高兴您在北京过得愉快。我对您的经历也很感兴趣。您是非常成功的外交家，在您的外交生涯中，有没有什么难忘的故事可以和我们分享呢？

俞博生：在我的外交生涯中，至少是我作为驻外大使的经历中，迄今为止最难忘的时刻都与我在中国的经历相关。来北京之前，我的家人，也就是我的妻子和我们的小女儿，自然会有很多关于中国、关于北京生活的疑问，例如北京的日常生活会是什么样，我们会面临怎样的挑战等。但我们一抵达，女儿就从车里跑出来，激动地探索小区的花园，观察周围的住户。她笑着问："这就是我们的新家了吗？"我们说，是的，没错。对我们的小女儿来说，来到这里就是一场大冒险。虽然她只有两岁，却教会了我们这些大人如何去应对未知，全身心享受这里的生活。

当然，我们也面临着许多挑战，最让人有压力的就是疫情。作为驻华大使，我的工作内容也因此发生了戏剧性的变化。比如，在某些时候，我成了一名采购经理，确保我们的国民能够拿到中国送出的必要的防护设备、呼吸机等医用物资。

这是我职业生涯中非常有压力的时期，我的祖国卢森堡对我有很高的期望。我也很清楚，这些物资的送抵意味着拯救更多的生命。

从另一种角度来看，那也是我外交生涯中收获最大的时期。在这种特殊时期，我可以贡献出自己的力量去做出改变，工作成果也是肉眼可见的。不仅对我个人来说，对卢森堡同胞和所有期待帮助的人们来说，这些工作的成果也都是可以感受到的。因此疫情应该是我外交生涯中最难忘的挑战之一。

如何“保持本我”

孙超：卢森堡是一个高度发达的国家，对世界上很多游客来说又像一个童话王国。当世界上其他国家的人谈论卢森堡时，您希望人们记住些什么？

俞博生：你说很多人认为卢森堡是一个童话般的国家，这种形容非常积极，非常正面。不得不承认，卢森堡确实是一个非常小的国家，但它是现在世界上“唯一”的大公国。如果你想到一个大公国参观，就必须去卢森堡。另外，卢森堡还是一个绿色之国，青翠树木笼罩，有很多古老堡垒和城堡。正因如此，很多游客，尤其是中国游客把它比作一个童话国家。

你也可以感受感受卢森堡其他方面的特色。比如，你可以试试我们生产的葡萄酒，尤其是气泡酒，也可以品尝一下卢森堡的啤酒和香肠。

我还要补充一点，卢森堡在旅游方面有一个明显的优势：一两天内人们就可以参观完整个国家，剩下的时间可以去周边其他国家，或任何想去的地方。我很想邀请中国朋友去参观卢森堡，去看看这个国家，看看这个被称为欧洲绿色心脏的地方。

孙超：一个我的传统问题，您可否分享一句最喜欢的来自卢森堡的名言？

俞博生：在卢森堡，有句话的意思是“保持本我”。这句话来自一首民族诗歌，是一位著名的诗人在我们初次与邻国建交时写的。大家可能首先会认为这是一个倡导保守的生活方式的座右铭。但恰恰相反，这句话的意思是，保持本我、保持文化独立并不意味着要停止向外部世界开放自己，只有开放，不断尝试重塑自己去适应外部环境和应对外部挑战，才能保持初心，保持独特性。我认为这是我的国家卢森堡的本质。

我们对世界的态度是非常开放的。我们需要一个开放的经济环境，否则我们就无法生存。但与此同时，我们也想保护我们的文化和优秀的传统，也愿意与外国朋友共同分享这些文化和传统。

亚洲最大的贸易伙伴

孙超：我的下一个问题是关于双边关系的，中卢两国未来合作的重点在哪些领域？

俞博生：在双边关系方面，第一，中国是卢森堡在亚洲最重要的贸易伙伴，也是亚洲最大的贸易伙伴。第二，我们经济合作的支柱是物流。卢中之间有非常重要的航空枢纽，就是所谓的空中丝绸之路。这是2017年6月卢森堡首相访华期间，习近平主席和卢森堡首相共同提出的。每周，都会有30多趟航班在卢森堡和中国的航线上直线往返。

现在我们仍在进一步改善和发展这条物流线，因为它非常重要。我们依赖这条航线来把中国生产的东西——主要是电子产品和其他高附加值的产品——带到欧洲，带到世界其他地方。

这是我们双边合作的重要基石。在疫情期间更是如此，我们需要把所有医疗设备从中国空运到卢森堡，再运到欧洲其他地方。

空运工作之所以运行得如此顺利，其中一个原因是中国的投资人控股了卢森堡货运航空公司35%的股份，这样一来，建立和发展合作关系就更加容易了。

显然，金融也是我们双边合作中的重要支柱，从贸易量和物流中就可以看出，金融发展的潜力仍然巨大。作为驻华大使，我在未来需要高度关注两国之间的金融关系，以及卢森堡与中国投资者之间的关系。

当然，我们也非常重视人民之间的交流。卢森堡是一个拥有开放经济和开放政策的国家。我们的人口非常少，总共是63.6万人，其中一半是外国人。卢森堡非常欢迎外来人口工作定居。我们欢迎更多的中国人来卢森堡，这是我们要在未来几年内集中努力的一个方面。我们还有很多需要不懈努力的事。

孙超：卢森堡的金融业很发达，如何更好地分享卢森堡的经验呢？

俞博生：首先，在金融服务合作领域，我们确实有着悠久的历史。事实上，早在1979年，中国银行的第一个海外分支机构就在卢森堡成立了。可以说，早在中国决定对外开放的时候，就在卢森堡设立了第一家海外分行。在接下来的几年里，很多中国的银行都以中国银行为榜样。到目前为止，中国最大的七家银行都已经在卢森堡建立了分行，其中大多数都将欧洲总部设在卢森堡。

一些卢森堡的银行也有中国股东，这些银行是连接中国和卢森堡、中国和欧洲的桥梁，服务人群是想在欧洲投资的中国客户，另外，这些银行为想在中国发展业务的欧洲公司和欧洲投资人提供了协助。

随着两国关系的进一步发展，两国的投资者都有了进步和变化，金融资产方面的金融服务也有了进步。目前，卢森堡已发展成为全球第二大投资基金中心，投资中国的欧洲投资基金中有80%是在卢森堡注册的。从全球范围来看，投资中国的全球投资基金中，有高达40%的资金是在卢森堡注册的。这足以说明卢森堡对中国的重要性，卢森堡是中国金融服务的重要桥梁，反之亦然——中国是卢森堡非常重要的投资者。

携手共建“一带一路”

孙超：“一带一路”倡议聚焦互联互通，分享成功，分享新机遇，也致力于基础设施建设、金融、贸易、政策和民心相通。卢森堡是一个欧洲国家，您如何评价中国的“一带一路”倡议？您如何看待第三方合作，卢森堡如何更好地参与“一带一路”建设呢？

俞博生：卢森堡是亚投行首批出资成员之一。卢森堡还签署了“一带一路”倡议双边谅解备忘录。

在我亲手签署这份谅解备忘录之前，我们进行了长时间的内部讨论，研究了很长一段时间，比如“一带一路”倡议的利弊，以及倡议的发展前景等。在签署“一带一路”倡议之前，我们两国就已经建成了倡议的支柱项目之一：卢森堡和中国之间已经开通了空运和货运航线。

我想补充的一点是，实施“一带一路”倡议在各个方面都有其复杂性。有技术方面的问题，以及基础设施、标准和法规的问题。

当我们谈到基础设施项目时，我们谈论的是周期性的项目，比如说，10年、20年、30年甚至更长时间。在这一周期内，即使双方都试图避免，也不能完全排除在某个时点会出现一些商业纠纷。

仲裁方面，在与中国合作时，卢森堡可以发挥非常具体的作用。卢森堡是欧盟的司法首都，欧洲法院就是在卢森堡成立的，从这个意义上说，卢森堡具备跨境智囊和机构。

我们将“一带一路”倡议作为一个全面的多边倡议去看待和理解，携手参与建设。

抵京参加冬奥会的第一位外国元首

孙超：卢森堡大公亨利阁下是抵达北京参加冬奥会的第一位外国元首。您能谈谈亨利大公这次历史性的访华吗？

俞博生：卢森堡一直以来都非常重视与中国的互动和交往。事实上，这次到访已经是大公亨利第七次来到中国访问了。北京是世界上第一个既举办过夏奥会，又举办冬奥会的城市。2008 年夏奥会期间，大公亨利也来到了北京。我很开心看到卢中之间的交流如此频繁。2022 年也正值卢中建交 50 周年，作为第一位来到北京参加北京冬奥会开幕式的国家元首，可以看出，我们非常期盼和支持这次冬奥会，我们非常重视与中国的交流。此外，大公亨利自己也酷爱体育运动，奥运会是一个将全世界团结在一起的机会，感谢中国如此用心地举办这次冬奥会。

孙超：2022 年是中国和卢森堡建交 50 周年。面向未来，我们如何更好地持续性地推动双边关系的发展和深化双边合作？

俞博生：在双边合作方面，卢中双方有着良好的基础，包括我之前提到的空运、物流以及金融。如今，卢中双方还需在这些方面进行巩固并创新。2021 年早些时候，卢森堡外交和欧洲事务大臣让·阿瑟伯恩曾和王毅部长谈论过在物流及绿色和可持续金融等方面的合作方向。另外，在很多方面，卢方和中方都有着一样的立场，为双边合作打下了良好的基础。比如面对肆虐全球的新冠肺炎疫情，全世界需要合作起来，克服这次大流行。也非常感谢中国在应对疫情、推动经济复苏等方面所做出的贡献。

这是最坏的时代，也是最好的时代。当今世界风云变幻，人类需要寻求合作，我很欣赏由习近平主席所提出的“人类命运共同体”这一概念。我们共享同一个未来，也面临同样的难题。目前全世界都面临着全球变暖、新冠肺炎疫情等问题，然而，形势越是严峻，我们越要紧密地团结在一起。

中巴经济走廊已进入高质量发展第二阶段

——访巴基斯坦驻华大使莫因·哈克

巴基斯坦伊斯兰共和国总理夏巴兹·谢里夫于 2022 年 11 月 1 日起对中国进行正式访问，成为中共二十大后首批访问中国的外国领导人之一。

他表示非常荣幸和感动，中国是巴基斯坦非常友好的兄弟国家，这体现了两国友谊的深度，以及两国相互理解和联系的力量。

他说，在巴基斯坦遭遇了史无前例的洪水灾害后，中国政府、中国人民和许多中国企业向巴基斯坦慷慨地伸出援手，第一时间给巴基斯坦捐助了帐篷等大量的救灾物资，巴方十分感激中国的帮助。

他高度赞扬中国从一个积贫积弱的国家发展成为一个繁荣富裕的国家，这是史无前例的奇迹。巴基斯坦希望能够借鉴中国的发展经验。

他强调，中国提出的共建“一带一路”倡议为国际社会做出了很大贡献，巴基斯坦更是“一带一路”倡议的受益者。得益于中巴经济走廊建设，巴基斯坦的基础设施建设得以快速发展。

2021 年中巴建交 70 周年是两国发展史上的重要里程碑。两国举办的 140 多场庆祝活动为两国人民的友谊注入新的活力，给年轻一代留下不可磨灭的记忆。[1]

巴基斯坦驻华大使莫因·哈克接受了我的独家专访，分享了他对很多重要议题的看法，包括中国的“一带一路”倡议。

大使表示，中巴经济走廊是“一带一路”倡议下的高质量示范项目。据统计，中巴经济走廊合作启动后，中国连续6年成为巴基斯坦最大的贸易伙伴，连续7年成为巴基斯坦最大的投资来源国。中巴经济走廊累计为巴基斯坦创造了7.5万个就业岗位。

新冠肺炎疫情暴发以来，中国首批对外提供疫苗援助的国家包括巴基斯坦，两国在抗疫合作上一直保持着紧密的伙伴关系。

巴中两国合作范围广阔，前景光明，永远是朋友。

事业的巅峰

孙超：大使先生，这是您第一次来中国北京工作吗？您对中国和中国人有何印象？

莫因·哈克：是的，这是我第一次被派驻到中国工作。我很荣幸被任命为巴基斯坦驻中国大使。中国是巴基斯坦的好伙伴，两国关系非常重要，是全天候战略合作伙伴，我们亲切地称呼彼此为“铁兄弟”。我很荣幸能来到这里，并致力于加强两国之间多方面的友好关系，这可以说是我事业的巅峰。

事实上，作为一名巴基斯坦职业外交官，我对中国有一定的了解。巴中关系是巴基斯坦的外交基石，我到国外执行任务和在首都伊斯兰堡的外交部工作期间，都一直积极与中国的外交官打交道。

我在担任礼宾司司长时曾两次到访中国。当时，我随总统和总

---

① 资料来源：https：//baijiahao. baidu. com/s?id =1748085984940107830&wfr =spider&for =pc.

理先到达北京，然后访问了上海，接着我还去海南参加了博鳌论坛。

我担任了巴基斯坦驻华大使，有机会到中国各地访问，总共去了 20 多个城市，比如武汉、上海、青岛、成都、福州、乌鲁木齐、喀什、长沙、郑州、南宁、昆明等地，我还去了澳门参加会议。我希望能去更多的地方考察，探索更多的省份和地区，领略当地的景色、历史与多样的文化。

孙超：大使先生，您的家乡在哪里？您觉得在北京和在您的家乡生活有什么不同之处？

莫因·哈克：我的故乡有很多。我出生在拉瓦尔品第市（Rawalpindi），毗邻伊斯兰堡，后来到俾路支省（Balochistan）省会奎达（Quetta）上学。因为外交工作的关系，我在巴基斯坦的时候，会常驻伊斯兰堡，所以也把伊斯兰堡当成我的故乡。

北京和伊斯兰堡都很美丽，各有千秋。北京是一个非常发达的大城市。北京的建筑新旧混合，那些古建筑是北京丰富的文化遗产，而新的基础设施和摩天大楼是北京现代化的标志。

北京市很大，相对来说伊斯兰堡就小很多，约有 200 万人口。不过伊斯兰堡是一座郁郁葱葱、风景如画、宁静祥和的城市，而且城市的布局经过精心规划，这也让伊斯兰堡受到很多人的青睐，一些在巴的外国人和外交官，当然包括我们的中国朋友，他们都很喜欢伊斯兰堡。

请记住巴基斯坦的本真

孙超：当世界上其他地区的人们谈起巴基斯坦，您希望人们记住什么？

莫因·哈克：我希望世界能记住巴基斯坦的本真。巴基斯坦富饶美丽，有令人叹为观止的自然景观、多种多样的文化遗产、优质的自然资源，还有蓬勃向上的年轻人。巴基斯坦人十分热情好客，待人友善。最重要的是，巴基斯坦人民对中国朋友有着最诚挚的喜爱。

巴基斯坦有潜力成为一个让人心驰神往的旅游胜地。我们有壮观的峡谷、美丽的湖泊和雄伟的山峰，世界上最高的山脉汇聚于此；你还可以领略极具诗情画意的海滩，而当中最美的要数俾路支省的海滩。巴基斯坦历史悠久，跨越了几千年，一些考古遗址还被联合国教科文组织列为世界遗产。不论探险奇遇、海滨度假还是文化旅游，你都可以在巴基斯坦实现。

我还希望中国人民能知道，巴基斯坦永远支持中国。巴中友谊经得起时间的考验，不因地区和国际发展而改变。我们福祸与共，用中文来说就是“同甘共苦”。

我们希望能促进两国人民之间的交流，希望带动更多的游客、研究人员等前往对方的国家。而且我们的大使馆启动了旅游项目，中文旅游网站也将随之开通，我们希望通过努力促进人与人之间的交流，使中国人民更好地了解巴基斯坦及其文化。

30 多年的外交职业生涯

孙超：大使先生，我们对您的个人经历也很感兴趣，您能分享一些最难忘的外交经历吗？

莫因·哈克：我在巴基斯坦外交部的职业生涯已经超过 30 年。我曾代表巴基斯坦到过世界上许多地方，如欧洲、南亚和北美。我曾在不同的环境中生活，收获了许多非常有趣的经历。甚至在不同的工作任务中，我还参与到地缘政治和地缘战略的发展中，那些事件对全世界产生了极深远的影响。

2001年“9·11”事件发生时，我在纽约，那是令世人痛心的记忆，“9·11”事件对世界格局也产生了巨大影响。我曾是巴基斯坦驻加拿大温哥华第一任总领事，在那里我从零开始创办了《巴基斯坦领事馆日报》，把巴基斯坦的旗帜树立在一片全新的土地上，这的的确确是一段光荣且意义非凡的经历。

还有一个我非常难忘的经历是在2015年4月，习近平主席第一次访问巴基斯坦。当时我是礼宾司司长，负责安排落实访问工作。当时正值巴中关系升级为“全天候战略伙伴关系”的历史性时刻，我为能在现场见证两国领导人签署协议感到无比荣幸，这也是我外交生涯中极其重要的时刻。

现在，我在中国也已经度过了一段难忘的时光。毫无疑问，在中国的时光将成为我职业生涯中最非凡、最难忘的经历。中国人民对巴基斯坦的热情也给我留下深刻的印象，你应该知道“巴铁”这个称呼，我会把它分享给巴基斯坦的人民。

中巴经济走廊的第二阶段

孙超： 大使先生，我们知道中巴经济走廊是“一带一路”倡议中的一个高质量示范项目，您怎么看待中国的“一带一路”倡议？巴基斯坦如何更好地参与共建“一带一路”呢？

莫因·哈克： 中巴经济走廊是“一带一路”倡议中的重点项目，是“一带一路”倡议的旗帜。“一带一路”倡议将各个国家、地区和社区联系在一起，帮助他们升级基础设施、发展工农业，为整体经济和社会的发展做贡献，换句话说，“一带一路”倡议为各个国家和地区的共赢合作提供了示范案例。

中巴经济走廊也是巴基斯坦的一个转型项目，能帮助我们提升基础设施建设水平，解决能源等需求，还促进了瓜达尔港的发展。

这与巴基斯坦重新关注地缘经济和经济安全的决策高度一致。

目前我们正处于中巴经济走廊的第二阶段，重点关注工业、农业、科技、旅游的发展，从而促进巴基斯坦整体社会经济的发展。这些都有助于促进巴基斯坦的国家建设、推动偏远地区的发展、创造就业机会和改善民生。

数字经济

孙超：科技创新领域在中国以及很多其他的亚洲国家发展非常快，例如人工智能和大数据等。这些技术目前在巴基斯坦发展如何？

莫因·哈克：世界已经进入了数字时代，人工智能、5G、大数据、量子计算等新兴技术极大地影响了我们的生活。不可否认，这些技术在贸易、工业、农业、卫生和教育等领域均发挥了作用。

因此，巴基斯坦政府对这一领域高度关注，并提出了一个名为“数字巴基斯坦”的计划。政府推出一揽子新政策，以促进信息技术领域的研究和创新。巴基斯坦现已建立了许多孵化中心，来协助新公司的成立。

为促进和鼓励创业创新，我们还成立了特别技术区管理局，搭建政府、工业界和学术界之间的合作渠道，为技术研究人员提供便利。

科技是巴中合作中快速发展的一个领域。许多中国公司已在巴基斯坦开展工作。例如，华为在巴基斯坦开展了大量业务，不仅帮助巴基斯坦发展建设 4G 和 5G 网络，还在巴基斯坦建立了一个专门培养软件工程师的大型的培训机构。

巴中在信息技术领域合作潜力巨大，我们在中巴经济走廊的基础上，成立了信息技术联合工作组。为进一步加强在这一领域的合作，双方同意启动中巴数字走廊。

女性在国家建设进程中发挥着重要作用

孙超：我在海外工作学习时遇到一些非常有才华的巴基斯坦职业女性，但巴基斯坦也有一些关于女性处境的负面报道，我想了解一下目前巴基斯坦女性权益的发展情况。

莫因·哈克：妇女在巴基斯坦发挥的作用举足轻重。在家里，她们是母亲、姐妹、女儿和妻子，身份特殊。她们在教育和许多岗位上表现出色。

在交流中你会发现，巴基斯坦女性极具进取精神，精力充沛且受过一定的教育。在巴基斯坦，女性占据了很大部分的高层职位，在国家建设中发挥着关键作用，如今她们在商界、政界等社会的各个领域也都表现优异。

首先在政界，巴基斯坦是第一个拥有女性总理的伊斯兰国家，她就是贝娜齐尔·布托（Benazir Bhutto），而且还有许多优秀的女性担任议员和部长。现在，越来越多的女性参军入伍，成为空军飞行员驾驶战机，或成为海军士兵在战舰上工作。警务部门和行政部门中也有不少女性工作者，我们外交部的外交官中几乎有一半是女性。

我们为巴基斯坦的女性感到自豪。国父真纳曾经说过，没有妇女的踊跃参与，我们的国家就不可能繁荣昌盛。因此，从一开始，他就鼓励我国女性主动响应号召，积极投身到国家建设的进程中。国父真纳的妹妹法蒂玛·真纳（Fatima Jinnah）也是一位重要的女性政治家，她始终支持国父真纳，陪伴在他身边。即使在国父去世后，她也一直像灯塔一样指引着巴基斯坦人。所以，她是巴基斯坦女性的榜样，鼓舞着女性投身到国家发展进程中。

加强中巴民心相通

孙超：现在人们对巴基斯坦的兴趣越来越浓厚。时隔 40 年，中国市场于 2021 年再次引进了一部巴基斯坦电影。此外，在中巴建交 70 周年之际，两国携手举办了 140 多场活动。

莫因·哈克：2021 年是两国建交 70 周年，我们共同欢庆，这是两国友谊中的一个重要里程碑。为此我们携手举办了 140 多场活动，这是一次非凡且空前的壮举。我们的活动大多与文化相关，比如艺术展、时装秀、美食节、文学会和电影节等。

巴中还新签订了 20 个姊妹省、市友好协议，这类省、市友好协议已累计超过 40 项，为贸易、教育、文化和人民交流等领域的务实合作提供了明晰的框架。

我们也在促进两国学术机构之间的联系。我们在中国的很多大学里建立了巴基斯坦学习中心，还在一些大学里设立了乌尔都语中心。同样，中国也在巴基斯坦设立了孔子学院，现在汉语在巴基斯坦的校园里非常流行。

我们务必要在当前的基础上进一步扩大和加强我们在这些领域的联系。为进一步增进相互了解，我们也把重心放在旅游领域。2021 年 11 月，我们签署了促进两国旅游的谅解备忘录，到 2023 年，将会是庆祝两国旅游交流的两周年。

孙超：作为“铁兄弟”，中国和巴基斯坦拥有着世界上最亲密的友谊，中巴之间的友谊会如何更进一步发展？您对未来两国关系有什么期待？

莫因·哈克：放眼世界，巴中友谊很特殊，它建立在长期以来的相互信任、相互尊重与合作共赢的基础上。无论在什么情况下，无论地区间和国际环境如何，这种关系始终不变。

我相信，巴中关系前景光明，这不仅对两国政府和人民，而且对其他地区乃至整个世界的和平、进步与繁荣均有贡献。

我们两国一致同意加强全天候战略伙伴关系，共同促进工业、农业和信息科技领域的合作，相互推进两国文化交流和人文交流。

为世界提供中国经验

孙超： 2021年习近平主席宣布中国脱贫攻坚战取得全面胜利，虽遭遇疫情影响，中国依然如期完成了脱贫攻坚目标任务。请问您如何看待中国为脱贫所做的努力？

莫因·哈克： 中国在扶贫上取得的巨大成就真的很令人赞叹。中国让8亿多人民摆脱了绝对贫困，这在现代社会是一个奇迹，是一个巨大的成功。这些都得益于中国共产党的智慧与远见，得益于细致的计划和持续的努力，得益于“全政府”与“全社会”共同参与的做法。

我们非常欣赏中国的扶贫经验，赞扬其中以人为本的哲学理念。正是中国经验给予了我们灵感，我们的政府也推出了“Ehsaas”（同情）项目，为贫困人口健全社会保障，提高他们的生活质量。

孙超： 您认为中国有哪些防疫经验是值得与世界分享的？未来我们该如何应对全球挑战？

莫因·哈克： 中国的防疫经验非常感人。我们想向中国人民和中国政府表示衷心的祝贺，你们以高效、统一、纪律严明的方式基本控制了猖獗的疫情。用真纳的话来说，就是依靠“团结、信念和纪律”战胜了新冠肺炎疫情。

在这场健康危机中，中国和巴基斯坦始终相互支持，保持密切合作。巴基斯坦是中国首个提供疫苗援助的国家，迄今为止，中国向巴基斯坦提供了超过 1.8 亿剂疫苗，这成为我们主要的疫苗来源。巴中还共同合作研发新冠肺炎疫苗。

新冠肺炎疫情已经表明，我们需要通过国际合作和共同努力来应对全球挑战。正如习近平主席所说，我们并不是乘坐在不同的小船上，而应该是乘坐在一艘大船上一同航行，共同抵御更大的风暴。

“团结、信念和纪律”

孙超：大使先生，作为访谈的传统问题，您能分享一句来自巴基斯坦的格言或者您最喜欢的话吗？

莫因·哈克：我认为每个巴基斯坦人从小就学会了一条格言：“团结、信念和纪律。”这句座右铭出自我们的国父穆罕默德·阿里·真纳。1947 年，巴基斯坦独立，“团结、信念和纪律”这一座右铭鼓舞了我们的士气，支撑着我们走过了艰难的历程，坚定了我们为把巴基斯坦建设成为一个更加发达、团结和繁荣的社会而奋斗的决心。

与中国一样，我们都重视团结、纪律，相信自己的力量和自己的国家。因此，中国人民能够理解我想说的话，理解这三个简单又深刻的词：团结、信念和纪律，也就是中文成语中的“众志成城”。可见，巴中两国在这方面很像。

我很荣幸担任巴基斯坦驻华大使，我也在为巴基斯坦最重要的双边关系发展尽绵薄之力。中国与巴基斯坦永远是朋友，巴中双边关系经得起时间的考验。正是我们连续几任领导人和人民的共同努力，才让巴中两国友谊在国际关系中无与伦比。

两国关系正处于历史性时刻，双方都有责任抓住这个机会，在此基础上进一步加强双边关系，建立巴中命运共同体。

中国是孟加拉国在发展领域最重要的合作伙伴之一

——访孟加拉国驻华大使马赫布·乌兹·扎曼

孟加拉国驻华大使马赫布·乌兹·扎曼先生接受了我的专访，他说：“我在中国的生活非常愉快，充满了美好的回忆。我特别喜欢乘坐中国的高铁旅行，穿梭在中国的主要城市之间，火车速度非常快，也非常舒适。中国丰富的文化和美食深深吸引着我。我还有幸出席了各种历史性活动，比如参加中国共产党成立100周年大会，聆听习近平主席的讲话，还有参加北京冬奥会开幕式。”

亚洲人的纽带将我们紧密相连

孙超：大使先生，您来中国任职已经大概三年时间了。您认为中国和孟加拉国最大的不同是什么？您觉得在中国的生活怎么样？

马赫布·乌兹·扎曼：中国和孟加拉国都位于亚洲大陆，两国相距不远。我们的文化和传统有许多相似之处。然而，由于地理位置的差异以及历史遗产的独特性，我们在文化和语言上存在差异。但亚洲人之间好像有一条神奇的纽带，将我们联系在了一起。尽管面临全球挑战，但亚洲经济增长强劲，发展前景光明。自古以来，中国与亚洲各国之间就有着海上联系和贸易联系，比如我们都知道的丝绸之路。

当然，中国和孟加拉国之间的差异还包括地理面积、人口和经济。

中国幅员辽阔，气候和地形复杂多样，有丘陵、山地以及平原等。而孟加拉国属于热带季风气候，夏季炎热多雨，冬季干燥。孟加拉国的地形主要是低洼的冲积平原，约有一半国土位于三角洲地区，5 月至 9 月的季风季节容易发生洪水灾害。

我在中国的生活非常愉快，充满了快乐的回忆，值得永远珍惜。自从我来到中国，我有机会到中国各个地方旅行。我特别喜欢乘坐高铁穿梭于各地，又快速又舒适。我喜欢中国丰富多样的文化和美味佳肴。中国有着悠久的文化传统，可以追溯到 5 000 多年前。虽然在摩天大楼林立、科技日新月异的城市里，这一点并不明显，但当我们生活在中国时，可以感受到传统和习俗在商业和日常生活中起着重要作用。

我非常喜欢中国菜。中国各个省份和地区都有各自的特色和文化遗产。不同地区在口味和菜系上也有细微的差别，例如浙江菜、安徽菜、广东菜、江苏菜、海南菜、湖南菜等。在食物的种类、香味和质地方面，每一种菜系都有其独特的吸引力。当然，天气和生活方式也会对不同地区和省份的饮食习惯造成影响。

作为职业外交官的 30 多年经历

孙超：大使先生，您的职业生涯很精彩也很成功，您能跟我们分享一下您职业生涯中的难忘经历吗？

马赫布 · 乌兹 · 扎曼：作为一名外交官，我的职业生涯确实非常有收获有成效。在我 30 多年的外交生涯中，我去过很多地方。我被派往德里、渥太华、纽约、东京和日内瓦等地。我还曾担任孟加拉国驻斯里兰卡和新加坡的大使。

我在加拿大的时候曾度过了一个特殊的冬天。1998 年 1 月，我被派往加拿大渥太华，加拿大的安大略省、魁北克省和新不伦瑞克省的冰雨下了整整 6 天，冰厚 7 ~ 11 厘米（3 ~ 4 英寸）。树木、电线、电线杆和输电塔都倒塌了，造成大规模停电，有些地区停电长达一个月。这是加拿大损失最严重的自然灾害。因为没有电，我们不得不经历了一段艰难的时期，不得不冒着严寒和刺骨的风赶到商店购买和储存必需品。

2019 年 10 月，我被派往中国，并向习近平主席递交国书。习近平主席还问候了我们的总统阿卜杜勒·哈米德和总理谢赫·哈西娜，这对我来说是一个自豪和快乐的时刻。

在 2020 年新冠肺炎疫情暴发期间，孟加拉国向中国人民送来了口罩，直到今天，中国仍对这一友好行为表示赞赏。

在我们需要帮助的时候，中国也挺身而出。正如我们所说："患难见真情。"中国政府向孟加拉国捐赠了抗疫物资和抗新冠病毒药物。大使馆参与协调，用专机紧急运送这些物资。中国政府还向我们提供了 7 700 万剂国药集团疫苗。由于中国政府和国药集团及时采取措施，我们能够在最短的时间内将这些疫苗运送到孟加拉国。这是一项协调良好、计划周密的工作，所有疫苗都由孟加拉国比曼航空公司紧急运送成功。我们还通过船只向孟加拉国运送紧急注射器。在疫情期间，如果没有中国政府的积极支持，这一切都是不可能实现的。

2021 年，习近平主席在庆祝中国共产党成立 100 周年的讲话中提到了共同富裕的理念。我很荣幸出席了这一历史性时刻。我还见证了一个历史性事件，即 2021 年 11 月 11 日，中国共产党中央委员会通过了第三个历史决议。众所周知，这份文件是对中国共产党百年历史的总结，阐述了中国的主要成就和未来方向。我也很高兴在 2022 年参加北京冬奥会盛大的开幕式。

因此，作为一名被派驻不同国家的外交官，这些经历对我来说非常难忘。

但我想说的是，我所任职的每个国家都是迷人的，都拥有美丽的风景和丰富的文化。我遇到了很多人，与他们互动，与他们交朋友。我永远珍惜与他们在一起的美好记忆。

“我所看到的新中国”

孙超：中孟是好邻居、好伙伴。建交以来，两国保持了全面发展的良好势头，成为团结合作、共同发展的典范。您如何看待中国和孟加拉国之间的关系？如何进一步发展两国关系？

马赫布 · 乌兹 · 扎曼：中国和孟加拉国是非常友好的国家。1952 年，国父穆吉布 · 拉赫曼访问中国并出席亚非和平会议。访华期间，他参观了多个城市，会见了毛泽东主席和周恩来总理等领导人。根据这次访问的印象，他写了一本书，名为《我所看到的新中国》。他表示通过中国共产党的领导和不懈努力，一个摆脱了贫穷桎梏的新中国正在崛起。穆吉布 · 拉赫曼赞扬了中国的经济计划，并表示相信在未来，中国能够消除极度贫困，为所有人民提供基本生活必需品。他的预测是多么准确，中国已经成功地通过有针对性的扶贫计划和政策消除了贫困。

建交以来，两国合作的广度和深度不断扩展。我们通过高层互访和交流进一步巩固了两国关系。我们的合作涉及经济、贸易和投资、文化和社会经济领域。在基础设施支持、能源合作和发电领域，中国是我们的主要投资者。

2016 年 10 月，中国国家主席习近平对孟加拉国进行国事访问，两国关系迈上新的台阶。随后，两国签署了15项协议和谅解备忘录，以及12项价值200亿美元的贷款协议，将孟中关系从“全面合作伙伴关系”提升为“战略合作伙伴关系”。此后，我国总理也于2019年访问了中国。

孟加拉国和中国之间的经济关系在过去几十年中也蓬勃发展。中国是孟加拉国最大的贸易伙伴。根据2021年1月至7月的数据，双边贸易额为130亿美元，同比增长了58%。

在当今全球化的世界中，我们不能保持孤立。我们必须走向区域和全球一体化。两国一致认为，“一带一路”倡议为两国在资源互补基础上加强互动、实现合作共赢创造了机会。

在新冠肺炎疫情全球蔓延期间，在我们最需要疫苗，而全球对疫苗的需求急剧飙升的时候，中国向我们提供了我们急需的7 700万剂疫苗，还向我们提供了抗疫物资和医疗设备。

2021年，我们庆祝了国父谢赫·穆吉布·拉赫曼诞辰100周年，也庆祝了孟加拉国独立50周年。中国国家主席习近平在贺信中对穆吉布·拉赫曼给予了高度评价，并称其为中国的老朋友。他表示，中国将永远铭记谢赫·穆吉布·拉赫曼为架起两国友谊、合作和理解的桥梁所做的贡献。孟加拉国对此也十分感激。

孟中合作是多领域、多层次的。中国是我们的主要发展伙伴之一。在中国的帮助下，孟加拉国有信心能在2041年之前成为发达国家。谢赫·哈西娜是国父谢赫·穆吉布·拉赫曼的女儿，她一直支持与中国的合作，中国也赞赏哈西娜总理领导下开展的项目和经济活动。

2022年8月，中国外交部长访问了孟加拉国，这为两国分享专业知识、探讨能源合作领域提供了一个绝佳的机会。特别是在可再生能源领域，如太阳能、废弃物能源化和风能等，以实现能源供应多样化，满足国内能源需求。

最大的贸易伙伴和投资者

孙超：中国和孟加拉国于2016年10月签署了“一带一路”倡议合作谅解备忘录。这是中国首次与南亚地区国家签订的共建“一带一路”倡议的政府间协议。您如何评价“一带一路”倡议？您认为该如何更好地参与该倡议？

马赫布·乌兹·扎曼：中国和孟加拉国于2016年10月签署了“一带一路”合作谅解备忘录。

2016年，两国领导人一致同意将两国关系提升至战略伙伴关系。孟加拉国和中国已经成为战略伙伴。同时，中国也是孟加拉国最大的贸易伙伴。两国贸易额持续增加，2014年，双边贸易额为120亿美元，到2021年超过了300亿美元。近年来，中国在孟加拉国的投资显著增长。1977—2010年，中国在孟加拉国的投资总额仅为2.5亿美元。仅在2011年，这一数字就上升到大约2亿美元。自从孟加拉国参与共建“一带一路”以来，中国已成为孟加拉国最大的投资者。

2016年发布的《中华人民共和国和孟加拉人民共和国关于建立战略合作伙伴关系的联合声明》指出，孟加拉国赞赏中国的倡议，认为这将为孟加拉国实现到2021年建成中等收入国家和2041年前成为发达国家的目标带来重要机遇。双方一致同意，加强两国发展战略对接，充分挖掘各领域合作潜力，推进“一带一路”建设，实现两国可持续发展和共同繁荣。中国一直是我们的密切发展伙伴，并一直支持我们寻求实现我国人民的自力更生和社会经济的发展。

两国一致认为，在贸易投资、基础设施、产能合作、能源电力、交通运输、信息通信以及农业领域加强合作有着巨大的空间和潜力。上述领域也被确定为孟中务实合作的重点领域。

孙超：2021 年前成为中等收入国家，2030 年前实现可持续发展目标，2041 年前成为发达国家是孟加拉国发展的未来愿景。您认为中国和孟加拉国如何才能更好地加强两国发展战略对接，共同实现中国梦和“金色孟加拉”梦想呢？

马赫布·乌兹·扎曼：2021 年孟加拉国独立 50 周年，举国上下都怀着无比自豪和喜悦的心情庆祝这一重大节日。1971 年，孟加拉国诞生于一场以死亡、毁灭和酷刑为标志的解放战争。当时，世界绝不会想到这个新生的国家会在短短 50 年内成为发展奇迹的典范。2021 年同时也是国父谢赫·穆吉布·拉赫曼诞辰 100 周年。按照他曾提出的“金色孟加拉”之梦，孟加拉国将克服重重困难，抓住机遇和挑战开始发展之旅。在过去的 50 年里，这一旅程使孟加拉国走上了令人惊羡的发展轨道，特别是在过去的 10 年里，发展速度之快更加令人钦佩。基于国父的长远眼光，以及孟加拉国人民的聪明才智、创造力和辛勤工作，才使得这一切成为可能。同时，国父穆吉布·拉赫曼的女儿谢赫·哈西娜总理对国家的杰出政治领导也同样重要。

如今，孟加拉国已经发展成为中等收入国家，即将脱离最不发达国家的序列。2015 年，我们已经完成了所有重要的千年发展目标。到 2030 年，孟加拉国预计将成为世界第二十四大经济体。同时，孟加拉国也已经成为一个数字经济体。到 2041 年，孟加拉国预计将成为一个发达经济体。

在我们推动经济增长和确保公平分配的过程中，中国一直是我们的发展伙伴。2019 年 6 月总理谢赫·哈西娜访华期间发表的联合声明中指出：“中方赞赏近年来孟加拉国经济社会快速发展，相信在哈西娜总理领导下，孟加拉国将顺利完成 2021 年前成为中等收入国家的目标，并为在2041年前成为发达国家和早日实现‘金色孟加拉’梦想奠定坚实基础。”

孟加拉国和中国可以加强合作、实现双赢的领域包括：

一、“一带一路”倡议为所有参与方提供了一种国际合作模式，也为地区互联互通和经济一体化带来新的机遇。双方决心充分挖掘各领域合作潜力，促进“一带一路”发展，实现两国可持续发展和共同繁荣。

二、双方同意深化经贸、投资、产能等领域合作，通过加强贸易和投资领域的合作，扩大互利双赢。我们应努力增加孟加拉国对中国的出口，尤其是黄麻、海鲜、皮革、药品等的出口。我们赞赏中方在孟加拉国吉大港建设经济产业园区，也鼓励中国企业投资孟加拉国经济园区。

三、我们应主动加强农业、海洋、科技、气候变化以及建设气候应对中心等方面的合作，包括中方在孟建立的气候适应中心的合作。

专属经济区的投资和发展的利益逐步增加，孟加拉国坚定地致力于与中国开展密切的经济合作。

希望每个人都能平安健康

孙超：当世界其他地方的人们谈论孟加拉国时，您希望他们知道和记住什么？

马赫布·乌兹·扎曼：我想引用我国外交部长在“2019年达卡全球对话”开幕式上的讲话。他说：“孟加拉国经常被联合国称为‘发展的榜样’‘妇女赋权之星’‘南方的旗手’。”根据亚洲开发银行的数据，在过去10年我们持续繁荣，创下了8.13%的最高经济增长率。其实，我们经济发展的秘诀是“谢赫·哈西娜的魔法”——她坚定的决心和领导才能，以及我们对于实现国父穆吉布·拉赫曼梦想的集体承诺。孟加拉国现在真正踏上了到 2021 年成为中等收入国家的征程，并有望到 2030 年实现可持续发展目标，到 2041 年成为发达国家，到 2100 年成为“繁荣的三角洲”。

孙超：作为我访谈的传统，能分享一下您最喜欢的来自孟加拉国的格言吗?

马赫布·乌兹·扎曼：在孟加拉向朋友和同事表达最美好的祝愿时，我们常用这句话——“希望每个人都能平安健康”。

“政府有远见，人民有决心，中国两者兼具”

——访葡萄牙驻华大使杜傲杰

葡萄牙驻华大使杜傲杰表示，中国的发展和繁荣不仅有益于中国人民，更有益于世界。中国在世界经济复苏中发挥了非常重要的作用。

杜傲杰从2017年开始担任葡萄牙驻华大使，曾在疫情期间称赞中国人是“天生的战士”。杜傲杰大使表示，葡中要通过“一带一路”实现两国海陆空三方面的互联互通，借助双方共同利益来提高两国贸易往来的水平，加强葡中文化交流，推动文化繁荣发展。

在我们的对话中，我问他有一天离开中国，他最想念的会是什么。大使说：“我会很想念中国人的慷慨大方和热情好客。无论我走到哪里，都会受到热情款待，这些令我深受触动。从更抽象的角度来看，我喜欢中国社会的活力。我喜欢在我住的地方周边散步或者骑自行车，去看看中国社会的活力和坚定，我也喜欢到潘家园去和卖旧物的店主交流。这些都会是我最想念的事情。”

在中国的生活充满了幸福感和满足感

孙超：您在北京的生活和工作如何？您喜欢北京的冬天吗？

杜傲杰：担任驻华大使确实是在思维和职业两方面都具有相当大的挑战性。但对于我个人而言，这也是一个难得的机会。之前我对中国并不太了解，借此机会我可以接触不同的国家和人民，接触不同而古老的文化，并且还可以交新朋友。这丰富了我的个人生活，也为我的职业添彩。过去的几年我在中国感到幸福和满足。

我喜欢北京的冬天。我住在一所很美的房子里，有大大的窗户。北京的冬天非常明媚，天气很冷，但光线充足，湛蓝的天空和灿烂的阳光令人精神振奋。在欧洲北部的严冬里，一切都是灰蒙蒙、阴沉沉的，还下着雨。北京与之截然不同。我更喜欢温和一点的季节，北京的冬天就有这样的一种美。

孙超：大使先生，您的官邸就像一个小型艺术馆，充满了形形色色的来自不同国家的艺术品。您最喜欢的中国文化是什么？

杜傲杰：中国文化非常丰富多样，我很难指出最喜欢哪一部分。我真的非常欣赏中国文化的多样表现形式。例如，我曾在西安博物馆领略了唐代文学和雕像之美，它们极富感染力。我还发现了明朝和清朝时期的中国建筑之美。我喜欢中国的文学、诗歌以及其他中国人的表达方式，我还喜欢中国的手工艺品，比如精致的丝绸、陶瓷等。这些代表了中国数千年的历史和丰富的文化，都很值得人们深入了解。

孙超：您最喜欢的中国食物是什么？

杜傲杰：我非常喜欢广州的虾饺。我也很喜欢青岛菜。青岛菜种类丰富，多以海产为主。青岛人也偏爱鱼和贝类，很多菜都和葡萄牙的菜相似，我们两国的佳肴有许多共同点。

孙超：当您离开中国时，您最思念的会是什么？

杜傲杰：我会很想念中国人的慷慨大方和热情好客。无论我走到哪里，都会受到热情款待，这些令我深受触动。从更抽象的角度来看，我喜欢中国社会的活力。我喜欢在我住的地方周边散步或者骑自行车，去感受中国社会的活力和坚定。我也喜欢到潘家园去和卖旧物的店主交流。这些都会是我最想念的事情。

热情好客的葡萄牙

孙超：当人们提到葡萄牙，您希望世界了解葡萄牙的什么？

杜傲杰：首先，无论信仰什么宗教，无论来自什么种族，人们都会感受到葡萄牙对外国人的热情好客和慷慨大方。来到陌生的地方，你会感觉到自己受欢迎而不是遭人排斥，这一点非常重要。其次，葡萄牙历史悠久，拥有众多文化遗产和名胜古迹，非常值得一游。除此之外，葡萄牙人通过食物来表达自我。和中国人一样，葡萄牙人也喜欢和家人朋友聚餐来共同庆祝好事的发生。

在葡萄牙到处都有中国餐馆。大概有 3.5 万中国人生活在葡萄牙，其中很多人来自浙江省青田市。

澳门有很多优质的葡萄牙餐馆，即使有些餐馆不是葡萄牙人开的。在这些餐馆，你可以享受到中、葡、澳菜系的完美融合。葡萄牙餐馆是人们外出就餐的好去处，这里有高档的菜式、优质的菜品、绝佳的烹饪手法和其他非常精致的食物。

对话是解决意见分歧的最好办法

孙超：在您的职业生涯中有什么难忘的故事？

杜傲杰：我曾是一名法语教师，但是成为一名外交官才是我的梦想。我在葡萄牙学习了国际关系和政治学，在 1990 年成为一名外交官，外交官职业生涯已有 30 多年了。

我曾担任葡萄牙外交部长的顾问，也曾担任葡萄牙总统的顾问，并在葡萄牙驻世界各地的大使馆工作。我第一次驻外是在美国的华盛顿，还在布鲁塞尔担任过葡萄牙驻欧盟常驻代表团的外交官。我也担任过葡萄牙驻西班牙公使，葡萄牙驻莫桑比克大使。现在我非常荣幸能在中国任职。我也有幸多次见证葡萄牙总统和包括中国国家主席习近平在内的世界各国国家元首之间的对话。对我而言，负责组织安排这些对话非常有意思。

孙超：您如何看待“一带一路”倡议？葡萄牙如何更好地参与这一倡议？

杜傲杰：2018 年 12 月 4 日，在习近平主席对葡萄牙进行国事访问期间，葡中外交部长签署了关于互联互通的谅解备忘录，其中重点就包括葡中要通过“一带一路”实现海陆空三方面的互联互通。葡中合作可以追溯到古老的丝绸之路时期，但是现在有了便捷的国际航空，我们也就有了空中丝绸之路，空中的互联互通也是必不可少的。

葡中两国在海陆空三方面的联通对双边关系来说至关重要，这也和葡中两国的地理位置有关。如果你横渡大西洋来到欧洲，葡萄牙是你抵达的第一个国家；如果你选择陆路，葡萄牙又会成为你在欧洲到访的最后一个国家。在欧洲各国中，葡萄牙和巴拿马运河之间的连接最紧密，全球贸易就从这里开始。无论是从美洲的大西洋沿岸出发，还是从非洲的大西洋沿岸出发，葡萄牙都是人们第一个遇到的欧洲国家，所以从地理上来看，中国位于东方，而葡萄牙位于西方，两者之间的密切联系对于每个人都很重要，它推进了全球商业化进程，促进了 21 世纪全球经济的发展，让每个人都能切身受益。这就是为什么我们非常希望实现中国和葡萄牙密切的互联互通关系。

孙超：您如何看待全球化的未来发展？

杜傲杰：我们都面临着挑战。作为我个人来讲，无论在什么时候，对话都是解决意见分歧的最好办法。我欣赏人与人之间的差异，作为一个群体，这使我们变得更加丰富。然而，我们必须要有一些共同的价值观。所以联合国会提倡采用多边主义解决争端。正是普世价值观使我们团结在一起，我们应该求同存异，允许多元化，但在某些价值观方面我们必须保持一致。在这个世界上，我们的领域、宗教信仰、种族、发展轨迹都不同，所以我们需要通过开展对话，促进互动和理解来解决差异。人类天性的一部分便是达成协议，而非对抗。所以，为了促进和平、更高层次的交流，我认为构建人类命运共同体至关重要。为了人类的共同利益，我们需要这样做。

中国的发展促进了全球经济的发展

孙超：在过去的40年里，数以亿计的中国人民摆脱了贫困。您如何看待中国共产党在促进中国发展和提高人民生活水平中的领导作用呢？

杜傲杰：我是中国的朋友，我也很高兴看到中国发展向好。我认为，中国的发展不仅对中国有利，而且对世界所有人都有利。中国的贫困人口越少，与世界交流的能力就越强。随着中国消费者的增加，中国的进口量增大，这样也会促进全球经济的发展。因此我为中国的发展趋势和取得的成就感到高兴。

我们可以得出这样一个结论，中国的发展是中国共产党的正确领导和中国人民坚韧不拔、勤奋努力共同作用的结果。两者相辅相成，相互促进。我的意思是，要想获得成功，必须基于政府的正确抉择和社会的共同努力，二者缺一不可。这是因为，有时政府颁布了很好的政策，但如果社会没有充分贯彻落实这些政策，就不可能取得预期的好结果。但是如果政府没有指明正确的方向，做出正确的抉择，同样不能取得成果。所以一个国家要想取得成功，必须兼具两者——政府要有远见，能在正确的时刻做出正确的决定，同时人民也要有勤奋工作的决心。中国两者兼具。

葡中经济文化交流进一步加深

孙超：中国是葡萄牙在亚洲地区最大的贸易伙伴。您认为未来两国在经济贸易方面的关键合作领域是什么？

杜傲杰：葡中两国之间的关系非常特殊，这样的关系已经持续了500多年。澳门是葡萄牙和中国交流的一座桥梁。澳门对于葡萄牙对中国的认知，以及我们一直以来以和平、积极的态度看待中国有着重大意义。

因为澳门，葡中两国的政治互动和外交关系一直保持在一个较高的水平。自1979年葡中建交以来，历任中国领导人都对葡萄牙进行了国事访问。葡萄牙本身是一个很小的国家，但是中国领导人始终认识到葡萄牙的特殊作用，高度重视与葡萄牙之间的重要对话。同样，自1979年以来，历任葡萄牙总统和总理也都曾访华。对葡萄牙而言，中国是一个特殊的大国。两国在政治和外交方面的互动质量相当高。

葡中两国的经济互动水平正在提高，逐步向好发展，但与政治和外交互动水平仍不可比。由于疫情，两国之间的贸易往来减少，我认为这是可以理解，也是不可避免的。但未来我们要从这场疫情中恢复过来，葡中贸易仍充满了希望和活力。葡萄牙可从中国进口更多的优质商品，并从中获利；同样，中国也有巨大的能力从葡萄牙进口更多优质产品。我认为，我们需要基于葡中两国之间的共同利益来提高两国贸易往来的水平。

孙超：绿色经济对每个国家来说都很重要。请问，您认为在未来中葡两国是否会在绿色经济领域开展合作？

杜傲杰：我希望未来有很多合作。因为这不仅是葡中两国之间的合作，也是全球经济未来的发展趋势，这是关系到人类生存的大命题。我们需要转向循环经济模式。

近些年来，中国和葡萄牙已经在能源领域展开合作。中国是葡萄牙能源和绿色新能源领域的重要投资者。我们期待能从中国获得更多工业领域的投资，包括制造汽车电池以及电动大巴车。我们还可以共同发展很多其他的领域。这不仅是为了葡中两国的共同利益，也是为了全球经济发展模式的顺利转变。在某种程度上，循环经济模式能够实现效益最大化。

孙超：您是如何看待中葡两国之间的文化交流的？

杜傲杰：我认为文化交流是两国交流的一个关键因素。在葡萄牙，我们知道中国的方方面面。从地理上来讲，中国对葡萄牙而言是一个很遥远的国家。

对于葡萄牙而言，中国有着一种截然不同的文化。但要缩小葡萄牙和中国之间的地域差异，更重要的是了解两国的语言，然后才能真正了解两国人民的文化和文明。中国在这方面做了很大的努力。目前，中国有 50 多所大学教授葡萄牙语和葡萄牙文化。我们也正在努力将葡萄牙作家的著作翻译成汉语，并在中国出版。这样一来，中国人就能更多地了解葡萄牙历史上不同的观点、文化作品和流派。

对于葡萄牙人来说，更多地了解中国作家也很重要。基本上，我们只知道中国现代的一些作者，对于历史上的文化大家了解不多。我们知道孔子，但对中国唐代、宋代的诗人知之甚少。我们也应该尽力去了解更多中国历史上的文人墨客。因为了解是理解的前提。没有人能欣赏自己不了解的事情。所以，当我们真正增加了彼此之间的了解，我们才能更加尊重对方，双方之间的对话才能更加容易，甚至更加欣赏对方。这是一个漫长的过程，我们要提高的方面还有很多。

我们邀请了很多艺术家来到中国。现在我们有 23 位中国译者，他们会将葡语的作品直接翻译成中文。这些作品会在中国的不同城市做宣传，包括北京、上海、哈尔滨、成都、广州等。在葡萄牙，很多人写诗、爱情故事、战争故事、冒险故事、儿童故事和少年文学，这些书有着漂亮的装帧，在中国也很受欢迎。所以翻译在葡萄牙文学作品在中国的传播中发挥了十分重要的作用。

我们的下一本书是一本诗集，是葡萄牙一位独立女性所创作的。她生活在 20 世纪 20 年代，在当地服装厂工作，服务当地客户。在我看来，她的诗很接近中国式审美。她非常关注爱情和诗歌，注重爱和自然之间的联系，诗中的思想与中国传统文学作品中常见的精神品质一致。

有这么一句话，大意是"诗人是什么？成为一个诗人意味着比普通人更高一层，意味着要爱其他人，意味着要用诗歌描绘和歌唱生活，并唱给身边的每一个人"。在某种程度上，做一个诗人就意味着勇敢，意味着走出自己的舒适圈，意味着可以成为一个情感领袖、智慧领袖。所以诗人活得热情而坚强。这些正是那位女诗人所说的话。

我觉得中国的女性非常独立，这很了不起。我们也在帮助很多葡萄牙女作家把她们的作品翻译成中文。她们的作品风格各异，发人深省。

孙超：您最喜欢来自葡萄牙的格言或者一句话是什么？

杜傲杰：葡萄牙前总统马里奥·苏亚雷斯曾说过："如果一个人停止奋斗，那么他就输了。"这句话不仅有政治意义，对人生也有启发意义。即使现在我们失败了，但如果我们坚持奋斗，最终能成功。我真的很欣赏这句人生格言。今天你生病了，但不足以致死，你一直坚持与病魔作斗争，明天病情就会好转，最终就会战胜病魔。同样，只要我们不放弃，坚持抗争，就可以战胜新冠肺炎疫情。生活也是如此，有时候会遇到挫折，不要放弃，明天你就会是最棒的。同样，这也适用于职场、政坛等各个方面。对于我来说，这很励志。只有停滞不前的人才是输家，坚持奋斗的人总有一天会获得成功。

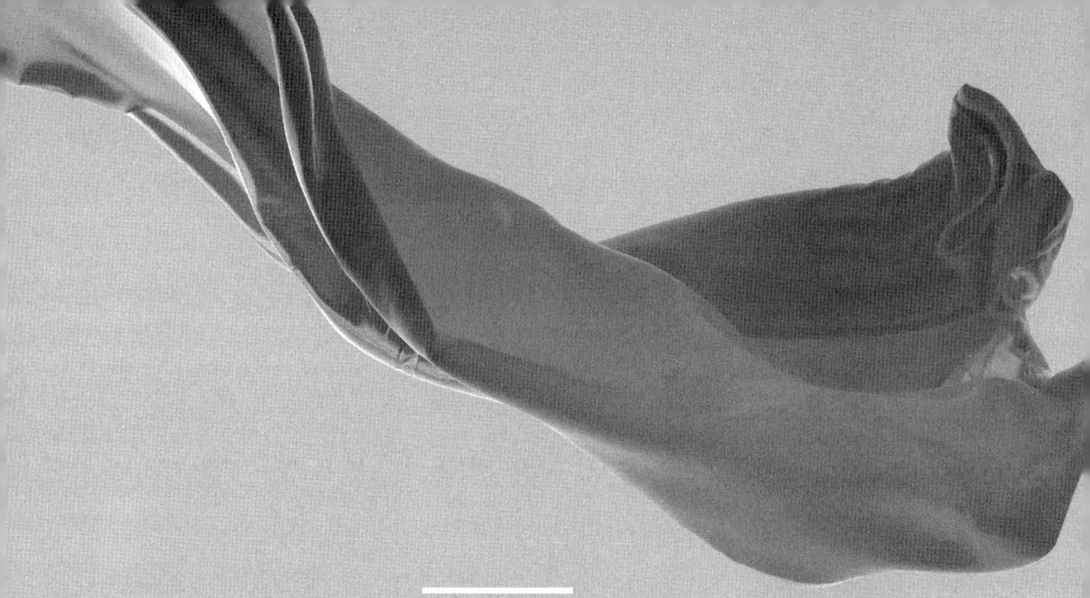

第三部分

中国式现代化
是物质文明和精神文明相协调的现代化

如何成为世界上最廉洁的国家

——访芬兰首位女总统塔里娅·哈洛宁

芬兰是最早承认中华人民共和国并与我们建交的欧洲国家之一，也是第一个同中国签署政府间贸易协定的欧洲国家。1950 年 10 月 28 日，中国和芬兰正式建立外交关系。在两国共同努力下，中芬关系全面快速发展，为两国人民带来了实实在在的利益。特别是近年来，两国高层交往密切，有力增进了双方政治互信和战略沟通，引领双边关系进入快车道。2017 年 4 月，在芬兰独立百年华诞之际，习近平主席访问了芬兰。

“芬兰是个小国，却是千湖之国，环境优美，技术先进，尤其是在清洁能源和环保技术领域。人与自然和谐相处。这种和谐精神在我们两国的关系中也得到充分体现。”1979 年进入政坛，2000 年当选为芬兰首位女总统的塔里娅·哈洛宁这样说。她提起 30 多年前第一次来中国的情景：“当时的北京，街道上成千上万的自行车、低矮的房屋和神情严肃的行人；今天，北京已是摩天大楼林立，街道上满是汽车，社会更加多元，中国发生了天翻地覆的变化。对我而言，每次访华都是一次全新的体验，每次都能见到一个全新的国度。”

“我希望我们能更好地组织两国的青年人，为他们提供更多的机会开展合作。因为即使人们到了我现在的年纪，也不会忘记年轻时所经历的一切。”

塔里娅·哈洛宁是芬兰有史以来第一位女总统（2000—2012），她还是芬兰外交部第一位女外长，《福布斯》杂志评选的最有影响力的100位世界女性之一。

根据联合国发布的《世界幸福报告》，在全球156个国家和地区中，芬兰被评为“全球最幸福国家”，排名指标包括了收入、自由、社会保障、健康和寿命等。芬兰人口约550万，实现工业化的时间比较晚，一直到20世纪50年代还是一个农业国家。之后，它迅速发展成为高度发达的经济体，同时建立了北欧的高福利国家模式。芬兰是世界上人均收入最高的国家之一，而在教育、经济竞争力、生活质量以及人力发展等国家表现指标当中都位列世界前茅。此外，芬兰还有一项指标堪称世界典范——最廉洁的国家。

在国际透明组织的评选中，芬兰一直被评选为全球清廉度第一名。我的独家采访就是围绕芬兰“如何成为世界上最廉洁的国家”展开的。

如何成为世界上最廉洁的国家

孙超：很荣幸能够采访您。我曾经读过世界银行的一篇有趣的文章，作者基于对芬兰的观察提出了几个问题，为什么在繁忙的赫尔辛基街头芬兰人从不担心车锁没锁？为什么芬兰滑板运动员进行无政府主义游行的时候依然井然有序地遵守交通规则？为什么芬兰被称为零腐败的国家？善用理性分析的世界银行的专家们给出的结论却有些感性——并不是因为芬兰人均收入水平极高，经济极发达，而是因为全社会形成了一种廉洁的风气。今天，我想借用这些问题和结论，请您谈谈芬兰是怎么成为世界上最廉洁的国家的？

塔里娅·哈洛宁：实际上，我们和其他几个国家总在竞争到底谁是世界上最廉洁的国家，所以，我想我们是属于世界上最廉洁的国家之一吧。

我不太喜欢“腐败”这个词，因为它并不精准，而是应该具体化到“谁在盗用社会公共资金/资源”。因为对于公共资源的运用对如何组织公共服务非常重要，社会当中的每一个成员都要尊重社会公共资源。

腐败是个大问题，但是和解决腐败问题密不可分的是如何提高社会公共服务部门的效率问题。比如说芬兰的教育和医疗卫生部门，就是正面的例子。

再举个反面的例子，一个普通老百姓想获得驾照，在很多国家往往要等上很长的时间，有些情况下如果他多花一点钱，也许获得驾照的整个过程就能够更快一些，这就是腐败。但是从另外一个角度看，这也是公共服务效率不高的问题。

还有，公务员需要体面的工资。现实生活中，有很多公共服务岗位的工资是非常低的，所以有些人更有可能冒险。但是对于另外一些人来说，问题是出在贪欲永远无法满足上，所以社会透明度很重要，好的政府管理需要公开和透明。比如芬兰大选，我们会公开选举预算，向全社会说明需要多少钱，钱是怎么花的。

同时，需要有效严密的税收管理，将公共资源公平分配。芬兰所有公民都有义务来解释资金的来源。如果你所获得的比合法收入所得多的话，人们就有权问你的钱是从哪里来的，你有义务来证明你的所得是合法的。芬兰的税收系统并不复杂，全国有统一制式的文档来填写申报收入证明，然后由税务官来处理决定。如果你是为别人工作的话，你的雇主也需要会计核算，你所服务的公司有报税和提供证明的义务，这也是你的雇主的重要工作之一。

就拿我自己来说，如果我雇人来修房子，我必须付钱给他，并缴税。一切要有据可查，否则就是灰色收入。在芬兰，我们致力于向全社会传播一种理念：腐败是可耻的。整个社会风气对人的影响是非常重要的，社会上每一个人都有义务为自己的行为负责。我想，这些就是芬兰是一个廉洁的国家的一些重要原因。

“那位女律师”

孙超：我知道您勇于做出艰难决定。正是这份自信和勇气，曾为您赢得了芬兰有史以来超高的民众支持率。那么，什么是您人生中艰难的选择，是作为芬兰第一位女总统吗？

塔里娅·哈洛宁：艰难的决定必须是在特定的时期做出的特定的决定。坦率地说，我并没有一个很明确的答案，但是我想给你讲一个小故事。记得当我研究生毕业的时候，我开始在工会做律师，我是第一个和工人们一起工作的职业女性。

我记得那是20世纪70年代的一天，我在办公室里接到一个来自工厂的电话，对方说：“我想和工会的律师通话。”我回答说：“我就是。”对方吃惊地问：“什么时候开始有女人当律师了？”我说：“从今天早上开始的。”然后电话那头是好几秒钟的沉默……之后他接着说：“好吧，如果你是律师，我们有这样的一个问题……”

我当时不到30岁，在很长一段时间内周围的人们并不习惯，但是慢慢地人们接受了我，并开始称呼我为“那位女律师”。从那刻起，我也意识到总有人会成为“第一个”，而我拥有很多个第一。

作为女性中的第一个，我的“能见度”更高，人们注意到我的存在。但是同时，如果我犯了错，也会被标上“女性”犯了错的标签，所以身为“第一个”，我要承担更多的责任。

在我开始政治生涯的时候，很少有女性从政，女性多是承担养育后代、照顾家庭的责任。而现在社会发展了，就拿我的顾问来说，他是两个女孩儿的父亲，他也会花时间在家里帮助照顾孩子。现在，男性和女性都可以在家庭里很重要，也可以在职场中很重要。而女性也要接受男性可以回归家庭的这个现实。

家庭、社会教育和法律保障女性自信

孙超：您的分享令我感慨，我采访过很多优秀的女性，无论她们是女外交家、女 CEO、女市长，还是名校毕业的优秀女生，几乎每一位女性都在进行着一场战斗——“如何变得更加自信和有勇气”。只有您是例外，您的自信和勇气似乎是与生俱来的。

塔里娅·哈洛宁：提到如何保持自信，或者作为女性如何增强自信，我想这一切开始于家庭。很多人都问过我关于女性领导力的问题，我会回答说：第一，请像对待你的儿子一样对待你的女儿。我的父母一直相信女孩可以和男孩做得一样好。

第二，芬兰的教师也在致力于男女生平等的教育。在开始正式的校园学习之前，孩子们就在日托所里，老师们都很优秀，都有大学学历，而且懂得如何教育孩子。几十年前，男孩和女孩并没有被真正公平对待，学校里的会议上总是有很多的男孩被当作典型；在教科书里，也给男孩和女孩树立了不同的榜样。当女孩很好地组织安排了某件事情的时候，从来没有人对她说，你做得很好。实际情况是，几十年前，人们并没有意识到这些问题。现在，我们的社会发生了很多变化，情况也变得更好了。我们强调的是每一个男孩和女孩都是独立的个体，都要去发展他/她的独特个性和长处。

第三，社会法律系统的支持。注册制度保证学生在毕业后，无论男女都享有同样的权利。工作场所里，也强调平等对待员工。在公司董事会里要有女性，议会里要有女性议员，党派中要有女性候选人。所以逐渐地，商业和政治领域都有了女性。目前我们的议会中有大约40%的女性，在政府机构里，男性与女性员工的人数基本相同。

第四，社会保障体系对职业女性的支持非常重要。例如，美国的日托所费用非常高，这对于很多职业女性来讲是一个挑战。而在芬兰，我们的日托所几乎是免费的。

2000年的时候，我成功当选了第十一届芬兰总统，开始竞选的时候人们并没有在意，而我当选后，大家才意识到我们国家出了第一位女性总统。连小女孩都会欢呼雀跃。我意识到，我们一直强调男女平等，但是在现实中还是没有办法完全做到。这些小孩发现，这个总统和以往的总统不太一样，这一次总统是女性。

在我从政几年后，大家开始习惯了“总统是女性”的事实。有一次，有一个小男孩竟然问我：“总统女士，男孩不能再当总统了，是真的吗？”我说：“当然不是，男性和女性都可以当总统。只要努力服务大众，每个人都可能成为咱们国家的部长、总理，甚至是总统。”

这就又回到我开始提到的家庭的重要性，实际上，是你的家庭和你一起在服务社会。

女总统的梦想

孙超：作为公众人物，您的生活始终是被放在放大镜下的，从家庭、婚姻，甚至到您拎着的手提包。作为女性领导，您自信勇敢的人生态度，赢得了大家的尊重。我对您的采访也是格外期待。成为总统也许是很多人的梦想，但是如果您没有成为总统，您的梦想会是什么？

塔里娅·哈洛宁：我小时候梦想成为一个画家。现在，我希望不再那么繁忙。因为人的一天只有24小时，我希望有更多时间来做我喜欢的事，陪伴我的孩子和我的家庭。

我曾在哈佛大学短期访问过，一开始我觉得有些困惑，因为选择太多了，我有选择学校里所有课程和活动的机会。对于我来说，就好像一个小女孩儿到了一个糖果店，满眼都是美好的东西。尽管只有短短数周，我已经收获了比预期多得多的东西。我只是感觉时间太短暂了。

我最大的梦想是一个更加美好的世界。我小的时候会抱怨说：我不喜欢这个，这不公平。我妈妈总是对我说：世界有时候是不公平的，生活也不会一帆风顺，但这就是我们存在的意义，我们可以让世界变得更加美好一点。

“我们”的理念

孙超：非常感谢您的分享，让我受益匪浅。您能谈谈后总统时代您的生活吗？

塔里娅·哈洛宁：根据芬兰的法律，一个人只能连任两届总统，一共 12 年。我连任两届后，已经从总统职位上退下来了。我就开始了在联合国的工作，致力于推动可持续发展方向的建设，促进全社会意识到可持续发展的重要性。我在联合国的工作是为了建设一个更好的世界，就好像小时候我妈妈告诉我的那样，这是我们存在的意义。

我非常高兴看到中国在可持续发展中表现得越来越积极，在可持续发展方面做出了越来越多的贡献。

芬中两国都重视信息技术和生态环保，在创新创业方面也有着共同需求。我还想强调的是，人力资源的投资是最重要最明智的投资。

芬兰是欧盟国家中人口出生率最高的国家之一，这也体现了我们重视家庭和事业的社会趋向。芬兰一直强调“我们”的理念，这点和中国倡导的价值观很相似。

在全球化时代，各国联系紧密，彼此依存，一国发生的事件可能给他国带来影响。中国在全球化方面发挥了建设性作用，在应对全球挑战中更是起到了表率作用。

中国和巴西人民心心相印

——访巴西驻华大使保罗·瓦莱

中国和巴西分别是东半球和西半球最大的发展中国家。巴西政府高度重视与中国的关系，认为中国是可靠的朋友和真诚的伙伴。两国之间在世界贸易组织、气候变化、二十国集团、金砖国家框架下的积极互动堪称南南合作的典范。在2022年世界葡萄牙语日之际，巴西驻华大使保罗·瓦莱接受了我的独家专访，分享了他对中巴两国关系的见解。

孙超：中国和巴西两国经济互补性强，贸易和投资合作稳固，政治互信不断加深。我们两国之间在世界贸易组织、气候变化、二十国集团、金砖国家框架下的积极互动堪称南南合作的典范。您如何看待两国关系的未来？

保罗·瓦莱：一方面，巴西渴望与中国一道，加大市场的前瞻性开发，为扩大贸易创造更稳定的条件，同时在后疫情时代为投资合作的稳健发展注入新活力。巴西驻华大使馆将继续为巴中合作发挥桥梁作用，推动多层次、多领域的经贸合作。

另一方面，虽然新冠肺炎疫情让交流变得困难重重，但是中国和巴西在文化和教育领域的交流与合作依旧频繁。巴西政府和巴西驻华大使馆为传播巴西文化做出了巨大努力。我们在音乐、电影和食品等各个领域组织了丰富的交流活动。同时，通过我们的官方微博、网站和其他中国社交平台进行了宣传推广，中国朋友们都可以看到。

“一带一路”对所有感兴趣的国家和地区开放

孙超：“一带一路”倡议的目的是创造更多共同发展机遇和促进互联互通。近年来，越来越多的拉美国家加入倡议中以加强务实合作。您如何看待“一带一路”倡议？怎样更好地参与到“一带一路”倡议中？

保罗·瓦莱：中国和巴西分别是东半球和西半球最大的发展中国家。巴西政府高度重视与中国的关系，认为中国是可靠的朋友和真诚的伙伴。

“一带一路”倡议对所有感兴趣的国家和地区开放，包括拉丁美洲。因此，巴西政府对此高度赞赏，并愿意推动本国政策与“一带一路”倡议的对接，扩大贸易、科技、文化等领域的合作。

作为巴西驻华大使，我有责任，同时也很高兴能够增进两国人民之间的相互了解，促进两国合作关系不断发展，构建多层次、宽领域共赢关系。

孙超：2022 年正值中巴建交 48 周年之际。近年来，中巴两国在很多领域签订了合作协议，涵盖信息技术、农业、医药健康以及能源和矿业等领域。大量不同行业的中资企业来到巴西，包括石油、矿业、制造业和金融业等。后疫情时代，我们又将如何深化合作呢？

保罗·瓦莱：我认为深入的国际对话，例如你创办的“一带一路”

大使访谈项目等，是促进国家间交流，维护伙伴关系，培养相互尊重、信任和支持的一个不可或缺的媒介。特别是在今天这个人文交流如此频繁的新时代，国际对话对增进国际共识和推动“一带一路”建设具有实际指导意义和重要价值。“一带一路”倡议提出要构建“人类命运共同体”，作为一个向世界各国开放的合作平台，“一带一路”自然会收到多元的解读，甚至还会听到不同的声音。因此，合作的关键和前提是让全世界准确、全面地了解“一带一路”倡议的核心内涵与推进思路。在各国增进了对中国的了解的同时，也会对这一政策有更深刻的理解。为了加深各国对“一带一路”倡议的理解，我们应大力展示“一带一路”给世界发展带来的重要启示和实践意义，避免因缺乏沟通或其他潜在因素导致的相互误判。

此外，像“一带一路”大使访谈这样深度的国际对话可以为中国和世界人民提供一个观察中国的全新、客观的视角，让我们能够与其他国家一起聆听不同的发展故事，从而进一步加强沟通和协调。生动的沟通和交流让不同背景的人们都能理解“一带一路”的内涵和本质，他们能清楚地判断这项倡议的合理性和可行性，国家和国际社会的关注点是什么，以及这些合作项目一旦实施会带来什么实际好处。对巴西来说，巴中友好符合两国利益，同时也根植于两国对相互尊重、平等和信任的承诺。只有进一步加深了解，“一带一路”才能得到巴西人民自愿地参与和支持，从而推动巴中两国共同前进，共筑美好未来。

中国是巴西在亚洲最大的经济和贸易伙伴

孙超： 近几年来，中国一直是巴西在亚洲最大的贸易伙伴。巴西是第一个与中国双边贸易额超过 1 000 亿美元的拉美国家。

中巴双方未来将如何进一步深化互利关系，从贸易合作扩展到更多领域？

保罗·瓦莱：作为东西半球最大的发展中国家和主要的新兴经济体，中国和巴西有着广泛的共同利益和广阔的合作前景。两国不仅在农业、电力、采矿和基础设施等传统领域深度合作，而且还在技术创新和数字经济等新领域相互扶持。中国是巴西在亚洲最大的经济和贸易伙伴，两国在资源、市场、技术和资本方面具有高度互补性。

中国和巴西两国人民心心相印

孙超：大使先生，中国和巴西应该如何加深两国人民之间的相互了解，并将我们的友谊世代相传？

保罗·瓦莱：巴西期待在不同领域与中国开展更多的互访和交流活动，以增进两国人民之间的相互了解，并将友谊世代相传。我说过，语言可以拉近人与人之间的距离。虽然中国和巴西在地理位置上相隔万里，但精彩纷呈的对话活动会拉近双方在心理和精神上的距离。

我要重申，尽管中国和巴西两国远隔山海，但是两国人民心心相印。我们一定会以热情友善、相互理解、团结合作的精神共创美好的未来。

孙超：大使先生，我很高兴能在“世界葡萄牙语日”之际采访您。请允许我和您分享一个好消息，我们的书《各国大使眼中的“一带一路”》被翻译成葡萄牙语并在巴西出版了。

保罗·瓦莱：谢谢你，超。我很高兴能够参加访谈。“一带一路”大使访谈具有很强的包容性，来自不同背景的朋友都有机会阅读观看，能从国内外政要领袖的分享中得到启发。虽然“一带一路”倡议很宏大，但它其实与我们的生活息息相关。中国的发展与每个人的生活息息相关，与世界的发展更是休戚与共。在“世界葡萄牙语日”之际，我祝愿“一带一路”大使访谈取得巨大成功。我也非常高兴听到你的书《各国大使眼中的“一带一路”》能够翻译成葡萄牙语，并在巴西出版发行。这是我们两国民心相通的一个典范。我祝愿巴中两国人民快乐、平安、友谊长存。

第一个与中国建交的海湾阿拉伯国家

——访科威特第一副首相纳赛尔亲王

科威特是最早同中国建交的海湾阿拉伯国家，两国友谊源远流长。自 1971 年建交以来，中科关系始终平稳健康发展。科威特是最早响应中国“一带一路”倡议并同中国签署相关合作文件的国家之一。

在世界上现存的 30 个君主制国家中，中东地区便占了 6 个，分别是科威特、约旦、阿曼、卡塔尔、巴林和沙特阿拉伯。提起王室和王子，特别是中东国家的王子，人们脑海中首先想到的关键词会是什么？也许是神秘、财富、权力、高冷……

我非常荣幸能够有机会独家深度对话科威特老国王的长子、科威特第一副首相纳赛尔·萨巴赫·艾哈迈德·贾比尔·萨巴赫亲王（Sabah Al-Ahmad Al-Jaber Al-Sabah）——这位王子不仅在科威特位高权重，更是世界上最大的伊斯兰艺术品收藏家。

一位“与众不同”的王子

当纳赛尔亲王身着传统的纯白色长袍，热情地用英语说着“你们好”，满脸笑容地出现时，有点出乎我的意料。

我一边说着“亲王阁下，欢迎您”，一边请他入座。他从长袍口袋里掏出一张小纸条，上面用阿拉伯文密密麻麻写了一些内容，我很好奇地问他那是什么，他笑着说：“这是我的小抄呢。”

我的摄影师提议先为他拍摄几张照片，他特别贴心地摘下了眼镜，笑着问道：“这样（摘下眼镜，拍照不会反光）效果是不是好多了？”

“亲和”是我给这位王子的第一关键词。

“乾隆”是我的老朋友

孙超：尊敬的亲王阁下，今天非常荣幸能够见到您。欢迎您来到中国，来到北京。非常感谢您在繁忙的日程安排中抽出时间来接受采访。

纳赛尔·萨巴赫·艾哈迈德·贾比尔·萨巴赫：我也很希望能和你们谈谈我的这次出访，因为这可能是我最重要的一次出访，事关中国领导人习近平主席对“一带一路”倡议未来的展望。

孙超：在我正式开始提问之前，我想先亲口告诉您我的名字。我的外国朋友们都叫我“超”，这是一个在中国很普通的名字。我之前曾经在美国工作，我提起这一经历的主要目的是想告诉您，我在纽约的时候，大都会艺术博物馆（美国最大的艺术博物馆，世界四大博物馆之一）是我的最爱，感谢您的捐赠和分享，才让世界上很多像我一样的普通人，在大都会艺术博物馆观赏到了那么多珍贵的伊斯兰艺术品。

今天非常高兴能见到您本人。为了更好地共商、共建、共享中国首倡的“一带一路”，我创办了“一带一路”大使访谈。这也是我今天在这里的原因。

科威特是中国的重要伙伴和朋友，是第一个与中国建立外交关系的海湾国家，在“一带一路”沿线国家中也扮演了非常重要的角色。我知道您在科威特会见过许多来自中国的高层政要大使。我的第一个问题是，中国给您的印象是什么呢？

纳赛尔·萨巴赫·艾哈迈德·贾比尔·萨巴赫：我非常高兴，这已经是我第三次来中国，几次访华都是受到中国官方的邀请。不过，我希望以后能找时间非官方的自己来一次，可以遍览中国的历史古迹。

孙超：尊敬的亲王阁下，欢迎您再次来到中国。您的三次中国之行，有什么有趣的故事可以给我分享一下吗？

纳赛尔·萨巴赫·艾哈迈德·贾比尔·萨巴赫：我第一次来中国时发生的一件事让我印象很深。去中国前我拜会了科威特埃米尔（科威特最高国家元首），当时他是外交部长。他问我是不是第一次去中国，我说：“是的。”他接着说：“你一定要去看看长城和故宫。”我说：“当然要去，故宫是非常特别的。”他问我：“为什么特别？”我说：“因为我的一个老朋友住在那里。”他和我聊了一些别的事情后又回到这个话题，说：“可是没有人住在那里。”我坚持说：“我的朋友住在那里。”他追问道：“你的哪位朋友住在故宫？毕竟连导游们也不住在里面啊。”我说：“是乾隆。”他很吃惊，问我：“乾隆皇帝？”我说：“对，就是乾隆皇帝。”他问我：“乾隆皇帝在18世纪就去世了，怎么会成为你的朋友呢？”我说：“其实我是在开一个玩笑。不过，乾隆在我的观念里从未逝去，他的影响一直都在。因为他拥有数量巨大的蒙古艺术藏品，这点在所有中国人里都是无可匹敌的。乾隆对蒙古艺术极其喜爱，以至于在他的宫殿里，还留有两幅未完成的作品。因为艺术的原因，所以我说他是我的朋友。”

世界上最大的伊斯兰艺术品收藏家

孙超：非常动人。这是一个关于艺术和历史的故事，因为艺术，形成了一段跨越时空的“友谊”。亲王阁下，国际上普遍认为，您的收藏品是当今世界为数不多的伊斯兰艺术收藏中最全的。换句话说，您是世界上最大的伊斯兰艺术品收藏家。

纳赛尔·萨巴赫·艾哈迈德·贾比尔·萨巴赫：大概是在 1975 年，我购进了第一件藏品，是我在伦敦艺术馆发现的一个 14 世纪中期的珐琅玻璃瓶。最开始的时候，收藏只是作为我的一项爱好，但很快我的藏品数量就多到能够开一个博物馆了。1983 年开始，随着收藏品数量的增多，藏品就都转到了科威特国家博物馆。

我想给你介绍一个收藏藏品的地方叫 DAI（Dar al Athar al Islamiyyah），它是一个文化组织。自从 1983 年创立以来，DAI 已经从一个只负责管理我的收藏展品租借到科威特各地进行展出的组织，演变成为一个国际公认的文化组织。现在，我的收藏品数量已经近 3 万件，涵盖伊斯兰世界各个地区、各个发展阶段的文物。

几十年来，我的收藏品数量不断增多，种类也不断增多，包括武器、盔甲、书法、地毯、纺织品、硬币、玻璃制品、玉石、象牙制品、珠宝、手稿、微缩模型、金属制品、石头制品、灰泥制品以及木制品等。

一直以来，我积极地公开收藏品名录，现在名录还在不断地更新。同时我们还经常举办一些特别展览，向世界各地博物馆租借展品，和更多地区的人们分享。

我非常感谢大都会艺术博物馆，他们邀请我做董事会成员。但是我实在太忙了，所以我的妻子代替我做了很多工作，她在董事会非常活跃，工作非常棒。

至于艺术，它的范围实在太宽泛了。不知道你有没有特别感兴趣和喜欢的类别，我很乐意和你谈一谈。

孙超：我知道您的捐赠是您历时几十年倾心收集的作品，包括海湾战争中，伊拉克考古学家在政府命令下用金属箱从科威特运往巴格达的伊拉克博物馆中的藏品。刚刚您问我是否有特别感兴趣的艺术类别，那您可以再给我讲一讲伊斯兰艺术吗？

纳赛尔·萨巴赫·艾哈迈德·贾比尔·萨巴赫：事实上，我的藏品涵盖了世界上的各种艺术，我对它们都非常感兴趣，无论它们来自历史时期如青铜时代，还是属于现代艺术。

伊斯兰艺术非常精彩，比如说伊斯兰玻璃艺术品在欧洲中世纪时期是整个欧亚地区最高级的，当时有大量玻璃制品出口到欧洲和中国。伊斯兰民族借鉴了萨珊王朝与古罗马时期的玻璃制作技巧，而且由于象征性装饰在此前的玻璃制品中并不太重要，伊斯兰玻璃制品在形式上的改变并不突兀。但这一地区在政治上是统一的，比如说波斯的新发明可以立即传到埃及，因此通常很难区分玻璃制品的产地，只能对制作材料进行科学分析，而这本身也很困难。其中，埃及、叙利亚和波斯是最重要的产地。玻璃的制作与贸易是在伊斯兰玻璃产地中少数犹太人的专长。

还有一些我展出的收藏品来自 7 ~ 19 世纪，莫卧儿时期的珠宝艺术也是藏品中的一部分。这些藏品经历了海湾战争的劫难。当时很多藏品被一些伊拉克考古学家装进铁箱子运往巴格达的伊拉克博物馆。幸运的是，大多数收藏品最终在联合国的帮助之下回到了科威特，但有 3 个重要的印度翡翠雕刻现在依然下落不明。另外，一个雄伟的 14 世纪摩洛哥大门以及其所在的整栋建筑都被焚毁了。

孙超：尊敬的亲王阁下，说到博物馆，世界上的博物馆中您最青睐哪一家？有没有特别喜欢的中国艺术品？

纳赛尔·萨巴赫·艾哈迈德·贾比尔·萨巴赫：这太难回答了。有时你会参观到一个新发现的但并不是很出名的遗址，发现这个地方比任何的博物馆还要好。所以这很难回答。

世界上有很多伟大的博物馆，比如大都会艺术博物馆、卢浮宫、大英博物馆、维多利亚和阿尔伯特博物馆、柏林博物馆等，它们都是世界闻名的博物馆。我无法指出哪一个最好，因为每个博物馆都有自己的优势和特点，比如有些博物馆的某些藏品可能比其他博物馆要精美一些。

我可以确认的是，中国的博物馆确实都相当精美，我想到中国的各个艺术馆参观。非常感谢中国政府对我们的热情帮助，解决了我们遇到的很多困难。

孙超：有一天您的藏品是否可以来到中国，分享给更多的中国人呢？

纳赛尔·萨巴赫·艾哈迈德·贾比尔·萨巴赫：当然。其实，我很感谢中国政府。因为有一次我们想要挑选来自中国和中亚的玉石，这两种玉石都反映佛教文化，但是又各有特色和意趣，中国政府派来了一位非常优秀的学者，帮我们鉴赏了解了更多有关中国和中亚玉石的情况。

“科威特 2035 愿景”

孙超：对于科威特，您希望世界上其他国家的人们，特别是中国人，了解些什么呢？

纳赛尔·萨巴赫·艾哈迈德·贾比尔·萨巴赫：科威特埃米尔提出的“科威特 2035 愿景”和中国国家主席习近平提出的“一带一

路”倡议有很多契合的地方。我们国家有很多优秀的地方，也有很多不足的地方，例如对石油的依赖。我们正在积极发展与中国的战略伙伴关系，并做出进一步的努力来弥补这些不足。这也是我们的埃米尔希望看到并致力去做的，他希望科威特属于每一位公民，科威特为每一位公民和他们的未来做出努力。

孙超：我们知道科威特是第一个与中国建立外交关系的海湾阿拉伯国家。建交以来，两国各界都保持着友好往来。科威特也是阿拉伯国家中在中国投资的第一个国家。以您丰富的经验阅历来看，未来该如何更好地促进两国关系的发展呢？

纳赛尔·萨巴赫·艾哈迈德·贾比尔·萨巴赫：我们两国都做得很好，一直积极致力于维护双方关系的发展。我们到访中国，是希望和中国伙伴探讨更多的发展项目，为两国赋予新的希望。

我们对中国的“一带一路”倡议非常期待，也非常愿意探讨相关议题。我们希望一切都能尽快走上正轨。愿两国关系更加稳固、更加亲近，愿一切朝着正确、合适的道路发展。

孙超：亲王阁下，您提到了科威特经济发展的2035新愿景。一方面，科威特作为世界上资源最丰富的国家之一，坚持经济改革，向市场导向型发展，并取得了一系列成功。但是从另一方面来看，科威特严重依赖油气资源。您可以和我们分享一下科威特采取的措施并谈谈目前遇到的挑战吗？

纳赛尔·萨巴赫·艾哈迈德·贾比尔·萨巴赫：我们目前的挑战就是过于依赖资源。但幸运的是我们的民众已经意识到了这一点，他们很清楚国家不能继续这样。所以你会听到科威特人越来越多地开始讨论今后经济发展的最优路径，而且我们已经采取了很多有效的措施和办法以更加多元化地发展经济，比如说将科威特建成重要的国际港口。

我们还有很多事情需要去做，其中最主要的内容之一就是和中国朋友一起行动，来探索未来的更多可能性。

作为丝绸城的倡导人，我一直非常关注中国的“一带一路”倡议，并且积极和中方探讨在科威特北部沿海索非亚地区建立一个新城——丝绸城。2035 年建成后，该城将成为连接中国与欧洲的新丝绸之路的重要战略枢纽。我们将把科威特建成一个以金融和休闲为主、联系亚欧的海上港口。

“以史为鉴”

孙超：亲王阁下，您是怎么理解“一带一路”倡议的呢？

纳赛尔·萨巴赫·艾哈迈德·贾比尔·萨巴赫：中国的“一带一路”倡议是一个非常伟大的计划。我们应该探索历史并且以史为鉴。历史上，人与人见面，他们互相问候、握手、了解对方、带着口音交谈。他们中有的是佛教徒，有的是穆斯林，有的是犹太人，有的是基督教徒，有的是印度教徒，所以跨文化交流是人们通过实际接触实现的。

今天，我们要让这条“路”变得更加人性，不仅仅依靠金融、交通和社交网络。我们仍然需要多多交流，共同面对前路的风险和挑战，比如粮食短缺、环境问题，这都是不同国家和地区的人们需要共同严肃考虑的事情。

孙超：感谢您分享对“一带一路”倡议的理解。就如您刚才提到的，当谈到“一带一路”时，人们最常想到的是基础设施建设和经济合作等。但是除了这些，还有很重要的人文交流、民心相通。以您在艺术领域的丰富经验，您觉得中国和科威特还应该进行哪些文化交流活动，以深化双边关系，更好地深化我们的友谊以及使民心相通？

纳赛尔·萨巴赫·艾哈迈德·贾比尔·萨巴赫：我参观过北京大部分博物馆。我们也在努力，希望能将中国的博物馆藏品带去科威特展览，将中国的艺术瑰宝分享给科威特、海湾地区国家以及世界上其他地区对中国的艺术文化感兴趣的朋友们。

以前的难题是由于伊拉克的入侵和海湾战争的破坏，我们没有足够的场馆可以用。现在我们有了展览厅，我们正在努力协调，希望能将这些展品带去科威特参展，供科威特老百姓参观。我们也愿意将科威特的藏品送到中国展出，因为我们也看到中国人民对科威特的文物和藏品越来越感兴趣。

我到过的中国博物馆中，许多都对科威特文物有所介绍，既包括国家级文物，又包括私人收藏，人们都表现出极大的兴趣。我认为进行博物馆藏品交流会增进两国文化交流，这是非常具体可行的。

孙超：亲王阁下，刚刚您谈到，科威特正在建设丝绸城以及世界上最长的堤道，也在建设连通海湾、中亚和欧洲的重要自由贸易区。另外，科威特也提出了“科威特 2035 愿景”，旨在 2035 年前实现国家经济转型。这些规划如何和中国的“一带一路”倡议更好地对接呢？

纳赛尔·萨巴赫·艾哈迈德·贾比尔·萨巴赫：相信很多中国朋友都会对“科威特 2035 愿景”感兴趣。科威特北部地区是敏感的地带，它位于世界上两大著名文明的交界处，西边是地中海文明，东边是伊拉克和伊朗文明。这为了解伟大的文明提供了机会。我们的埃米尔选定的地区是 5 座 1 000 平方千米的小岛和一片 1 000 平方千米的滨海地区。

你知道，“一带一路”倡议的很多项目得先经过其他国家才能到达科威特。如果倡议造福其他各国，自然也会受到科威特的欢迎。中国的铁路现已修至伦敦，也连通了海湾地区的巴格达。据悉，中国会规划4条中国西部经中亚国家的路线，这些路线还需要进一步拓展，这样才能到达更多地区，影响更多国家。这样一来，也会获得各国人民的欢迎。

孙超：亲王阁下，我接下来的问题有关海湾合作委员会（简称为海合会）。科威特是海合会的重要成员国，在加强中国和海合会国家关系中起到了积极的作用。您认为，科威特在海合会中扮演了什么样的角色？未来如何促进中国和海合会的关系发展？

纳赛尔·萨巴赫·艾哈迈德·贾比尔·萨巴赫：海合会十分了解“科威特2035愿景”，因为该愿景与很多决策密切联系。海合会成员都决定修建铁路来彼此连通，铁路从科威特出发进入北部地区，跨越伊朗、地中海、红海，进入东欧，最后抵达欧洲西北部。

科威特也在努力寻求突破。我们加入了阿拉伯海愿景计划，以维护良好的海湾环境。有许多阿拉伯战略工程都旨在减轻污染，例如减少油轮进入海湾。同时我们也在共享电力。综合来看，我们可以有许多方面的合作。中国的“一带一路”倡议也为更多方面的合作提供了机会，这些都是未来的契机。

“行动吧”

孙超：亲王阁下，您最想和我分享的来自科威特的也许能代表科威特人民精神的一句话是什么？

纳赛尔·萨巴赫·艾哈迈德·贾比尔·萨巴赫：我刚刚想到一句俚语，那就是“行动吧”。让我们行动起来吧，时不我待。

比如说，现在我们急需社交媒体的互通互联，这些对于现代社会至关重要。如果一个社会无法让这些领域发展，就会落在时代的后面。有些人大步快走，但另外一些人永远跟不上时代，在时代中落伍。

当今世界，知识无国界。而且社交媒体让人们之间的交流更加通畅。所以我认为，我们应该发展社交媒体。同时为了进一步加强联系，我们还要派留学生交流互访，这会造福我们两国及整个世界。

孙超：中国有句话叫“行胜于言”，意思就是强调行动的重要性，这也是我本人的信条。所以我非常认同您的观点。而我的名字“超”里面有一个“走”字旁，中文的含义也是“行动吧”，这是非常有意思的巧合。

纳赛尔·萨巴赫·艾哈迈德·贾比尔·萨巴赫：我想告诉中国朋友们的是，中国人很幸运。中国人民非常聪明，具有智慧和远见。中国人也非常努力，让中国在世界上找到了自己最佳的定位。

科威特和中国都有伟大的愿景，我们有责任采取实际行动去实现它。

我衷心祝愿中国的“一带一路”倡议取得成功，我们也会帮助中国实现这一倡议。我希望两国人民共同努力共建美好的未来。

第四部分

中国式现代化
是人与自然和谐共生的现代化

中国同非洲国家签署的第一个自贸协定

——访毛里求斯驻华大使王纯万

毛里求斯驻华大使王纯万在和我的独家对话中表示，他非常赞赏中国为建设持久和平、普遍安全、共同繁荣、开放包容、清洁美丽的世界的愿景。在国际贸易体制方面，毛里求斯同中国对多边主义的看法持一致态度，支持以世贸组织为核心、以规则为基础的贸易体制，承认发展中国家在融入全球经济时面临的固有挑战和制约因素，以及发展中国家寻求给予特殊和差别待遇的现实。

2021年1月1日，《中华人民共和国政府和毛里求斯共和国政府自由贸易协定》正式生效。这是中国同非洲国家签署的第一个自贸协定，该协定将进一步提升中毛两国相互开放与互利合作水平，为两国企业到对方国家投资兴业提供更多便利，也有利于引领中非经贸合作迈上新台阶。

孙超：大使先生，我们都知道毛里求斯是一个非常美丽的国家。我想知道您的家乡在毛里求斯的哪座城市？您觉得北京和您家乡的生活有什么不同之处？

王纯万：毛里求斯位于非洲，距大陆东南海岸3 000千米。我们的国土是一个由潟湖和纯净原生态海水环绕的火山岛。很多游客对毛里求斯钟爱有加，前来观赏我们的白色沙滩。新冠肺炎疫情暴发之前，许多中国人会来毛里求斯旅游，我们也希望疫情之后能够恢复这种盛况。

我的老家在毛里求斯北方，但我在首都路易港出生和长大。首都路易港是一个“大熔炉”，生活着各色各样的人。毛里求斯早期被称为“彩虹之国”，因为殖民者一开始来到毛里求斯时，带来了世界各地的人们，奴隶制废除后，他们便成为这里的劳动力。我记得我在国家队里踢足球、打篮球的时候，在20世纪70年代末80年代初代表国家出国比赛，大家一看到毛里求斯队都特别惊讶。他们会问：“你们是从哪里来的？你们真的都来自同一个国家吗？”因为在同一支队伍里，既有深色皮肤的人，又有满头金发的人，而且还会瞥见印裔和华裔。现在我们的人口构成越来越“国际化”。人们总是好奇那是怎样的一种人口组成，虽然每个人看起来都不太一样，但大家可以和谐共生。这恰好是今天我们都希望看到的一种状态。

孙超：《百万英镑》的作家马克·吐温先生曾说过，上帝先创造了毛里求斯，再按照毛里求斯的样子创造了天堂。毛里求斯“天堂原乡”的美名就由此而生了。您希望如何向中国的朋友来介绍毛里求斯呢？当世界上其他国家谈论起毛里求斯，您最希望大家记住的是哪些方面？

王纯万：我想说两个关键词——人民和友谊，因为毛里求斯人民永远欢迎外国朋友的到来，我们想了解国外在发生什么事，这也是人们能和睦相处的原因。另外就是基础设施，你可以轻松找到旅馆，也可以去海滩放松一下。世界各地都有海滩，但我们的海滩是世界上最棒的，当然世界其他地方也有不错的海滩。还有毛里求斯的气候。我们是一个面积不大的岛国，但是走一千米就可以感受各种各样的小气候。有时会像亚马孙雨林一样下起倾盆大雨，但走上几米就可能见到阳光。这就是毛里求斯气候的魅力所在。我们的空气质量也很好。我相信，在毛里求斯居住的人们会延年益寿。

毛里求斯位于印度洋的“十字路口”，是一个小型“联合国”。我们因多元而更加强大。毛里求斯社会和谐，文化包容，因此能在促进种族多样性与和谐共存的优势上成为典范。毛里求斯长期安全稳定，一直被评为本地区治安最佳的国家。

孙超：作为世界知名海岛，毛里求斯四周环绕着珊瑚礁，色彩斑斓的热带海洋生物以此为居。在陆地上，沿海是狭窄的平原，中部是高原山地，景色颇为壮观。毛里求斯是世界上空气质量最好的国家之一，在世界卫生组织公布的全球空气质量排名中位列第二。在保护环境和促进旅游业发展方面，毛里求斯有哪些发展规划和经验分享呢？

王纯万：毛里求斯是世界著名的豪华度假胜地之一，拥有着许多世界最著名的酒店，是游客回头率最高的国家之一。

除了清新的空气、阳光、美景，毛里求斯还是一个非常安全、无传染病的度假区，安保也不成问题。根据毛中共同制定的 60 天免签协议，中国游客来毛里求斯旅游无须签证，只要有一本有效护照、一张往返机票、一个预定好的住处，以及足够他们在这里使用的资金就可以了。鉴于这些优势，毛里求斯逐渐成为中国游客喜爱的旅游胜地。

我想重点介绍毛里求斯政府针对新冠肺炎疫情对旅游业的影响所出台的一项新举措。毛里求斯政府推出了一种新的高级签证，有效期为一年，可续签。这项措施是为了鼓励符合条件的游客来毛里求斯长期居住。我们的国家很安全，有着现代化的基础设施，是游客可以一边远程工作，一边享受宁静的理想之地。我们希望通过一系列新的措施和升级的安全防护，吸引更多的中国游客前往毛里求斯。

毛里求斯也是世界上经商投资最友好的地方之一，持续被评为本地区外国直接投资的最佳目的地。毛里求斯也是国际银行业和金融业中心。我们有着可以讲一口流利的英语和法语的高效娴熟的劳动力，不断彰显毛里求斯对经济环境日新月异的适应能力。

除了历史悠久的糖业、纺织业和酒店餐饮业，过去几年我们在信息和通信技术、海洋、生物技术和医疗行业也取得了令人瞩目的发展成就。毛里求斯一再展示出它在面对不断变化的环境时具有自我重塑的能力。这种善于应变的精神是务实、开放、机敏和灵活的。

毛中自贸协定是重要基石

孙超：2021 年 1 月 1 日，《中华人民共和国政府和毛里求斯共和国政府自由贸易协定》正式生效。这是中国同非洲国家签署的第一个自贸协定，将进一步提升中毛两国相互开放与互利合作水平，为两国企业到双方国家投资兴业提供更多便利，也有利于引领中非经贸合作迈上新台阶。您如何看待中国与毛里求斯未来的经济发展合作？

王纯万：两国关系的另一个重要基石是毛中自贸协定的签署，这是中国与非洲国家签署的首个自贸协定。该协定于 2021 年 1 月 1 日起生效，不仅为深化双边经贸关系提供更加坚实的制度保障，同时也会深化非中全面战略合作伙伴关系，推动非中经贸合作提升到新高度，开创新局面。

众所周知，自贸协定不仅消除了关税壁垒，还消除了阻碍各方货物和服务流通的边境壁垒，同时鼓励了投资，加强了合作，也为解决知识产权、电子商务等方面的其他问题保驾护航。

两国自贸协定涵盖了一系列问题，包括货物贸易、服务贸易、投资、经济合作、纠纷解决、电子商务、竞争政策、知识产权、技术性贸易壁垒、卫生与植物检疫措施和法律条款。

该协定的意义在于大幅降低双方出口产品的市场准入门槛，制定灵活的原产地规则，以便利双边贸易。

毛里求斯和中国都对这一重要的自由贸易协定寄予厚望。对毛里求斯来说，与中国这样的经济强国签署自贸协定，能为我国特有的糖品保证市场，并且会吸引中国的投资。该协定还为有意在毛里求斯营商创业的中国投资者提供了更有力的保障。

尽管毛里求斯是一个小国，但我认为我们可以在某些合作领域贡献力量，例如旅游业与服务业。毛里求斯的酒店服务业非常有名，至今如此。有一家名叫丽世酒店的毛里求斯酒店管理公司已经在中国南方开业了。这是中国未来 11 家丽世酒店中的第一家，由中国企业投资，毛里求斯企业管理。所以这是一个很好的合作领域。另外，我认为第二个合作领域是金融领域。

“我们毫不惊讶中国的发展进步”

孙超：大使先生，您如何看待中国的发展和中国人民？

王纯万：在上任政府执政期间，我曾担任行政事务及行政改革部长；之后担任环境、可持续发展、海滩管理及灾害救助部长，工作任务繁重；最后我担任了社会融合及经济赋能部长，负责扶贫工作。大选后，我们的总理再次打电话给我，说想让我担任驻华大使。听到这个消息我非常开心，但同时，我又不清楚我是否愿意离开我的国家，因为我很爱我的祖国。但我不后悔来到了中国。因为当踏上这片土地，试图在这里安顿时，我们遇到的所有人都很友善，他们尽力帮助我们在中国安顿下来，让我们享受在这里的每一刻。自从我来到中国，许多省份都邀请我去参观考察他们那里的情况，并且和毛里求斯开拓新的合作领域，使两国人民更紧密地联系在一起。

我们毫不惊讶中国的发展与进步。就中国正在做的事情而言，它是世界上唯一一个有能力把它做好的国家。中国有着很多传统文化，如何传承与保护这些传统文化是一个重要课题，我认为中国在这一点上做得很好。在保留传统的同时，中国也有着现代性。当我探访各地时，我都是用孩童般的眼光去观察。我看到基础设施建设遍布中国所有的省份和城市，这意味着中国的发展进步无处不在，而不是只在某一个区域。另外，我还想谈谈中国取得的巨大成就。中国提前 10 年完成了联合国的减贫目标，真是不可思议。在过去的三年中，我作为毛里求斯社会融合及经济赋能部长一直致力于扶贫，我们也与中国建立了扶贫合作。中国为了所有偏远地区都能有基础设施而投入了数十亿美元，建造了公路、桥梁和铁路，让小城市之间也能方便联系。我认为，毫无疑问，今天中国正在做的事情，所有帮助人民摆脱贫困的努力，将为经济增长创造新的动力。扶贫事业将增加人民收入，创造持续增长的经济盛况。你们的经济增长是肯定的。我预测中国未来几年无疑将成为世界第一的经济大国。

过春节的热带小岛

孙超：毛里求斯是唯一一个把“外国人”印在自己钞票上的国家，也就是指朱梅麟先生的头像是被印在毛里求斯 25 卢布纸币上的。那么，您可以谈谈华人在毛里求斯的生活状况吗？您有什么话要对自己国家的华人说吗？

王纯万：自毛里求斯与中国 1972 年建交以来，两国各领域合作不断深化。毛中关系不仅意义重大，而且自中国移民于 18 世纪中叶到毛以来，两国关系就一直在发展。让毛里求斯感到非常自豪的是，华裔在经济和文化活动上都充满活力，对毛里求斯的民族和文化多样性做出了重大贡献。

中国人的生活方式影响了毛里求斯的多元文化社会。中国菜已成为毛里求斯美食景观中不可或缺的一部分。每年的中国美食节都会吸引很多人来唐人街参加重要集会。中国文化中的烟花爆竹也已经传播到其他群体中间。现在，每个毛里求斯人都喜欢鞭炮、新年、排灯节①和圣诞节。毛里求斯也是唯一一个将春节归为公休日的非洲国家。

我想现在整个毛里求斯、整座岛屿都会庆祝中国新年。事实上，除了公休日之外，我们最重要的活动之一就是在路易港和唐人街举办的中餐节。每年这里都挤满了想来参加这个美食节的人，超过一半的人口都会到路易港的大街小巷享受这个节日，中国菜变成了毛里求斯传统美食的一部分。毛里求斯只有百分之一的华人，但是我们也同样庆祝春节、元宵节、中秋节和端午节。我们很享受这种国际化的生活，可以互相学习对方的文化。

心怀大爱的传奇大使

孙超：大使先生，我们对您的经历也很感兴趣。您能分享一些最难忘的人生经历吗？

王纯万：我曾先后担任过毛里求斯三个部的部长。另外，我还从事过航空安全培训工作。我的经历很丰富，之前曾是塞舌尔一个私人岛屿的酒店主管，后来我成了一名邮轮总监。我也经营过餐馆，还担任过旅游局局长、国家地产主席。我的爱好都是运动类的，尝试

---

① 印度的重要宗教节目之一。——编者注

过很多体育项目并且都很喜欢。我经常游泳，篮球也打了很久。在我效力期间，我们球队曾21次夺得毛里求斯全国篮球锦标赛冠军。

在生活中，知识分享和急人之难是非常重要的。我曾经有一段时间经常抱怨。姐姐跟我说："跟我来，看你能怎么抱怨。"她把我带到一个地方，那里都是残疾人工作的作坊，有的人在做手工艺品之类的东西，还有的人做着其他的工作。我看到这些人都很快乐，边唱着歌边工作。有的人没有胳膊，有的人眼睛看不见。"所以你在抱怨什么？你有能力比现在做得更多，你是个运动员。"也许是这样的，我想我得做点什么。我一直在做社会工作。我说："好吧，为了筹集资金我要绕着毛里求斯游一圈，我需要做一些以前没有人做过的事情。"我记得刚开始说这些的时候，人们都在嘲笑我。随着更多人嘲笑我，更多人不相信我能成功，这项任务变得更具挑战性了。"鲨鱼会吃掉你""你会被淹死的""暗流太多了""大海波涛汹涌"，后来说这些话的人越多，我就越坚定。我坚持了很长时间的严格饮食，花了整整40天，我完成了这项任务。我围着毛里求斯游了一圈，海岸线的测量距离是200千米，但实际上我游的长度应该是300千米左右，分了9步完成。

即使在今天，当我遥望远方，望向大海时，我都会说："天啊，我都不知道我的动力可以如此强大。"我做这件事的专注力太强大了。从那之后，我用筹到的钱为无家可归的人建了一个庇护所。我想这是一件我将会永远记住的事情，很多毛里求斯人也将永远记得。从这个生活哲学角度来看，无论何时，当你有机会帮助别人的时候，你都必须去做，不要等待，不然你会后悔的。你必须有能力独立帮助别人。

孙超：大使先生，您最喜欢的来自毛里求斯的一句话或格言是什么？

王纯万：国家之间的帮助不是单向的，而是双向的。我们非常感谢中国带来的基础设施技术。尽管是在非洲，我们也乐于交换我们所拥有的一切，包括我们所有的自然资源、我们的文明成果、我们尚未得到足够重视的古代文明成果。我想，这是我们在不久的将来都要做的事情。

说到毛里求斯的名言，我想分享的是“来毛里求斯是一种享受”。毛里求斯人常说“没问题”，连毛里求斯的 T 恤上都写着“没问题”。所以，不要想那些烦恼，只管来毛里求斯就好。我们期待与中国人民进行更多的交流，在我们看来，这是一种“享受”，这是“没问题”的。

“让厄瓜多尔更多地展示给中国”

——访厄瓜多尔驻华大使卡洛斯·拉雷亚

“厄瓜多尔，一国四境”，这是厄瓜多尔驻华大使卡洛斯·拉雷亚在和我谈及厄瓜多尔时，最想分享的一句话。一个国家，四个不同的“奇观”在这里完美呈现。

厄瓜多尔是一个拥有四种地理形态的国家：安第斯山区、亚马孙雨林和独一无二的加拉帕戈斯群岛，还有坐落在美洲和加勒比海地区的太平洋海滩。在赤道上，还有一座雪山，那几乎是赤道上唯一下雪的地方。所以说厄瓜多尔是极具魔力的“赤道之国”。

厄瓜多尔，全称厄瓜多尔共和国，位于南美洲西北部。东北与哥伦比亚毗连，东南与秘鲁接壤，西临太平洋，海岸线长 930 千米。赤道横贯国境北部（国名“厄瓜多尔”在西班牙语中意为“赤道”）。另辖有距厄瓜多尔本土 1 000 千米的加拉帕戈斯群岛，又称科隆群岛。

独特的地理位置造就了群岛上生物的独特性，这启发了 1835 年 9 月到访的达尔文，使他对物种的真正起源问题重新进行思考，进而促成其在 20 多年后发表《物种起源》。由于岛上的自然环境独一无二，厄瓜多尔政府于 1959 年将群岛列为国家公园加以保护。1978 年，该群岛又被列为世界自然遗产。

2022年，厄瓜多尔总统吉列尔莫·拉索签署了一项历史性的行政法令，建立一个新的海洋保护区——兄弟会海洋保护区，以加强对世界上最重要的海洋生态系统之一——加拉帕戈斯群岛的保护。这里有近3 000个海洋物种，其中20%是地球上其他地方没有的物种。扩建工程将建成一条巨大的新海洋走廊或“泳道”，面积达6万平方千米，将连接厄瓜多尔水域和哥斯达黎加水域，并大大加强对饱受威胁的洄游野生动物的保护，包括座头鲸、海龟、巨型蝠鲼和濒危的双髻鲨。

在历史因素影响之下，厄瓜多尔人口以印欧混血为主，占77.42%，印第安人占6.83%，白种人占10.46%，黑白混血种人占2.74%，黑人和其他人种占2.55%。官方语言为西班牙语，印第安人通用克丘亚语。87.5%的居民信奉天主教。在厄瓜多尔的印第安人部落中，保留着一些原始宗教，他们都有各自的崇拜偶像，大多数部落把安第斯山脉的崇山峻岭奉为他们衣食住行和荣辱祸福的主宰者。

一个拥有悠久历史、传奇和反差的神奇国家

孙超：大使先生，非常感谢您接受我的采访。厄瓜多尔由于独特的历史和地理位置——保有古老的印第安文明，又处在地球赤道的位置，令人向往。那么当人们谈论厄瓜多尔时，您期望他们记住什么呢？

卡洛斯·拉雷亚：厄瓜多尔是一个拥有悠久历史、传奇和反差的神奇国家。正是由于它在世界中心的有利地理位置，也令这个国家拥有了多样化、令人印象深刻的生态系统，以及独特的景观、气候和微气候，而这直接带来民族和文化的多样性，并让厄瓜多尔出产的产品品质无与伦比。

在厄瓜多尔，77.4%的人口是混血，他们继承了土著和其他文化。我们有13个公认的土著民族，外国朋友们对此可能并不了解。另外，我们还有非洲后裔和山地民族。厄瓜多尔各地还居住着约25个民族，他们有着各不相同的文化传统、社会身份和地理位置。

总的来说，厄瓜多尔是一个现代、安全、友好的国家，有着较好的连通性和基础设施，这些在很大程度上要感谢中国。这些优势使得厄瓜多尔能够满足严格的外国朋友的需求。

今天，我们战略性地将目光投向太平洋，中国成为我们重要的伙伴和真挚的朋友，双方开展了许多互利共赢的项目。我希望中国的朋友能这样认识厄瓜多尔。

世界更多地看向厄瓜多尔，厄瓜多尔更多地展示给世界

孙超：厄瓜多尔国土面积虽不大，却拥有如此丰富的文化和地理面貌，令世界各地的游客向往。我很好奇您的故乡是哪里？在厄瓜多尔的生活是怎样的呢？

卡洛斯·拉雷亚：我先来回答问题的第一部分。我们通过技术平台对旅游目的地进行智慧化的旅游推广，提供新的、多样化的服务，并且配合新的战略和政策支持。

厄瓜多尔参加了世界上的主要旅游博览会，并作为极富多样性的旅游目的地而制定了长远的战略。

厄瓜多尔的面积约为28万平方千米，但汇集了四个地理形态：太平洋海岸、安第斯山脉、亚马孙雨林和加拉帕戈斯群岛。加拉帕戈斯群岛举世闻名，在1978年被联合国教科文组织列为人类自然遗产。

大量中国游客希望了解拉丁美洲新的顶级旅游目的地。为了吸引中国朋友，厄瓜多尔制定和颁布了多项政策。例如，我们取消了

签证要求，对导游进行中文培训，在餐饮和酒店服务方面提供符合中国旅客喜好和需求的选择。

请让我来介绍一些有意思的特产。例如“巴拿马帽”，其实这个名字起得并不恰当，因为它是产自厄瓜多尔的，是用厄瓜多尔的托奎拉草编制的草帽。它是世界上最精致、最著名的厄瓜多尔产品之一。我必须告诉你一件非常令人激动的事情：在拉索总统对北京进行正式访问时，习近平主席特别注意到了厄瓜多尔总统赠送给他和夫人的专门为他们设计的巴拿马帽，并对厄瓜多尔艺术家制作的这些精美产品的巨大历史传承价值予以肯定。

由于厄瓜多尔位于世界的中心赤道上，我们树立起一座赤道纪念碑。我手里拿的是纪念碑的工艺复制品，里面装有厄瓜多尔最著名的酒，叫作“厄瓜多尔之魂”。

厄瓜多尔国土面积虽小，但旅游业潜力巨大。促进旅游业发展的一个因素是航线。我们在分析不同的航线选择，希望通过与巴拿马、墨西哥和其他国际航空枢纽的代码共享，将厄瓜多尔的目的地包括在内，也让我们的航线盈利更加丰厚。

另外，厄瓜多尔还制定了名为“开放天空”的航空运输政策。该政策放宽了航空权，力求促进拉丁美洲一体化，并从战略上促使我们更好地融入国际航空大环境。这有助于政府推动国内游、增加入境游，并吸引中国在该领域的新投资。

接下来回答问题的后一部分。我出生在厄瓜多尔的首都基多，它是拉丁美洲最令人难忘的城市之一。它的历史中心是世界上保存最完好的中心之一。

在那里，西班牙艺术、巴洛克艺术与土著艺术相融合，创造出了一种奇妙的艺术共生现象，这是我们厄瓜多尔和秘鲁所独有的。这个在世界上独一无二的艺术和文化财富，我们也希望与大家分享。此外，基多在 1978 年被联合国教科文组织列为世界文化遗产。

我最喜欢的城市是我的故乡。我爱我的祖国，我相信厄瓜多尔所有的城市都为外国朋友提供了独具特色的景点。我们有一个美丽的海滨城市，叫作瓜亚基尔；另一座美丽的沿海城市是曼塔，世界各地的国际游轮都会到这里。

我们也有非常现代化的城市。基多市本身不仅保留了古老的历史中心，而且还拥有现代化的街区。我们已在2020年建成地铁系统，这也使厄瓜多尔的公共交通成为区域内最现代化的系统之一。

厄瓜多尔和中国之间有着良好的合作关系，因此瓜亚基尔市将主办第十五届中国—拉美企业家高峰会，这是一个重要的区域间活动，将汇集最重要的公司和物流运营商等开展业务。

孙超：您能分享一句您最喜欢的厄瓜多尔名言吗？

卡洛斯·拉雷亚：“世界更多地看向厄瓜多尔，厄瓜多尔更多地展示给世界”，这是如今最能代表我的国家的一句话：向世界富有成效地展示厄瓜多尔，并在国际资本希望投资于美元化的经济情况下，将世界的更多资源带到厄瓜多尔。这不仅给厄瓜多尔带来了稳定的经济，也使厄瓜多尔成为拉美地区通货膨胀率最低的国家之一。

将集体主义精神和同理心置于自我和个人主义之上

孙超：作为厄瓜多尔驻中国大使，您在中国已经有几年了，您如何看待中国？如何评价在中国的生活？有何难忘的经历？

卡洛斯·拉雷亚：如果要问我在中国最难忘的经历是什么，能够认识习近平主席无疑是令我印象最深刻的经历。他是一个极具魅力的领导者，气宇非凡。他是位伟大的战略家，定将因为对中国改革的远见，因为构建和平、富有同情心、合作共赢的世界及对国际社会的贡献，包括“一带一路”倡议而载入史册。

就中国本身来讲，这个美丽的国度最让我印象深刻的是中国人民。中国人友善而朴实，让外国人感觉宾至如归。还有这里的安全感，我们非常享受在中国的城市街道和广场上体会到的安全感。

接下来我要谈的这点很重要。在新冠肺炎疫情最严重的时期，我被中国公民的严明纪律性所震撼。我们必须向你们学习，将集体主义精神和同理心置于自我和个人主义之上。

我总是对我的中国同事说，自从我来到中国，新时代的现代化程度和技术应用每天都给我带来惊喜：互联网、大数据、5G 和电子商务平台等宝贵技术成为控制疫情的关键因素。

另外，我有幸同拉丁美洲驻华外交官们进行了几次由中国政府组织的工作访问。我几乎走遍了中国的所有地区和省份，这大大简化了增进两国人民关系的外交工作。

第一个加入亚投行的拉美国家

孙超：2016 年 11 月，习近平主席对厄瓜多尔进行国事访问，这在两国历史上具有里程碑意义。访问期间，双方宣布将两国关系由战略伙伴关系上升至全面战略伙伴关系，开启了两国合作的新篇章。您认为通过“一带一路”倡议，双方可以在哪些方面相互促进发展？

卡洛斯·拉雷亚：2016 年，习近平主席访问厄瓜多尔，这是中国最高领导人对厄瓜多尔进行首次访问，具有非凡的历史意义。

厄瓜多尔加入“一带一路”倡议是一个重要的里程碑。我们认为“一带一路”倡议为开展全面合作提供了开放的空间，此倡议将在相互尊重、互利共赢的基础上促进贸易、旅游和投资等，这也是对世界和平与发展的宝贵贡献。需要指出的是，公共卫生合作已成为新的合作重点。

此外，中国在全球范围内促进疫苗的普及，使其成为全球公共产品。在我看来，这将成为围绕“一带一路”倡议发展全球治理的努力的顶峰。

“一带一路”倡议将与南美进步论坛、太平洋联盟等致力于区域合作和一体化的组织同步，这些组织是建设更高效、更互联互通的拉丁美洲的有效工具。

签署“一带一路”谅解备忘录后，我们已从多层面响应该倡议。例如，厄瓜多尔是首个加入亚洲基础设施投资银行的拉美国家，我们也加入了“一带一路”税收征管合作机制。

2020 年，两国外交部共同为落实共建“一带一路”谅解备忘录制订全面计划，这将直接促进我们同中国及其他已加入该倡议的国家在基础设施和互联互通方面的合作。在多边层面，两国也在相互尊重和共同价值观的基础上开展了重要合作。

2022 年 2 月，拉索总统正式访问中国期间，恰逢北京冬奥会开幕，在此之下两国就签署自贸协定谅解备忘录达成一致，并确定了技术工作项目表，启动厄瓜多尔关于双边债务建议的正式对话。此外，中国已确认捐赠 250 万支疫苗，用于厄瓜多尔 3 ~ 5 岁人口接种。这些都体现在《关于深化中厄全面战略伙伴关系的联合声明》中。

在多边层面，两国也在相互尊重和共同价值观的基础上开展了重要合作。

孙超：随着两国经贸关系的日益深化，合作领域不断拓宽，目前，厄瓜多尔已经成为中国在拉美的主要投融资对象国、工程承包市场、能源合作伙伴和中资企业“走出去”的重点目的地之一。如何不断深化中国与厄瓜多尔在经济领域的合作和发展呢？

卡洛斯·拉雷亚：我们与中国建立了全面战略伙伴关系，近年来促进了厄瓜多尔一些重要公共基础设施项目的实施。此外，两国高层互访也至关重要，这是加强两国之间合作的大门，符合双方的需求与利益。

我们正努力对华出口符合所有中国技术标准的新品类农产品。新冠肺炎疫情对全球工业链和供应链产生了影响，然而，在这样的全球背景下，中国与拉美的农业贸易却逆势增长，这表明农业已成为中国与拉美贸易的“稳定剂”。

我们同中国投资者进行深入对话，以便其通过厄瓜多尔法律规定的招标方式，参与到我国重要的投资项目当中。厄瓜多尔是一个安全的、能带来丰厚收益的国家。此外，我们制定了整套法规，旨在为那些希望在厄瓜多尔投资的人士提供更完善的法律保障。

最后这点很重要，却少有人知。厄瓜多尔的白银储量和黄金储量位居全球前列，并且拥有世界第六大铜储量。对于一个依赖矿产出口、重视产业链中的环境问题，并将矿产出口视为国家主要发展机遇的国家，矿业在厄瓜多尔具有巨大投资潜力，也是国家重要的收入来源。

孙超：厄瓜多尔自然资源丰富，经济增长主要依赖石油、农牧业和渔业。但是2015年以来，随着国际油价持续下跌、美元走强，厄瓜多尔面临巨大的国际收支平衡压力。那么厄瓜多尔在促进生产、振兴经济方面都做出了哪些努力呢？

卡洛斯·拉雷亚：事实上，厄瓜多尔政府一直在积极调整政策和立法，以顺应形势，审时度势地应对新冠肺炎疫情造成的健康危机。地缘政治的紧张局势和日益扩大的供需差距推动了物价的上涨。

我们大力振兴经济，同时保护美元化——厄瓜多尔是美元化国家，我们的流通货币是美元。美元化是一把双刃剑，对于一个美元化的经济体来说，出口在外汇中扮演着重要的角色。厄瓜多尔需要流动的资本来恢复生产，这对保就业至关重要。

另外一个重要方面是创造就业机会。这些是厄瓜多尔政府的核心工作。同时，政府还采取了各种旨在创造就业和促进生产的税收措施。

这些措施的重点是通过灵活、透明的税收政策，吸引投资、刺激生产，特别是小微企业家，他们是我们经济的基础。

政府减少公共开支的要求已逐步实现，在所有的政府决策上都有所体现。我们对外债进行重新谈判，此外，我们还实施了缩减规模等结构性措施。

我想强调的是，在疫情期间非石油产品出口发挥了重要作用，肩负了促进国民经济发展的重担，这些产品包括虾、香蕉、金枪鱼、花卉、木材等厄瓜多尔的高品质产品。

我们寻求促进非石油出口产品的多样化，以刺激产业链，创造更多的就业机会。因此，我们的贸易政策致力于产品免关税进入更多的市场，从而提高其竞争力。我们一直在与中国伙伴积极合作。

中国首次在拉美分享抗疫经验

孙超：新冠肺炎疫情蔓延造成严重的全球健康危机之时，中厄两国元首之间有过多次通信，重复强调了在困难时期两国之间的友谊团结与紧密联系。您认为中国防疫最宝贵、最值得与世界分享的经验是什么？

卡洛斯·拉雷亚：厄瓜多尔虽然是美洲大陆第一批采取严格措施来遏制新冠肺炎疫情在拉美加勒比地区传播的国家，但很遗憾，它仍是当今受影响最严重的国家之一。

面对世界范围内抗疫物资的有限供应，厄瓜多尔政府第一时间部署了外交行动，寻求国际合作，以便加强国家应对疫情的能力。

厄瓜多尔正是在与中国的全面战略伙伴关系框架内，与北京市政府、各地方政府和国企合作，依照中国政府规定的所有技术和质量标准，落实了大量生物安全材料的捐赠和供应，目前中国的大批捐赠品已抵达厄瓜多尔。运送的 14 余吨设备和物资，是在厄瓜多尔驻华使馆的协调下完成的。

除了捐赠和物资采购以外，同样重要的还有知识的传递，特别是科学知识的传递。例如，世界级专家李兰娟院士向厄瓜多尔最高卫生当局传授了她在武汉的抗疫经验，厄方与会人员由厄瓜多尔公共卫生部部长率领。这是中国面向拉丁美洲的首次抗疫经验分享。之后，中国外交部安排拉美和加勒比国家共同体的其他成员举办了多次相关会议，请中国的科学家们分享他们在抗疫方面取得的进展。

后疫情环境下，面对全球治理的挑战，也需要全球的共同行动。实现疫苗接种也是国际合作的一个成果，中国在其中发挥了主导作用。

在公共和私营部门的合力贡献下，这一成果已被世界公认为一种成功的管理模式，并将使我们迅速实现经济复苏。

孙超：民心相通一直是两国交往中的重点。1965—2016 年，中国共接收了 272 名厄政府奖学金学生，向厄派出汉语教师 110 人次、志愿者 125 人次，提供孔子学院奖学金名额 159 人。在您看来，中国与厄瓜多尔未来还可以在人文交流方面有哪些合作？

卡洛斯·拉雷亚：毫无疑问，两国关系正处于历史最佳时期。我认为，我们需要的外交应该不仅是灵活、有活力和致力于经济与政治谈判的外交，当然，经济与政治谈判是关键，而且应该重视民间外交，也就是促进文化交流，增进相互了解，拉近彼此间的距离。

两国建交以来的合作关系将会在今后不断稳步发展。两国人民虽然在地理上相距遥远，但因为相同的原则和价值观一直团结在一起。

在这方面，基多和北京的两国大使馆都在文化外交方面积极合作。受到新冠肺炎疫情的影响，物流和人员流动方面的严格限制放慢了我们的行程，例如两国间的友好访问、文化互访、展览等活动都不得不延后，所有文化议程都必须根据疫情情况重新界定和安排，为此，我们充分利用了网络的方式。我们在电子出版物方面做了积极的工作，将厄瓜多尔重要作家的作品翻译成了中文；我们还在线下和线上举行了一系列专题讲座，以取代特殊时期非常困难、几乎不可能实现的面对面活动。

我还想提一下学术领域。我们即将完成一项促进学术交流的双边合作协议的文本谈判。还有一个重要的里程碑是厄瓜多尔和中国两个外交学院之间签署的一项合作协议，该协议将有助于两国的人员培训和教师互换。

当下，游客对生物安全和个人安全非常重视。我们也希望那些对我们地区，特别是厄瓜多尔感兴趣的人能够安全地旅行。厄瓜多尔向所有人开放，我们期待更多的中国人到厄瓜多尔旅游。

历史性的访问

孙超：厄瓜多尔总统吉列尔莫·拉索访问中国并出席北京冬奥会的开幕式，您对这次历史性访问的深刻意义和丰硕成果有何理解？

卡洛斯·拉雷亚：厄瓜多尔政府继续以稳定的步伐开放市场，加强双边关系，加强与商业伙伴的联系，使厄瓜多尔更多地展示给世界，世界则更多地看向厄瓜多尔。因此，吉列尔莫·拉索总统与习近平主席会见，双方讨论了财政承诺和石油与债务脱钩、签署自由贸易协定、疫苗接种以及其他与两国关系有关的重要问题。

与习近平主席会谈的一些初步成果是，双方就签署自贸协定达成谅解备忘录，并成立了中国和厄瓜多尔财政部长工作组，就厄瓜多尔的债务建议展开正式对话。

中国是厄瓜多尔虾类的主要消费市场，也是非石油产品的第二出口目的地。厄中双边关系涵盖了不同的领域，从 2021 年 1 月到 11 月，厄瓜多尔的出口达到 28.1 亿美元。拉索总统与 20 多个重要的中国企业代表举行了会议，以吸引更多的投资，并介绍了卫生、能源、基础设施等部门的所有组合项目（40 多个投资项目，总额约 300 亿美元）。我们希望从全世界和中国人民这里看到厄瓜多尔经济发展的巨大机遇。

拉索总统重申了厄瓜多尔“非常感谢”中国的支持。“我无法想象没有中国这个盟友，厄瓜多尔的发展会怎样。”“厄瓜多尔是一个人口 1 700 万的国家，但有一颗宽广的心，其中装着 14 亿中国人，厄瓜多尔以感激之情欢迎他们。”这两句话是厄瓜多尔总统在北京访问期间所说，表明了他对中国的正式访问取得了前所未有的成功。

孙超：大使先生，您喜欢北京 2022 年冬奥会吗？

卡洛斯·拉雷亚：我想提两个方面，它们发挥了重要作用。一个是我们的第一夫人玛丽亚·德·卢尔德·阿尔西瓦尔·德·拉索出席了北京冬奥会的开幕式，并且与彭丽媛女士会见，这深化了我们两国在文化和社会领域的合作。

另一个就是中国成功地办好了像冬奥会这样在全球范围内很重要的赛事，也树立了一个典范。并且女运动员莎拉·埃斯科瓦尔是第一个参加冬奥会的厄瓜多尔选手。这次赛事是在世界正经历另一波疫情蔓延之际举办的，中国能够在面临这一巨大挑战的情况下保证参加活动的所有体育和政府代表团的绝对安全，为此我们非常感谢，并再次祝贺中国人民取得的这一巨大成功。

一位 80 后女大使

——访圣多美和普林西比驻华大使伊莎贝尔·多明戈斯

圣多美和普林西比是非洲西海岸的两个小岛，面积 1 000 多平方千米，人口 20 万左右，气候宜人，风景优美，食物美味，人民热情好客，地理位置优越。

2016 年 12 月 26 日，中国与圣多美和普林西比恢复外交关系。我独家专访了复交后的首任圣多美和普林西比驻华大使。

亲自感受中国

孙超：2016 年 12 月 26 日，中国与圣多美和普林西比恢复外交关系，您能谈谈这历史性时刻的重要意义吗?

伊莎贝尔·多明戈斯：两国复交对我们来说意义重大。我们同为发展中国家，有着相似的国情。我并不是说人口规模，而是发展中国家共同面临的困难。作为世界上最大的发展中国家，中国有很多值得我们借鉴的地方。例如，中国政府帮助 7.7 亿农村人口摆脱了极端贫困，显著提高了人民的生活水平。我认为，对一个国家而言，提升人民的生活质量至关重要，这也是一个国家重要的追求。

圣普非常荣幸能与中国恢复外交关系。中国在很多方面都为我们提供了参考。虽然我们有着不同的文化和不同的人种，但我们同为发展中国家，有着相似的国情。我相信，两国政府可以为各国人民谋求更多的福祉。中国和圣普不仅是世界上两个独立的国家，更处于同一个"世界"。只要两国共同努力，我们可以走得更远，取得最理想的成果。我们期待看到两国人民为自己国家所取得的发展而欢呼的时刻。

孙超：作为复交后的首任圣多美和普林西比驻华大使，您能谈谈对中国的印象吗？

伊莎贝尔·多明戈斯：我第一次来中国是 2017 年。在那之前，我对中国的了解都来自西方媒体。但当我来到中国后，我意识到我们从西方媒体那里了解到的关于中国的信息并不真实，和中国实际的情况有很大出入。我曾和以前来过中国的同事交谈过，相比于 2005 年、2010 年、2015 年，如今的中国在发展、气候、环境、人民的生活质量和城市化方面有了翻天覆地的变化。中国在科技、发展、"一国两制"的实施等方面发挥了榜样示范作用。我深信管理 14 亿人很不容易，但在中国领导人的辛勤关怀下，民众能感受到如家一般的温暖，这属实令人赞叹。在中国的这 4 年，我也感受到了中国传统文化的魅力，我们深切体会到了人民对国家的忠诚，并被这爱国情怀深深触动。所以我非常想邀请人们亲自来中国看看，这是一件非常有意义的事情。

选择最简单的生活方式

孙超：我们对您的个人经历也充满浓厚的兴趣。您是 80 后，同时是为数不多的女性驻华大使，有着丰富的职业生涯。可否与我们分享一下您职业生涯中难忘的经历呢？

伊莎贝尔·多明戈斯：我并不觉得我是一个大人物，我只是尽了我作为一名公职人员的职责而已。而且，当你真正觉得你的工作在影响他人的生活时，你会尽心尽力为他们着想。我的第一份工作是教师，这个工作经历对我来说是一个学习的过程。因为当与他人相处时，我有机会了解他们，了解这个世界的复杂性。作为茫茫宇宙的沧海一粟，我们仍可以为改善他人的生活贡献自己的力量。在不同的岗位我肩负着不同的责任：作为一名教师的责任、作为一名大使的责任、作为一名议员的责任。成为人们的榜样是一项重大的责任，因为人们时刻关注着你的一举一动。而且我知道，我今天所做的事情会对人们产生或积极或消极的影响，所以我更应该多走走，多和人们一起工作，尽我所能帮助他们追求幸福的生活，为这个世界做出更多的贡献。

孙超：大使，每次见到您都神采奕奕，咱们来聊聊时尚这个话题？

伊莎贝尔·多明戈斯：真心感谢你的称赞，但我的穿着并没有经过特殊安排。我就是穿自己喜欢的衣服，并尽可能穿得简单一些。所以在这一方面，我没有过多可以分享的。你可能认为我会花时间来准备服装等，其实不然，我只是选择最简单的生活方式。

你看，我今天穿的衣服是我自己画的。我找了一些精美的图片，请师傅先帮我缝制，然后让她对样品再做一些调整。因为我们的体型与中国人不同，所以测量起来会稍显麻烦。如你所见，我喜欢我身上穿的这一件，它的主色调是红色，颜色搭配也很简单。但是我非常喜欢点缀的绿色，我觉得绿色和红色很配。

我们至少有两种传统风格的衣服。它们的风格有很大不同，适用于不同场合。例如，如果一位女士的丈夫离世了，她的衣服颜色和围围巾的方式会与平常不同。所以人们可以根据女性的穿着来判断她所处的人生阶段。我非常喜欢非洲风格，这种风格也很适合我。我们可以在正式场合和非正式场合穿同样的衣服，这样的穿衣风格对我来说非常友好，因为我的日程安排很满，没有时间去变换穿着来应对不同的场合。

我们的穿着可以向他人传递信息，观察是一个接受信息的好方法。我想谈谈传统的穿着。每个人都应该相信，每个国家、每种文化在世界上都是独一无二的，文化有助于人们认识和了解我们来自哪里。例如，如果我们和中国人穿着同样的衣服，我们就不能生动地和他们交流我们的非洲文化、食品、服装、歌曲和舞蹈。把非洲文化和中国文化联系起来是我们的责任。每一位驻华大使都代表着他的国家的文化。所以我们还有很多东西需要学习，需要实践，需要展示。

做好准备，挑战自己

孙超： 作为为数不多的女性外国驻华大使，您有何人生建议给年轻一代，特别是女孩子们？

伊莎贝尔·多明戈斯： 我想着重强调的是，现在女性已经取得了很大的成就。我们更加团结，得到了媒体、国际组织和地方协会的支持。我们正在更多地讨论人类的处境，不断提升自己，至少在提高对自身处境的关注。对待女性的方式、性别平等问题、妇女处境现状、减贫和女性就业环境都在发生变化。

我想先向我国的女性表示祝贺，因为 9 月 19 日是我国的妇女节。在殖民时代，妇女们被集中起来做枯燥且高强度的工作，她们遭受了很多痛苦。因此，这些女性、妻子和母亲们团结在一起，在一位女性领导者的带领下组成一个大团体。1974 年 9 月 19 日这一天，被视为妇女解放运动的里程碑。我们尊重这一刻，这是女性更强大的实证，是女性取得更大发展的实证。女性应该清楚地认识到，无论我们来自哪里，我们都面临同样的挑战，所以我们应该团结一致。

在大多数国家，女性被教导学习如何处理家务、照顾家庭、洗衣服、打扫卫生和做饭。我们正在改变女性在社会中的生存方式。我很高兴看到，女性在努力，很多情况都在改变。作为女性，当我们有机会在公共场合发表意见时，我们代表的是所有女性的立场，争做女性的榜样。你会对自己说："哦，如果她能做到的话，我也能做到。我需要相信自己，我需要努力、坚强和自信，这样我才能到达那个位置。"而且，这不仅仅体现在政治领域，还体现在其他方面。女性应该相信自己，时刻做好准备，提高自身能力，这样我们才能更自如地面对目前的情况。

我还想谈谈家庭因素。因为在许多国家，性别问题有时来源于家庭。在同一家庭中，父母对待男孩和女孩的方式是不平等的。男孩可以和朋友见面，上学。但是女孩却被过度保护，封锁起来，导致她们对这个世界知之甚少。我们的思想应该是活跃的，我们应该探索这个世界，不断创造，即使在这个过程中会犯错。最后，请给予男孩和女孩平等的权利和责任，以相同的方式对待他们。不要害怕犯错误，错误也很重要，因为每一个错误都是提升自己的机会。接受挑战也很重要，风险和挑战会让你明白你应该在哪里改正，在哪里改进。所以你应该做好准备，挑战自己。即使在这个过程中你会哭泣，也请继续，一直向前。

孙超：在中国工作生活，空闲时间您最喜欢做什么呢？

伊莎贝尔·多明戈斯：我非常喜欢吃北京烤鸭。我非常欣赏中国的文化遗产，并且十分敬佩中国保护文化遗产的方式。这些文化遗产不仅对中国人有着深刻的教育意义，向他们展示了他们从哪里来，他们的祖先是谁，还让我们从栩栩如生的图片中了解中国。看到这些历史，我们会联想到中国人民在为谋求自身发展过程中做出的不懈奋斗。如果你不能认识到自己的身份，就不可能走得远。你需要知道你从哪里来，知道你要走多远，这是我们作为一个独立的个体，作为这个国家的一部分不断向前发展的根本。无论在哪里，中国人始终牢记自己的身份。我想这是中国在培养身份认同感方面取得的成就之一。

访问不同的省份（或城市）是一种很特别的体验。我记得我曾访问过重庆、深圳和江苏等地。我很喜欢杭州，那里绿树成荫。还有一条河穿过嘉兴市，这条河在中华人民共和国的成立中发挥着重要作用。中国共产党的第一次会议就在嘉兴南湖上举行。中国的每个地方都蕴含着它的历史，我们需要尊重和理解其背后的含义，我们需要花更多的时间深入了解中国的博大精深。

孙超：您来中国担任驻华大使之前曾经做过教师。担任驻华大使后，您也访问过北京外国语大学，了解北外的葡萄牙语专业在国际方面的特色和优势。您认为应如何更好地加强两国的人文交流？

伊莎贝尔·多明戈斯：当我们谈论教育时，我们不能只谈论学校本身，我们也应该谈谈学生和老师。他们聚在一起，分享信息和思考。老师的存在是为了让学生发散他们的思维，使他们充满活力和创造力。当一个社会有非常明确的目标时，人们需要领导者来驱动和引导他们。我认为，当所有人有一个共同的目标时，这对他们很有帮助，因为他们会觉得自己是其中的一分子。比如，一个学生来到中国，了解中国的制度，了解中国如何为每个领域的发展做准备，以及中国如何一边保持传统，一边在不同情况下不断改进。这一切都是我们学习的大好机会。

语言是非常丰富的。我知道中国非常重视同葡语国家之间的关系，正如您所说，中国有很多外国研究的教学项目。葡萄牙语内涵丰富，而且在世界各地有所不同。

我希望中国和非洲能够不断深入彼此的友谊，提高对彼此的认识，增进对彼此的尊重。真挚的关系来源于日常交往，促进人与人之间的交流非常重要。

可持续发展是关键

孙超：很多中国朋友对您的国家圣多美和普林西比还不太熟悉。当人们提到您的国家，您希望世界了解和记住的是什么？

伊莎贝尔·多明戈斯：圣多美和普林西比是非洲西海岸的两个小岛，面积1 000多平方公里，人口20万左右，气候宜人，风景优美，食物美味，人民热情好客，地理位置优越。

作为游客，你将获得一次生命中的独特体验。你可以尽情享受这个地方，山川、海滩、河流，以及你以前从未见过的东西。这里的天气一年四季都是一样的。你还可以欣赏到当地特有的花卉、植物和动物，这些在世界上的其他地方可看不到，你可以去看看它们，了解了解，它们非常友好。我们这里没有危险的动物，所以你可以尽情享受大自然。而且当地人愿意引导你，带你参观。我们有着不同的生活方式，我们很热情，总是面带微笑，感到快乐。我们不需要一个特别的理由聚在一起，会把每个人都当作相识已久的老朋友。所以请来游玩参观吧，我相信在圣普的经历会让你永生难忘。

至于企业家和投资者，我们希望有更多的公司来投资。因此，我们正在努力改善商业环境，确保我们能够满足各个投资者的目标和需要。

下面我想谈谈渔业。如今，即使是专家也会关注饮食，因为吃进嘴里的食物对身体健康影响重大。我对食品加工有深入的研究，我们吃的食品很多都是经过加工处理的。现在越来越多的商业渔场的养鱼效率非常高。而如果你吃的金枪鱼是来自大西洋的天然捕捞，那这些鱼会更加新鲜，更加健康。

伊莎贝尔·多明戈斯：我们有自己独特的美。每个国家都有自己独特的美。由于我们是岛国，我们希望保持可持续发展。所以我们的生活方式仍然非常接近过去，我们的工作方式也没有太大变化。如果你来参观，你不会看到五星级或七星级酒店，因为这种高级酒店可能会在很大程度上改变生活方式。你会看到提供传统食物的小旅馆，会体验到非常接近自然的生活方式。海滩真的很自然。你可以开一个椰子，尽情享受。在你面前烤的鱼是直接从海里捕来的，只要加点盐和柠檬，你就能感受到你正置身于真正的大自然中。你感受到的是独一无二的，因为我们希望为游客提供人生中的独特体验。我们有地方特色，在一些简单的东西中你就能发现这种特色，这就是为什么人们得亲自来看看。我来到中国也是想宣传我的国家。如果有一天你有机会去游玩，你会说，嗯，伊莎贝尔没骗人，我在其他地方从来没有过这样的经历。

对我们来说，可持续发展是关键，是我们一直高举的旗帜。因为我们深知，这就是我们的身份认同。此外，我们还很安全、和平、有保障。当你来到南方，你无须害怕，你是安全的，你可以尽情享受，放松自己。

而对领导人来说，以服务大众的态度来处理事情是很重要的。作为驻中国大使，我很高兴能为两国人民提供更多的信息、更多的支持以及更多的细节。我们是一个岛屿国家，不在大陆上，但我们离其他大陆很近。我们不仅可以与非洲大陆相连，还与美洲和欧元区相连。

信念就是力量

孙超：2021 年，中国与圣多美和普林西比共建“一带一路”合作伙伴关系，圣普如何更好地参与到“一带一路”倡议中？如何更好地构建人类命运共同体？

伊莎贝尔·多明戈斯：当今世界有很多的机会。给我们带来的是不同的方式和机遇，把不同的优势连接起来，这样我们可以满足彼此的需求，走向一个共同的未来。那么，我们可以在哪些方面进行合作？我们的海洋领土比我们的陆地领土大160倍。你可以想象我们的海洋是多么的广袤，当飞机飞得很高时，你可以俯瞰海洋的景色。但我们缺乏的是有效展现和处理这些资源的能力。我们与中国建立了伙伴关系，建设基础设施来有效处理。我们可以利用自己的资源来发展，为我们的人民和包括中国在内的世界其他地区提供食物等物资。我认为这是最好的伙伴关系。以前没有人来探索这种方式，他们只是来搜刮我们的资源，然后就走了。今天，我要为此感谢中国，中国是非洲真正的朋友。

中国的专业人士有很多机会来这里投资。在农业方面，我们不仅寻求大规模生产可可和咖啡，还要进行有机生产。我们使用富含矿物质的火山土壤，可可营养丰富，咖啡也很独特。我们也想让中国朋友尝尝，所以我想做一个签证项目，邀请中国投资者来考察几个产业，比如渔业、农业和语言服务行业。我希望他们能找到合适的领域进行再投资，我们相信那些有远见的投资者会抓住机遇。

我们有几个优势，比如我们的位置，中国公司很容易到达。我们在世界的中心地区，在赤道上。因此，基于我们的岛屿，一个服务性的、整体的商业岛屿，可以促进与不同国家和大陆的联系。

中国刚刚完成了“两个一百年”奋斗目标的第一个。我认为中国的平衡发展是非常成功的。而现在是该计划第二阶段的开始，中国仍坚持以人民为本。

所以说，“一带一路”倡议是习近平主席提出的伟大倡议之一。考虑到我们的实际情况和潜力，让我们携手合作，然后，我们可以彼此探索和相互分享。最终，我们两国的人民作为命运共同体来共享最好的未来。

孙超：作为我们访谈的传统，您最喜欢的来自您的国家圣多美和普林西比的格言或一句话是什么？

伊莎贝尔·多明戈斯：信念就是力量。在葡萄牙语中，我们说当你相信某事时，你就会赢。因为当你相信某件事时，你就会有动力。无论是个人的工作还是国家的发展，你都要竭尽全力去实现你所相信的事情。相信是最重要的。

快乐是一切的关键。如果你是一个快乐的人，你会享受生活，你也会很自信。

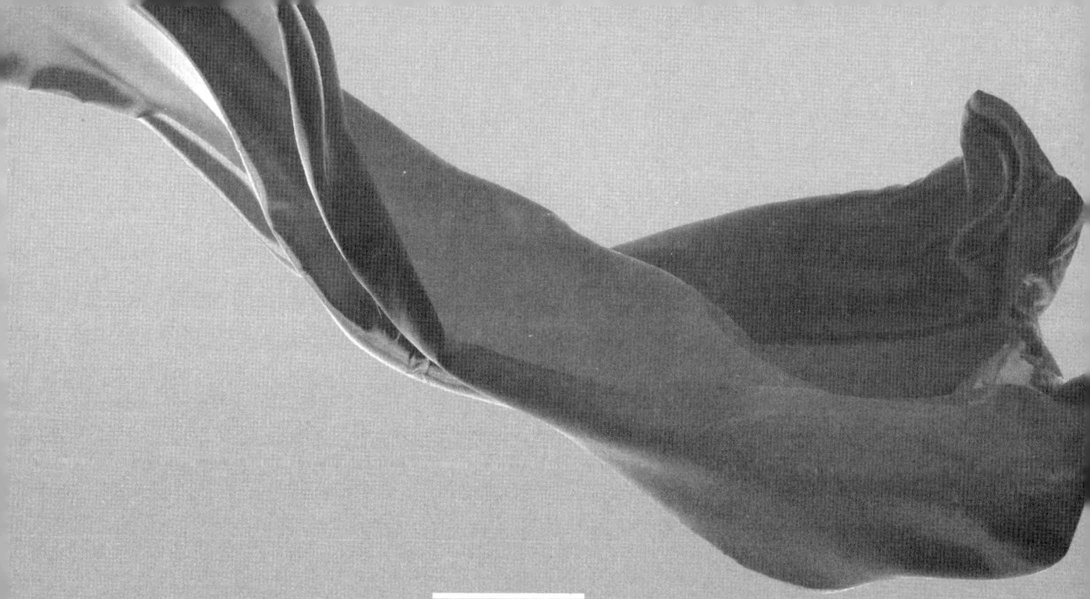

第五部分

中国式现代化
是走和平发展道路的现代化

中国共产党的成立是20世纪改变世界的最伟大的事件之一

——访冰岛驻华大使古士贤

冰岛驻华大使古士贤对中国的发展有着深刻的理解。他已两次担任冰岛驻华大使。他第一次来到中国是在1994年，当时是跟随着冰岛部长对中国进行了正式访问，他们的任务是决定冰岛该在哪个国家建立其在亚洲的第一个大使馆。最后他们决定将大使馆建在北京。古士贤大使告诉我，与那时相比，现在的中国变化太大了，高度现代化，闪着希望的光芒，中国的进步令人难以置信。

古士贤大使说："在中国的工作生活是一次极其有益的经历。有些人几乎用警告的语气跟我说，不知为何中国人很难懂而且很神秘，我必须非常小心。但后来我发现中国人都很友好，他们喜欢和朋友相聚，喜欢美食，爱他们的孩子。中国人并不复杂，也不难相处，他们是很好的人。我真的很享受在中国度过的岁月。"

第二次担任驻华大使

孙超： 大使先生，非常感谢您接受我的采访。尽管我们之前见过几次，但这是我第一次有幸采访您。我知道您在中国的经历引人入胜。请您向中国朋友介绍一下您自己好吗？

古士贤：我是冰岛驻华大使古士贤。迄今为止，我已经在冰岛外交部工作了 40 多年。我曾被派任到布鲁塞尔、巴黎、日内瓦、柏林，还有中国的北京。另外，我一直积极参与与欧盟的磋商谈判。我在布鲁塞尔度过了 10 多年的时光。我曾任职过一段时间的常务秘书长，是外交部最高级别官员之一。这次是我在中国的第二次任期，我已经在中国工作三年了。

孙超：很高兴知道这是您第二次任驻华大使，您一定有很多在中国的工作与生活的经验和感受。您去过中国的哪些地方？您觉得印象最深刻的是什么？

古士贤：上次我任冰岛驻华大使是在 2006—2009 年。在上个任期中，我几乎去了中国所有的省份。而这次任期截至上个月，我只有吉林省和海南省两个省份没去过。于是最近我到吉林度周末，那里的温度有零下 22℃，下周我将动身去气温在 25℃ 以上的海南。这就能体现出中国地域的辽阔。在中国，从一个地方到另一个地方，这种巨大的反差随处可见。中国有太多的东西可以见识和发掘，那是一个人一生也无法穷尽的，我在中国过得很愉快。去年因为疫情，我没能像之前那样在中国旅游。但一切都会好转，那样我就可以继续我在中国的探索发现之旅了。

孙超：大使先生，您去了中国这么多地方，那您最喜欢的地方是哪里呢？

古士贤：事实上，在中国我有很多喜欢的地方。我来自一个岛国，在海边长大，所以我很珍惜去中国的沿海城市的机会。让我们从青岛开始吧，我每年都会去那里参加渔业展览会；大连也是个很棒的城市；另外，宁波和冰岛的大学有一个特别的合作协议；当然提到沿海城市就不得不提上海；还有厦门，在厦门曾经有很多冰岛的艺术家；然后就是香港，还有广州。我还可以继续列举内陆的城市。比如成都，成都是我特别喜欢的一个城市，我尤其喜欢那边的生活质量，喜欢坐在成都的茶馆外面的那种惬意感觉，或者去历史古迹旅游。我也曾经从重庆坐船顺流而下到武汉，穿过三峡地区。我想再去一次那里乘船旅行，看看三峡这些年有了什么变化。另外还有春城昆明。谈到我喜欢的中国城市，我能说个不停。

冰岛在亚洲的第一个大使馆

孙超：提起过去，我听说您第一次到中国的时候还是 20 世纪 90 年代。这背后有什么故事呢？

古士贤：我每一次到中国的时候都是狗年，我有时将其称为我的命运。我 1994 年来到中国，然后是 2006 年，再然后就是 2018 年，都是狗年。我第一次来到中国是在 1994 年，当时我跟随着我们冰岛的部长对中国进行了正式访问。我们的任务是决定冰岛该在哪里建立我们在亚洲的第一个大使馆。我们到了中国、日本和韩国，最后决定将其建在北京。我们当时的部长会见了钱其琛部长和荣毅仁副主席。我到中国的第一站是钓鱼台，因为我们当时住在钓鱼台国宾馆。在那之后不到一年，也就是 1995 年的一月我们就在中国建立了大使馆。现在的中国和当时相比变化太大了。现在的中国高度现代化，闪着希望的光芒，这种进步令人难以置信。

孙超：您见证了中国的发展与成长，那您是怎么看待中国和中国人民的变化的呢？

古士贤：我觉得中国的一切都在加速繁荣。人们吃穿不愁，平均身高也在增长，我发现现在中国的年轻人要比之前高了。你也能看到消费品种类更加丰富，人们愿意购买它们。许多人都将中国视作消费者的天堂，因为你几乎可以买得到所有你喜欢的东西。一切都越来越干净明了和高效。人们都希望在一个可以感觉到进步的社会中生活，是那种每天、每年都在进步的社会。

孙超：感谢您阐明了对中国发展的重要理解。您能跟我们分享一些在职业生涯中难忘的故事吗?

古士贤：当我还是一名年轻的驻巴黎外交官时，有人请我帮忙安排一个在冰岛举行的毕加索的作品展。我作为中间人要和毕加索的遗孀杰奎琳沟通交流，所以我到法国南部看望了她几次，她还带我参观了他们的房子和所有的画。最后，她将一些作品送到冰岛做了一场展览。这竟然成了她参与的最后一次展览，因为不久之后她就去世了。这是能代表我外交官生涯的事件之一，我们会在工作中接到很多与众不同的任务。

从专业角度来说，我认为参与和促进欧洲经济区协议的协商签订是最有意义的一件事情。冰岛不是欧盟成员，但我们是欧洲经济区的一部分。在 20 世纪 80 年代末和 90 年代初，我们通过谈判达成了这项协议。

当然还有我在中国的经历，我有幸赶上了 2008 年的北京奥运会，开幕式非常精彩。在奥运会的最后一天，在男子手球队的比赛中，冰岛队夺得银牌，这是一件大喜事。对我们当时在北京的总统，还有在远方的全冰岛人民都是如此，这对我们所有人来说都是一件大喜事。我还有幸亲历了中华人民共和国成立 60 周年和 70 周年的纪念活动。

中国共产党的建立是20世纪改变世界的最伟大的事件之一

孙超：2021 年是中国共产党成立 100 周年，您如何看待中国共产党的领导呢？

古士贤：我在上海的时候曾经去过几个和中国共产党成立有关的历史名胜，那些地方已经有 100 年的历史了。中共从艰苦卓绝中诞生，受尽迫害，经历了跨越几个省份的围剿追捕，经历了伟大的长征，终于在 1949 年建立了中华人民共和国。之后又领导中国快速发展，适应日新月异的世界，直至现在有了全球性的影响力。我认为这么多年来时代变革的考验可以证明中国共产党的领导是值得信任的，尤其是改革开放 40 年以来，中国的基础设施建设不断完善，经济地位不断上升。我认为中国共产党的建立是 20 世纪改变世界的最伟大的事件之一。

孙超：冰岛驻中国大使馆是冰岛在亚洲的第一个大使馆。2021 年两国建立外交关系已经 50 周年了，您如何看待中冰两国关系的未来？

古士贤：在冰中未建立外交关系时，两国就已经有人民层面上的友好交往了。在 1952 年，我们就有文化代表团来到中国参加国庆庆典并见到了毛泽东主席。在建交之前我们就有很好的关系，甚至在 20 世纪 20 年代中国就有来自冰岛的传教士了，所以两国的关系可以追溯到很久之前。我知道冰岛人第一次来到中国是在 18 世纪，而且他对中国印象深刻，甚至还为此写了一本书。

50 年是很长的一段时间，能有差不多两代人的交替。这 50 年里我们之间的交流沟通、贸易往来，还有各种各样的官方联系都在稳定增加。我们希望可以通过各种方式来纪念我们之间特别的友谊。比如说，我们庆祝地热能合作项目的开展，冰岛的 Arctic Green（北极之绿）公司和中国石化集团有超过 60 个区域的合作。中国在那些地区钻探热水等地热资源以供集中供暖用，而这是冰岛的专长之一，20 世纪我们一直在发展这方面的技术。这项合作可以算作我们对碳中和这一远大目标的贡献，习近平主席曾宣布中国将会在 2060 年以前实现碳中和。

我们也希望做一些与性别平等相关的事情，因为冰岛多年来在实现性别平等上做得很成功。我们希望与像中华全国妇女联合会和中国女企业家协会这样的国家组织一起筹备一些工作。

另外一个合作主题是有关北极政策的，现在冰岛有个北极光天文观测台，这是冰岛和中国的一个合资企业，我们也对此表示欢迎。中国是北极理事会的观察员之一，我们欢迎中国参与极地包括北极地区的科学研究。

现阶段总的来说我们有这三个交流主题，这些不仅是我们外交政策的重要方面，也是我们可以看到的冰岛和中国的合作空间。我们收集了中国游客在冰岛拍摄的照片，发表在一本名为《中国人眼中的冰岛》的书上。我们也在制作采访短片，拍摄 vlog（视频网络日志），采访对象是在冰岛的中国人和在中国的冰岛人。

孙超：如您所知，我的上本书《各国大使眼中的“一带一路”》是由在中国很有影响力的出版机构——中信出版集团出版发行的。您已经提到过您将采用新的形式来介绍冰岛，如短视频和图片这种非常受年轻人欢迎的形式。沟通是人与人之间交流的核心，那么该如何更好地推进民心相通，特别是年轻一代呢？

古士贤：我们很高兴看到冰岛旅游业的发展，来冰岛的人数不断增加。我早年在中国的时候，大多数中国人都是采取跟旅游团或者有官方安排的方式去冰岛，并且经常一趟访问好几个国家。但是现在我们看到越来越多来冰岛自由行的年轻人，其中有个人、夫妻，还有在网上规划选择旅行方式的小团体，他们会直接接触冰岛服务商和旅行社。他们比以前更加独立，更喜欢深度转遍整个冰岛。2019年有超过10万中国人来冰岛旅行，他们用比以前更加自信和更加自主的方式去探索世界。我们对这种改变表示欢迎，我很高兴看到更多的中国人去冰岛旅行。事实上，我们也一直在加快旅游业的基础设施建设，并且努力建立与签证中心的联系，因为现在中国人访问冰岛需要签证。同时，因为冰岛是申根协议的一部分，所以冰岛的签证是申根签证。我们已经得到中国政府的授权，在中国的11个城市开设了签证申请中心，我们希望能够为更多的中国游客提供服务。

我看到中国年轻人变得越来越自信、越来越有信心面对世界。我曾经到访过深圳——一个重要的高科技中心城市。上次我去深圳的时候接待了一个来自冰岛的青年合唱团，然后带着这个有100位年轻人的合唱团来到北京。我们和大兴中学合作，将他们和大兴中学的学生分在一起，让他们和中国家庭住在一起。当时人们都有点紧张，担心这个安排，但最终这对冰岛人和中国人来说都是一次回报丰厚的经历。在活动结束的时候，他们和一起度过了三个晚上的中国家庭道别，说着“哦，你就像我从未有过的兄弟或姐妹”这样亲切的话。但给冰岛学生留下深刻印象的还是中国人的奋斗精神，因为中国的学生早上五点就起来学习。

我自己毕业于苏格兰爱丁堡大学，曾经以校友身份参加过在北京的爱丁堡大学毕业生见面活动。那里有许多年轻的中国人。事实上，我发现我是那里最年长的人，在我从爱丁堡大学毕业时这些中国留学生甚至还没有出生。和他们交谈时，我发现他们都是一周工作六天，从早上九点工作到晚上九点，而在星期天，他们也会随时待命，准备好接老板打来的电话，也习惯了星期天加班。因此，将中国年轻人与良好的教育、自信与勤奋结合起来的话，那肯定会是成功的结果。

孙超：感谢您的鼓励。我有一个建议，希望可以共同主办关于性别平等话题的研讨会，邀请中国的女性决策者、商业领袖、年轻学者，还有女学生参加。

古士贤：最近，我们通过妇女政治领袖（WPL）在大使馆举行了一次圆桌会议，WPL 是一个总部设在冰岛、由冰岛前部长领导的组织。我们在北京开了一个简短的圆桌会议。中国有句老话叫："妇女能顶半边天。"习近平主席在纪念 1995 年中国召开世界妇女大会 25 周年庆祝大会上的讲话使我深受鼓舞。他强调了男女平等的重要性，所以我希望将来会有越来越多这样的发言。在 2018 年，我们举行了冰岛和中国的女性商界领袖的会议。我们的前总统维格迪丝·芬博阿多蒂尔是第一位在全民选举中当选为国家元首的女性。在过去的 40 年里，冰岛在两性平等方面取得了巨大的进步，我们也非常愿意在这方面继续与中国进行对话。

孙超：您说的没错。我认为中国面临的挑战也是一个全球性问题。我们需要听到更多女性的声音，不仅包括政界女性、成功企业家，也应该包括艺术家、学者，甚至年轻学生，这是非常有意义的事情。

古士贤：我们也得到了中华全国妇女联合会的慷慨捐赠。在新冠肺炎疫情暴发初期她们送了口罩，并到大使馆来看望了我。我也注意到，在现在这种困难时期，副总理孙春兰一直是关键人物。这一点也得到了特别强调，在疫情期间，妇女毫无疑问占据了抗疫的中心舞台。

孙超：冰岛是旅行者的梦想地之一，当世界上其他国家的人们谈论冰岛的时候，您希望他们了解和记住些什么呢？

古士贤：从某种程度上说，"冰岛"的中文名称让我们很满意。

“冰岛”一词反映了我们希望留给世人的印象，从我们的角度看，它代表纯洁、干净。冰岛是一个尚未被污染的国家，我们生产的大部分产品都是对人体有益的，因为它们都是在健康、清洁的环境中生产的。因此，我们期待未来冰岛在环境技术以及清洁和环境可持续方面都处于领先地位。另外，正如我前面提到的，冰岛是两性平等、和谐包容的社会，我们希冀着一个既有性别平等，又有社会平等、公平分配的社会。我们希望建立一个友好和谐的社会，这成为我们吸引游客的一个重要因素。去过冰岛的人普遍会推荐冰岛令人流连忘返的自然风光和美景，也都纷纷表示冰岛人很友好。这些是我们想要保持和留给世人的印象。

第一个与中国签署自由贸易协定的西欧国家

孙超：冰岛是亚洲基础设施投资银行（简称亚投行）的创始成员之一。亚投行是首个由中国倡议设立的多边金融机构，您如何看待亚投行的作用？您又是如何看待中国的“一带一路”倡议和新时代的全球化？

古士贤：有趣的是，我们是亚投行的成员，但我们不是亚洲开发银行的成员。我认为冰岛对亚投行的兴趣在于对精干、廉洁、绿色的重视。亚投行采用了一种更现代的方式精确强调了我们所珍视的和强调的价值观。我参加过许多在北京举行的亚投行活动和简报会，亚投行采用的这种方式是非常成功的。当然，亚投行与“一带一路”倡议有关。我们赞扬和支持习近平主席提出的倡议，中国已经成为其他发展中国家在这个领域的榜样。我们对此表示敬意，愿意就“一带一路”倡议保持对话。

孙超：“一带一路”倡议是新版本的全球化，是一个欢迎所有想加入的国家的开放平台。例如，有些国家虽然距离较远，但我们推出了第三方合作的方式。我希望今后也能与冰岛在“一带一路”上寻求更多具体的合作机会。

古士贤：是的。我认为我们不该忘记冰岛和中国已经有相当重要的契约关系，因为冰岛是第一个与中国签署自由贸易协定的西欧国家。这对我来讲意义重大，因为我之前在中国的时候主持了最开始的四轮协商谈判。我们在这个问题上都做出了很多努力，因此我很高兴看到自这项协议以来，两国间的贸易已增长了两倍多。

孙超：冰岛是西欧国家中第一个承认中国的市场经济地位的国家，也是第一个与中国签署自由贸易协定的西欧国家，那么，您认为我们应该如何深化贸易关系呢？

古士贤：我们最近很重视电子商务的快速兴起和通过电子商务建立起来的贸易联系，这为冰岛和中国的双向贸易提供了新的可能性。冰岛人已经知道阿里巴巴、支付宝和微信，现在在冰岛已经可以使用中国的应用程序购物了。我接触过很多“网红”和在网上工作的人，这也是一种新的沟通和联系方式，我们可以借此向中国介绍冰岛与冰岛的产品。我认为这肯定会为冰岛和中国之间的贸易带来新的可能性和增长。

孙超：作为访谈传统，您能分享一句来自冰岛的格言或者您喜欢的话吗？

古士贤：有一个小而美的非正式的冰岛语短语——Thetta reddast。意思是“最后一切都会好起来的”。用英语来解释的话是：“好吧，别失去勇气。事情会好起来的，我们会设法解决的。”事实上，有一批在北京外国语大学学习冰岛语的中国学生。在疫情期间，他们用冰岛语给冰岛人民发了一个信息，就用到了这个短语。然后这句话在冰岛传播开来，变得很流行。

冰岛的官方语言是冰岛语，这是一种很古老的语言，和所有北欧国家 1 000 年前所说的语言有很深的渊源。它和挪威语、瑞典语和丹麦语也有关。冰岛孤立于北大西洋的小岛上，当其他北欧国家发展了更加不同的语言时，冰岛还保留着古老的语言。正因如此，我们说冰岛语就相当于北方的拉丁语。

我的中文名字叫古士贤。它同时包含了我名字的意义和发音。因为我的冰岛语名字是“Gunnar Snorri Gunnarsson”，“Gunnar”意思是战士，“Snorri”是 13 世纪冰岛的一位古代文学人物。在中文中，“古”意为“老”，“士”包含“武”与“文”的意思，而“贤”则是一种高尚的内涵。总的来说，很多朋友都认为这是个好名字。

“遇山一起爬，遇沟一起跨”

——访马来西亚驻华大使拉惹·拿督·努西尔万

马来西亚驻华大使拉惹·拿督·努西尔万最喜欢的中餐是新疆拉条子。在担任驻华大使之前，他来中国超过20次，见证了中国非凡的发展，令他感到非常震撼。

大使和我分享了一句马来西亚俗语，也是习近平主席在马来西亚主持的亚太经合组织会议上发表讲话时曾经引用过的——“遇山一起爬，遇沟一起跨”。这句话显示了在新冠疫情期间中国和马来西亚两国之间愈加牢固的双边关系。而疫情过后，两国的关系发展将更加充满希望。

见证中国非凡的发展

孙超：大使先生，非常感谢您能接受我的采访。我记得上一次我们见面还是在不久之前的世界读书日，今天我们又在共同庆祝世界博物馆日。说到第一次，我的第一个问题是，您还记得第一次来中国时的情形吗？您现在在北京生活有何感受？

拉惹·拿督·努西尔万：首先，我想借此机会感谢你的采访，我深感荣幸，这对我来说是一个非常重要的机会。也请允许我祝贺你们的书《各国大使眼中的“一带一路”》出版上市。这是一个非常有影响力的访谈，就像今天庆祝世界博物馆日的纪念活动一样。

我第一次来中国是在 1995 年，参加一个培训项目。那时的北京与今天的北京相比显然不可同日而语。我总是喜欢与人分享那段逸事。当时我们住在一家酒店里，我忘了酒店的名字，它是那时候为数不多的向外国人开放的酒店之一。我记得我住在 14 层，当时刚有磁性门卡，所以我没有普通的钥匙，而是使用磁性门卡。有一次我的门卡打不开门了，我试了好多次也没成功。这时有一个很年轻的男生，是一名清洁工，正巧路过，问我是否需要帮助。他不会说英语，而我显然也不会说中文，我们两个真的就是“鸡同鸭讲”。但最后他明白了我的意思，于是拿走了我的门卡，跑着下了 14 层楼，又爬了 14 层楼上来。他回来时满身是汗，非常疲惫。我问他：“你拿着我的门卡，为什么不坐电梯呢？”他答道：“不行，电梯是给客人使用的。”我对这个遵守纪律的年轻人的印象非常深刻。当时我就觉得，不管在什么时候，中国的年轻人都有这样的职业操守和工作态度，这个国家将会走得很远。我现在作为大使来到这里的感受，恰恰证明了我在 1995 年的想法是正确的。

后来，我还经常想起那个男孩，不知他后来怎么样了，他的态度和上进心给我留下了深刻的印象。在那之后，我来中国已超过 20 次，包括 2008 年我来北京观看奥运会。见证中国非凡的发展，令我感到非常震撼。

接下来我想讲我刚到中国时的另一件逸事。那个时候使用信用卡是一个非常困难、非常烦琐的过程。我要排三次队才能完成一次刷卡：第一次拿着想买的东西排队，把它交给柜台，柜员会给一张收据；然后带着收据到另一个柜台排队用信用卡付款，之后会收到另一张收据；最后需要再排一次队去第一个柜台取东西。仅仅用信用卡购物就得花掉我大约一个小时的时间。但是现在有了微信支付等方式，仅仅需要几秒钟的时间就完成了交易。这也是令人难以置信的进步。

孙超：谢谢您的分享，非常感人。我从您的分享中受益良多，我对您的经历也很感兴趣。您是一位成就卓越、生活美满的外交家，在您任职外交官的过程中，有没有什么难忘的经历想和大家分享呢？

拉惹·拿督·努西尔万：我想分享一段经历，但那是一次不怎么愉快的经历。当时我只是一个初级外交官。我们外交部在世界各地都是 24 小时开放的，因此，即使在当地的工作时间之外也有人值班。我记得那是 1993 年，办公室里需要有人值班接听固定电话以防万一。我当时就担任了这个值班员的工作，守着电话。一个星期天的下午，我接到一个电话，说在洛杉矶两个马来西亚的学生死于意外。当时正值暑假，学生们开车去某个地方，卷入了一场事故，导致其中两人去世。

在洛杉矶的领事馆给了我这两个学生在马来西亚的家里的电话号码。我不得不给这两个学生的家里打电话，通知他们的父母说他们的儿子去世了。当时电话里传来的父母的哭泣对我产生了非常大的影响。直到今天，我也总是对年轻的同事说，我们得知道，任何大使馆的首要和最重要的职责是保护自己人民的福祉，尽管有时要面对的是并不令人愉快的经历，因为你不得不通知一些坏消息。

人们常常认为外交生活是特别光彩照人的，就像现在这样，和你还有一些令人喜欢的朋友进行非常愉快的交谈。但同时我们也承担着不同的责任。我永远不会忘记，一名外交官应该更加具有人道主义精神，我也永远会记得去提醒我的年轻同事们。

孙超：您之前来过中国很多次了，那么，现在您最喜欢的中国菜是什么？

拉惹·拿督·努西尔万：我想应该是拉条子。新疆的一种炖羊肉，里面加了面条，非常劲道。任何有嚼劲的面条都是我的最爱。

马来西亚，亚洲魅力所在

孙超：感谢您分享了如此重要的人生经历，这让我们更好地理解了如何把人们团结在一起、如何成为真正的全球领袖。您的国家非常独特，所以我的下一个问题与您的国家有关。马来西亚是与中国隔海相望的邻居，我们有着非常深厚的历史渊源。所以我想知道，当人们谈论您的国家时，您希望他们了解和记住什么？

拉惹·拿督·努西尔万：事实上，我必须得说猫山王榴梿在中国非常有名。说实话，我在中国吃的猫山王榴梿比在马来西亚吃的还多。

我在这里吃猫山王榴梿是免费的，因为我要推广它。在马来西亚，猫山王榴梿对我来说太贵了。这就是马来西亚驻华大使的优势所在。

当然，如果直接回答你提出的问题，就是我作为大使的工作很简单，因为我们有一个非常著名的句子："马来西亚，亚洲魅力所在。"当人们问我，我希望他们如何记住或认识马来西亚，我的回答是在马来西亚你可以看到真实的亚洲，来自亚洲的各个地方的人给马来西亚带来了多样性。因为马来西亚分为两个部分，一端连接着亚洲大陆半岛，而在沙巴还有两个州，这意味着我们是唯一一个既连接了亚洲大陆，又连接了加里曼丹岛的国家。我希望人们记住的关于马来西亚的另一个词是"多样性"。我们国家是一个非常小的国家，人口只有3 200万，和中国的重庆市常住人口数量差不多，但是在这个非常非常小的国家里有非常丰富的多样性。这是我希望人们记住马来西亚的两个关键词。

东盟中第一个与中国建交的国家

孙超：几年前我去过一次马六甲，我觉得那是我们最开心的旅行之一。我的下一个问题与中马双边关系有关。我们两国未来合作的重点是什么？

拉惹·拿督·努西尔万：马来西亚与中国在1974年就建立了双边关系，是第一个与中国建交的东盟成员国。从一些数据可以看出，2020年，我们的双边贸易额达到1 311.6亿美元，马来西亚成为中国第九大贸易伙伴。尽管发生了疫情，这一数字仍增长了约5.7%。未来我们期望能创造新高。

马中两国关系已延续数千年。很多马来西亚人对马来西亚历史的了解，都是通过1 000多年来到过马来西亚的中国人写的东西得来的。所以，我们更多是通过中国人的眼睛来了解我们的历史。因为中国人比我们更擅长做书面记录，而我们的传统更倾向于口口相传。

在人文交流、民心相通方面，马来西亚有约20%的人口是华裔。这些华裔大部分来自中国南部，这也是马中两国之间一个非常紧密的联系。马来西亚是唯一一个官方仍然使用汉语教学的国家，我们称之为方言学校，这在世界上是很独特的。这也创造了我们两国人民间的联系、政治关系和文化关系，为我们两国的双边关系奠定了坚实的基础。与任何关系都一样，中国和马来西亚这样亲密的关系也会存在一些问题。马来西亚有句谚语说：舌头都会被牙齿咬。这表明，不管关系有多亲密，有时依然会产生矛盾。但就马来西亚和中国的亲密关系而言，我们可以用一种低调且非常有效的处理方式来解决矛盾。

“遇山一起爬，遇沟一起跨”

孙超：据我所知，马来西亚是亚洲基础设施投资银行的创始成员之一。我想知道您如何看待中国的“一带一路”倡议？您如何看待新时代的全球化？

拉惹·拿督·努西尔万：“一带一路”倡议在全球，特别是对马来西亚来说，显然是一个非常重要的倡议。正如你所说，马来西亚是亚投行的创始成员，“一带一路”倡议一提出，马来西亚就是首批加入的国家之一。马来西亚因其地理位置，自然成为“一带一路”的枢纽国家之一。可能大家并不知道，在基础设施项目上，中国最大的单体投资实际上是在马来西亚，也就是东海岸铁路线，价值约110 亿美元。这是一个非常重要的项目，不仅对中国，对马来西亚来说也是如此。

事实上，“一带一路”倡议与马来西亚的愿景非常契合。早在20 世纪 80 年代末 90 年代初，我们的前总理马哈蒂尔就提出了两个建设提议，一个是亚欧铁路，另一个是连接新加坡和昆明（经过马来半岛）的铁路线。正如我提到的，“一带一路”倡议与我们的基础设施项目建设规划非常契合。我们的愿景是连通亚洲大陆，但不只是亚洲大陆，还有欧洲。显然中国在实现这一愿景方面发挥着关键作用。这是丝绸之路的陆路连接方面。

显然，马来西亚也是中国海上丝绸之路的重要伙伴。正如你所提到的，这种伙伴关系起始于几百年前，包括在航海时代的很多次航行。你到过马六甲，一定看到过纪念著名航海家郑和的雕像。有些航海家在马六甲停留过好几次，对此不同的史料有不同的记载。因此，我们欢迎“一带一路”倡议。我们很高兴中国正在扩展“一带一路”的范围，不仅聚焦在“一带一路”倡议的热门基础设施方面，还开启了绿色“一带一路”和健康“一带一路”。我们很高兴能够成为其中的一分子。

对于积极参与“一带一路”倡议的国家比如马来西亚和中国来说，面临的挑战是，确保“一带一路”倡议的监管，或我所说的软件的合作部分能够像基础设施等硬件一样迅速发展。因为如果你把这比作一个等式，互联性是等式的一端，等式的另一端是设立标准、规则和程序，两端结合才能促进商品的跨境流动。这是一个非常烦琐的过程，即使在东盟的背景下也是如此。

这些都是非常技术性的方面，但当你想在很多国家同时实施的时候，这些往往会产生问题。不过我确信我们在这方面正在取得良好的进展。现在有自动化、数字化和其他类似的手段来促进国家之间的货物流动，但必须有一个共同的平台供所有的边境使用，这些都是我们需要与参与这一倡议的国家进行深入讨论的问题。我们 15 个国家和地区已经签署了《区域全面经济伙伴关系协定》（RCEP），这一协定有利于货物流通。希望有了 RCEP 和其他类似倡议之后，我们将在全面实现“一带一路”倡议方面取得更大的进展。

孙超：作为我访谈的传统，您能分享您最喜欢的来自马来西亚的一句话或格言吗？

拉惹·拿督·努西尔万：我认为我自己喜欢的那句话很简单。我想引用一句马来西亚俗语，并且习近平主席在马来西亚主持的亚太经合组织会议上发表讲话时也曾经引用过这句话——遇山一起爬，遇沟一起跨。这句话显示了在疫情期间中国和马来西亚两国之间愈加牢固的双边关系，而疫情过后，我们的关系发展将更加充满希望。

新时代下的新型多边开发银行

——访亚洲基础设施投资银行行长金立群

亚投行作为首个由中国倡议设立的21世纪新型多边开发银行，践行专业、高效、绿色、廉洁的理念。其在运营了仅18个月后就获得了三家国际评级机构（标准普尔、穆迪和惠誉）的全部最高信用评级。

“中国倡导建立亚投行，目的是尽可能满足亚洲地区基础设施融资需求巨大的客观需要。亚投行属于所有成员，中国将通过承担更多的国际责任，来促进亚洲地区之间以及亚洲与世界其他地区间的合作和多赢之举。”亚投行首任行长金立群娓娓道来。

金行长连任亚投行行长，于2021年开启了他新的五年任期。当我走进金行长的办公室时，惊讶于它的简单朴素和“文山书海”；在整个交流过程中，我深深感受到金行长的责任感和使命感，比如他最想分享的来自中国的一句话是“生于忧患，死于安乐”。“世界充满了挑战，亚洲不能独善其身。与世界其他地区合作，这也是我们的使命。我们要在充满不确定性的世界中探索一条具有最大包容性和可持续的发展道路。”

这位新中国的同龄人，从小学开始就学英语。1968年他“上山下乡”做了10年知青，1978年考入北京外国语大学攻读硕士研究生学位。金行长曾是中国财政部副部长、中投公司监事长、中金公司董事长、国际财务报告准则基金会（IFRS Foundation）全球22位受托人之一、亚洲开发银行历史上首位中国籍副行长，也是历史上首个由发展中国家中国倡议设立的新型多边开发银行亚洲基础设施投资银行行长。金立群丰富的人生阅历和国际经验铸就了他的视野和格局。

没有祖国，无以有我

孙超：金行长，我想首先请您谈谈您的个人经历。您毕业于北京外国语大学英语专业，毕业后就进入了财政金融领域工作，包括中国财政部、世界银行、亚洲开发银行，直到现在的亚洲基础设施投资银行。文学和金融是两个截然不同的专业，那么对您而言，文学和金融之间有关联吗？您的学习经历和工作经历之间是否有某种联系呢？

金立群：这样说来，我的个人经历还是挺有趣的。我是在20世纪50年代，大概是我小学五年级时开始接触英语的。当时没多少人意识到英语是最重要的课程之一，且不是每一所小学都能开设英语课程的。我上的是一所非常好的小学，在10岁左右就开始学习英语，一直到1968年。在“文化大革命”期间，我作为知青“上山下乡”，在田间地头度过了10年。

我一直把学习作为一种兴趣爱好，包括英语的学习。这不仅仅是学习英语这种语言，还包括了解语言背后的历史、文化和说这种语言的人们。同时，我也花了很多时间去研究汉语，包括中国历史和中国文化。所以从广义上来讲，语言学习是一门通识教育、人文科学，我认为这是所有人都应接受的教育的基础。科学、技术、数学等学科都非常重要，但归根结底，我们必须知道作为一个人、作为一个有责任的人类社会的一员该如何去度过一生。

孙超：行长先生，您生活美满、事业有成、见识广博，我想知道在您的职业生涯中，最难忘的经历是什么呢？

金立群：我很幸运，赶上了 1978 年开始的研究生招生考试的恢复，我进入北京外国语大学开始了研究生学习，并师从徐克章、王祖良等教授，他们都是中国的英语大师。那时中国刚刚改革开放，整个国家开始进行各项改革，所以我们在研究生学习的起始阶段就有幸参与中国改革的进程。

当我研究生毕业时，中国也恢复了在国际货币基金组织和世界银行的合法席位，这也为我的职业生涯开辟了新的道路。

我毕业后被分配到世界银行工作，那时的中国开始改革开放不久，很少有人能预料到这个国家以后会变成什么样子，会发生什么重大变化。我深深感谢我的祖国和人民，深深感谢党和政府，给予我机会参与其中。当回顾 20 世纪 80 年代、90 年代，以及 21 世纪初那些激动人心的日子，就会发现我们亲身经历了中国经济的腾飞和发展。我很幸运，能够参与到中国的改革和发展中，并为祖国发展尽一份力量。

现在的中国拥有现代化的基础设施，是世界第二大经济体，在科学和技术等方面全球领先。中国也是为数不多的几个能够迅速生产疫苗以应对新冠病毒的国家之一。

现在，我作为亚投行行长，为所有成员方的共同利益而工作。亚投行不久前又有一个新的正式成员——智利，即第 87 个正式成员，现在共有 104 个成员，其中 87 个成员已经完成了整个过程的批准程序。

孙超：祝贺！祝贺亚投行迎来新的成员，也祝贺您在过去 40 年里的出色工作。

金立群：第一，我认为我们作为个体都有自身的局限性。我们要明白，我们需要一个平台来发挥自己的潜能和作用，这个平台是由我们的国家和人民提供给我们的。没有平台，我们不可能做到这些。

第二，当你有机会在平台上发挥作用时，你必须尽最大努力做好工作。例如，中国领导人发起创建亚投行，该银行旨在为其成员提供融资，通过投资和基础设施建设还有其他相关领域来促进发展。

亚投行的创办是一个伟大的愿景，这不仅仅是中国提出的愿景，还是所有成员认同的愿景。亚投行作为首个由中国倡建的21世纪新型多边开发银行，将作为现有的多边开发银行和国际机构的有益补充，而非替代品。

例如，亚投行通过在基础设施建设方面的工作来补充其他多边银行的作用，包括更好地分享中国经验。中国在20世纪80年代早期就开始投资基础设施建设，到90年代中期，中国经济就得以在现代基础设施的基础上快速发展。所以亚投行认为，基础设施的建设能为脱贫、经济腾飞和赶超发达国家提供可能性。

首先，我们努力让不同国家理解为什么有必要建立一个新的机构，以及从中国的角度出发与所有其他发展中国家分享经验。这个过程很有趣。

2014年，我们开始与亚洲地区国家包括海湾国家和中亚国家谈判北极协定，后来许多欧洲国家也参与到谈判当中，所以我们是一步步地提升了潜在成员对亚投行的信心。

亚投行有着多边开发银行的本质，在过去5年中，我们一直努力在机构治理、标准和规则等方面持续发力，以确保亚投行与现有多边机构保持一致。

亚投行也从成熟机构的经验中学习，这些机构有50年前创建的，70 年前创建的，因此它们是在不同的环境中建立起来的。亚投行注入了新的元素以适应 21 世纪的发展，其核心价值观是精益、透明和绿色，避免官僚主义，对腐败零容忍，提倡绿色经济。

抓大放小　放手去干

孙超： 非常感谢您的分享，让我们能更好地理解亚投行背后的意义。在过去的 5 年里，肯定遇到过一些困难，您曾面临的最大的挑战是什么？

金立群： 很难说最大的挑战是什么。但我们确实需要应对挑战并解决困难。首先，中国是亚投行最大的股东国，占 30% 的资本认购和 26.06% 的投票权。因为这是历史上第一次由发展中国家发起成立的银行，并由中国为最大股东国，所以我们要让所有成员和潜在的成员对亚投行的高标准有信心，这也是我们面临的第一个挑战。你没法通过语言让人们相信你，信任是要靠实干证明的。

因此，作为亚投行行长，我和我们的管理团队从第一天起就尽最大努力以高标准运营。令人惊讶的是，亚投行运营仅 18 个月后就获得了国际三大评级公司的三 A 信用评级。我们获得最高评级是因为严格执行高标准，评级公司密切关注着亚投行设立的系统、治理结构、政策以及程序规则等，也很注重我们是否遵守并执行了这些规则。同时，亚投行面向全球招聘专业人才。我向董事会推荐副行长等职位的候选人是完全出于候选人极高的专业能力、道德标准以及以国际发展为其奋斗目标。当把全貌摆在评级机构及国际社会面前时，他们就知道这将是一家伟大的银行。

第二个挑战是，许多发展中国家成员希望我们尽快为其提供融资。我们如何去满足他们的需求？我们的人力有限，迅速扩招会是良方吗？这并不可行。因为建立亚投行必须循序渐进，同时要确保每一个项目都是高质量完成的。因此，满足期望和保证高质量成为又一个艰巨的挑战。

第三个挑战是我们如何使发达国家和发展中国家走到一起，集中精力解决最重要的问题。

例如，处于发展中阶段的成员国渴望获得融资；发达成员国会特别关注和考虑所有的标准，包括环境保护、可持续性、性别平等等方面。不同的国家都有自己的出发点和理由，都强调从各自的角度出发最重要的部分。但作为管理层，我们要综合考虑这些因素。

作为一个新机构，亚投行现在的员工来自 55 个不同国家，每个员工都有不同的背景和经验。他们中的很多人有其他多边开发银行工作的经验，也有其他政府或私营部门工作的经验。亚投行如何帮助他们将以前的经验发挥到最好，同时符合亚投行新的标准，这也是一个挑战。

孙超：您曾提到在亚投行成立的早期阶段，建设一个伟大的企业文化是至关重要的。5 年过去了，亚投行的企业文化是什么？

金立群：我始终认为，企业文化是一个机构取得成功的关键。如果没有良好的企业文化，员工不可能致力于机构的发展，并全身心地投入自己的工作。作为管理层，我们要尽力照顾到员工的各个方面。因此，帮助员工在职业发展和生活之间取得适当的平衡是企业文化的核心。

我认为企业文化决定了一个机构能否健康运作。

首先，企业应该想办法激励员工，鼓励员工尽其所能努力工作，做出贡献。但要做到这一点，还应去了解和满足员工各种的需求和要求。例如，年轻的员工希望有发展机会，希望能够快速进步。而对有多年工作经验的资深人士来说，他们希望能最大限度地利用职业生涯积累的经验去帮助建立一个新的机构，因为能参与建立一个新机构是很难得的机会。因此，我们应该创造一个人人都能享有尊严和公平待遇的工作环境。高级管理人员确实有更多责任和权力，但这并不意味着他们比其他人“更高”，更不意味着可以欺负员工，以不尊重他人的方式待人。

我们在互相尊重的团队精神前提下，享受工作的乐趣。如果进行问卷调查，一定会存在可以改进的方面，改进的空间永远存在。但是如果一个机构里有 80% ~90% 的人喜欢在那里工作，不想离开，就可以证明该机构的企业文化相当好。

作为亚投行行长，我要花更多的时间在构建企业文化上，而不是在具体的技术问题上。

在 2020 年，我们建立了一个强有力的通道，为应对新冠肺炎疫情提供了 96 亿美元的融资。在疫情暴发后，中国是第一个获得亚投行帮助的国家。

另外，疫情暴发后亚投行管理层迅速采取了大量有效措施来应对。即使员工身处世界各地，我们也顺利完成了工作。

孙超： 您是一个真正的全球领袖，也是许多人包括青年一代的榜样。那么，青年人需要具备何种才能，才会更符合包括亚投行在内的国际组织的任职要求呢?

金立群： 亚投行招聘青年人才时会有几个考虑因素。

首先，他们得是精英，必须非常优秀，且有竞争力。当亚投行发布一个职位的招聘信息时，通常会有数百名申请者，有时甚至会超过上千名，竞争非常非常激烈。教育背景和学历是硬性规定，同时也要求有 3 ~5 年的工作经验。

因为亚投行是一个新成立的机构，所以不适合让初入社会的毕业生在职位中学习锻炼，陪着他们成长进步，我们需要的是相对成熟并有一定经验的人才。

其次，我们会根据不同专业领域的需要来挑选人才。通常需要金融、法律和运营等专业的人才，运营包括交通运输、供水和能源、城市发展、银行业运营等很多方面。

不同于大多数多边开发银行只招聘其成员国国籍的专业人士，亚投行更加开放。无论招聘者所在国家是否加入了亚投行，我们都欢迎其提交申请，成员国外的申请者同样可以参与职位的竞争。我们更加注重候选人的专业背景和业绩经验。

最后，亚投行有着极高的道德标准，对腐败零容忍。我不要违反规则的人，我也不会容忍机构里的任何骚扰行为。

总之，我们有非常专业和敬业的员工，我用“管家般的奉献者”这个词来形容他们。

扎根亚洲　放眼世界

孙超：说到差异，我知道亚投行一直倡导开放、共享的价值观。我认为有不同的声音、不同的想法是很正常的。我想知道，您是如何处理分歧，让人们达成一致意见的呢？

金立群：亚投行目前有来自大约55个不同国家的员工。他们在宗教、文化、个人背景以及从之前雇主那儿受到的影响等方面都不同。如何让这些人共同工作，并且出色完成工作目标是关键，这也是我们所追求的重要成就。

你有在联合国工作的经验，就会很清楚我们都在为全人类整体的利益努力，建设人类社会的福祉，这也是中国领导人的价值观。亚投行正在做这样的事情。我们每天都会面临一些挑战，都要处理很多困难。但是，如果我们的工作不仅是为了追求个人兴趣，那么我们就会激发出更大的热情去做这些让生命更有价值的工作。

我认为人们在一起聊聊天是很重要的，而不是只局限在自己的领域里。我鼓励大家在一起交流想法，分享各自的经验和观点。尽管大家会持有不同的观点，但这没关系。

我们都在为亚投行的最佳利益而努力，我们也都在为所有成员国人民谋福祉，我们还在积极应对气候变化等全球性问题。仅仅关注分歧毫无意义，我们还要关注共同追求的事业和目标。

孙超：亚投行已经成立 5 年了，我想知道下一步的投资重点和优先事项是什么？

金立群：我们完成了 2025—2030 年战略的制定。该战略已于 2021 年 10 月获得董事会批准，这将指导亚投行在未来 5 ~ 10 年的发展。

在我第二个任期内的未来 5 年，我们将实施该战略——简而言之，我们将推动关于缓解气候变化的融资，到 2025 年完成此批准项目的 50%。

到 2030 年，将 50% 的资金用于私营部门发展，调动私人资源用于整体发展。

中国有一个雄心勃勃的计划，力争 2030 年前实现“碳达峰”、2060 年前实现“碳中和”。我们也在努力帮助中国实现这一目标，因为中国是能够实现这一目标的榜样，这对其他发展中国家来说非常重要，会是一个巨大的鼓舞。

我们也希望改善成员国的卫生状况，因为如果一个国家的国民健康得不到保证，那就会缺乏生产力。亚投行是通过投资基础设施和其他生产部门来促进经济和社会进步的。医疗卫生体系也是生产性部门，新冠病毒让所有人都认识到，社会有一个发展良好、强健的医疗体系是多么重要。到目前为止，我们的工作集中在亚洲，但随着发展，我们也需要为非洲和拉丁美洲的基础设施项目提供资金。

我们经常说，亚洲不能独善其身，必须与世界其他地区合作，这也是我们的使命。因此，我们不应自满，在支持非亚洲区域的成员方面还有很多工作要做。

亚投行成立5年了，无论它有多成功，都不能保证未来会发生什么，我们要关注未来。生活是艰难的，挑战是艰巨的。但在中国，我们知道“生于忧患，死于安乐”。翻译成英语就是：adversity activates，pleasure kills。

孙超：行长先生，再次祝贺您获选连任。第二个任期也意味着期望和希望，您如何定义您未来5年的新角色？

金立群：我作为行长将继续以高标准管理银行。我会忘记我们共同取得的成就，只专注于在此基础上的改进。我会专注于最重要的部分，并继续与来自不同国家的高管专家们合作。

我始终牢记我是一个中国人，我想让大家明白，中国有能力建设和领导一个重要的机构。如果我做得好，我想人们也会对这个机构的发展充满信心。

孙超：亚投行由中国倡建，总部设立在北京。当那些从未到过中国的人谈论中国时，您认为让他们了解真正的中国最好的方法是什么？

金立群：事实上，成为亚投行的员工已经让很多外国人来到中国了，很多人是第一次在中国生活和工作。对他们来说，这是很新鲜的经历，他们也都喜欢在这里生活和工作。

北京城内有一个庞大的国际社区，人们总能在这里找到自己的同胞，结识新的朋友。据我所知，他们很多人都爱中国，喜欢在北京工作，当有些人因为一些原因不得不离开的时候，他们的心情都很沉重。中国人民非常友善，这里的人民让外国人感到非常温暖。一些亚投行的外籍女员工说，北京真的让她们感到既舒服又安全，因为在别的地方她们是绝对没有勇气在午夜出门的。

孙超：还有一个关于“一带一路”倡议的重要问题，我想知道您对这项倡议的看法。

金立群：“一带一路”倡议是一个平台，是所有努力推动合作发展的国家团结在一起的国际平台。它是一个邀请所有国家、机构和个人共同努力的平台。亚洲基础设施投资银行是一家多边开发银行，是一家国际机构，按其自身的治理体系和规则运作。

“一带一路”与亚投行在促进全球或区域间互联互通方面有着相同的愿景，都致力于推动能让人们享受到 1 +1 大于 2 的全球化的不断发展。

亚投行非常支持“一带一路”倡议，也希望确保成员方提出的所有“一带一路”项目都能高标准、高质量完成。我们有责任通过努力工作来提升“一带一路”倡议的可信度。

孙超：金行长，如果有一台时光机可以带您回到过去，您会给年轻的自己提什么建议？

金立群：这是一个很有趣的问题，我想用另外一种方式回答。我想对年轻人说，我认为对每个人来说，从小接受良好的道德教育是很重要的。在中国，我们经常说人们必须政治正确。政治正确意味着所有人都必须爱国，应该尽最大努力去宣传并展示自己的国家。但如果人们在多边发展机构或国际组织工作，那么为自己国家服务的最佳方式就是为机构服务。

举例来说，中国人在亚投行工作，做好支持发展中国家的工作，他们会被定义为出色的中国专业人士。因此，当他们的高绩效为自身赢得尊重时，中国也会受到尊重。同样，如果其他国家的员工在亚投行有着优秀的绩效，我们也会关注这位优秀的员工来自哪个国家。因此，在多边发展机构工作，应该时刻牢记在心——你代表的是自己的祖国。

在我们的成长过程中，一直接受着这种非常重要的爱国教育。我们当时有一句话叫：我们应该把祖国铭记在心，但也应该展望全世界。这也是从我的经历中体会到的。

另外，我认为学习应该是终生的事。我养成了不断学习的习惯。我喜欢阅读，喜欢思考。其实我在青少年时的梦想不是做我现在的工作，当时的我想成为一名教授，做一些研究。但如果你全面发展自己，就可以适应和抓住未来任何的工作机遇。在 20 世纪 50 年代，谁会知道英语学习对个人来说是这么重要呢？而当我还是个孩子的时候，我非常不理解为什么要学习数学。我们在现实生活中真的会需要它吗？当然不。但实际上数学非常重要，学习数学对大脑是非常重要的训练，我曾经学习经济学，需要微积分相关方面的知识。这些学科的知识学习都对我的工作有着很大的帮助。

要说有什么给年轻人的建议，那就是我会鼓励他们去多学习不同的学科，他们应该学习关于自己国家的历史、关于世界的历史。

有些人有一个错误的想法，认为一旦拿到学位，一旦毕业，学习就结束了。不，学习只是开始，将书本知识转化为现实工作生活的专业能力才是重要的。永远不要停下学习的脚步。

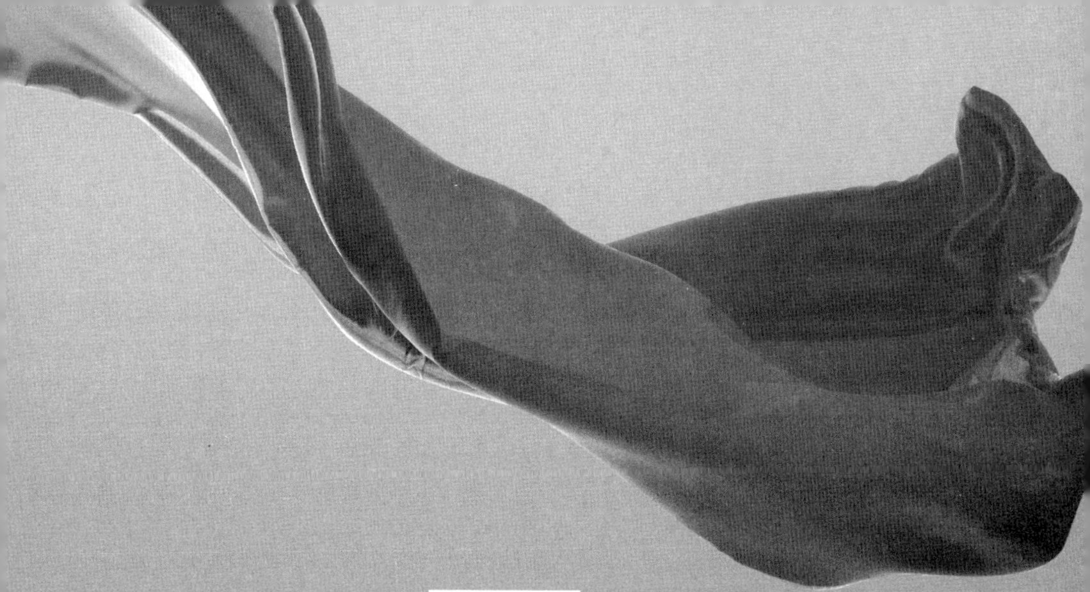

Part I

It is the modernization of a huge population

China and the United Nations Together for a Shared Future

—Interview with Siddharth Chatterjee, Resident Coordinator of the United Nations in China

2021 was the 50th anniversary of the restoration of China's lawful seat in the United Nations (UN). Mr. Siddharth Chatterjee started serving as the UN Resident Coordinator in China in 2021. He shared his insight of China's development and China's participation in UN in the exclusive interview with me. The UN in China has had the privilege to shape and witness the profound economic and social transformations that have occurred since reform and opening-up.

Since the restoration of China's lawful seat in the United Nations in 1971, China has made great contributions to the world's largest intergovernmental organization for global governance over the past 50 years.

Siddharth Chatterjee began to understand China's rich tapestry of over 5,000 years of civilization. And China's standard-setting leadership in past decades gives him confidence that China and the United Nations can achieve even greater things in the years to come.

My Chinese Name

Sun Chao: I would like to start with your Chinese name. I am very interested. Because your Chinese name 常启德 reminds us of masters of philosophy. I am wondering what's the story behind it.

Siddharth Chatterjee: Well, you know, when I was preparing to come to China, my assistant Grace and all the colleagues in my office sat down together to figure out what would be an appropriate Chinese name for me. And they also discussed with some friends in Peking University to get their views. Therefore, they came up with Chang, which is more associated with my last name Chatterjee of India. And they perceive me as bright, intellectual and cultural. Therefore, they put it all together, using Chinese 启 and 德. And I hope I live up to the expectation of my Chinese name.

China was Beyond My Expectations

Sun Chao: You already give me a very good and deep impression on your understanding of China from your name. What is your impression on China now, and what is the major difference between your real life in Beijing China and that in your previous expectation?

Siddharth Chatterjee: China was beyond my expectations. It is my first time in China ever. I grew up next to Chinatown. In my early years I was growing up at a fair amount of interaction with Chinese people in the city called Kolkata in India. And now while I live in China, I am impressed by the remarkable progress that the country has made. Given the fact that just 40, 41 or 42 years ago, its per capital GDP was mere US $ 180, and today is crossing US $ 12, 000. So the mythological rise making the sort of progress is striking. And I think it is an important lesson for the other parts of the world.

A Shining Example of the Embrace of Humanity in the World

Sun Chao: What is the most Chinese thing that you think Chinese people do?

Siddharth Chatterjee: I think China represents a deep culture with 5, 000 years of history. And I think the Chinese culture, the Chinese heritage and the Chinese philosophy provide so much to the world to learn from. And I think this is why when they look at China, they also look at the country which is also a shining example of the embrace of humanity in the world. So we see China as an important country with the history that brings with it.

Sun Chao: You have over 25 years strong working experience in many important fields, including international cooperation, security and peace and so on. And you have served in many United Nation's agencies. And now you are the Resident Coordinator of the United Nation in China. Would you please share with me some unforgettable stories during your professional life?

Siddharth Chatterjee: You know, the striking one, which has called unforgettable experience was when I was in South Sudan, where, incidentally China has some brilliant peacekeepers who are doing outstanding work in maintaining not just peace in South

Sudan, but also building bridges and roads and infrastructure for the local community, which is actually made quite a lot of differences. So let me start by commending China on what it does in South Sudan in changing lives and transforming life experiences. We started the first UN office in South Sudan in the year 2000. This is over 20 years ago. And for me, the most striking and most memorable experience was the demobilizing of 3,551 child soldiers from the Sudan People's Liberation Army . And then the current president Salva Kiir was general leading the rebel forces. It was a secessionist war with Sudan. And there was an ongoing war when I opened the office there.

But to me, the most important event was when Salva Kiir, the current president of South Sudan agreed to release child soldiers from the the military. He perhaps is the first African leader to have let go of child soldiers in that context, in that period of war. And for me, I mean personally it was like a fulfillment of a spiritual vacuum in my life to see children, who are as young as 7, 8, 9 who had been taken away from their parents and turned into soldiers and given a gun to fight, brought back to become boys again, which was perhaps the most memorable and unforgettable experience. And what is admirable was that, you know, President Salva Kiir stood up to that responsibility and made sure that he instructed his commanders to let go of the children.

China's Role in Multilateralism is Extremely Important

Sun Chao: When I worked at the UN, I had the front seat witnessing the differences and how hard people work together to solve the conflicts. It is natural to have different voices in international organizations, e. g. United Nations. So at the international organization like UN, how to bring different people together?

Siddharth Chatterjee: You know, that is why the United Nations is created. It is precisely to form consensus. United Nations is created after two major world wars. China was amongst or actually the first signatory to the Charter of the United Nations back in 1945. So the purpose of the United Nations is to bring global consensus, is to walk away from that period of conflicts and wars. You know it was that kind of show to say that the United Nations was not created to take humanity to heaven but to actually save humanity from hell. And I think the fact that since 1945 we did not have a major world war is significant of the fact that there is still a consensus going. We may have differences of opinion. There are different areas of geopolitics to challenge us, but ultimately it is the maturity and wisdom of nations. And countries like China, President Xi Jinping is a great and constant advocate of the principles of multilateralism about a united approach to dealing with the world's problems. President Xi set an agenda where we need to achieve carbon peak by 2030, and carbon neutrality by 2060. It is about the preservation of our humanity. So China's role in multilateralism is extremely important.

How to Share China's Best Practices

Sun Chao: You have deep knowledge on China's poverty alleviation. In the year of 2021 we won this victory. And actually this is, in the history, the first time for China to eliminate overall and extreme poverty. There is no other country in this world lifted hundreds of millions of people's life out of poverty in such a short period of time. How do you evaluate China's experience?

Siddharth Chatterjee: You know, poverty in all its forms, is perhaps the biggest trap to our humanity. It is the largest reason for so much of indignity. I've lived in Africa, and I've lived in the south of Asia. I have seen the real facts of poverty. Poverty is multifaceted. It is not just income poverty. It is the poverty in societies. It is the equality that tends to expand. And the overall fact that it has been the evolution of nation states is perhaps one of the biggest challenges that we face. And the reason that we have SDGs about ending poverty is because of making sure that we end something that has been persisting with us as a human species. And that is why members of States met in 2015 and came up with the goals, the SDGs, in particular the first 5 are about making sure that they attend to the unfinished business. So what China did in the last 42 years is quite remarkable.

In a matter of 42 years, not only did it lift nearly 800 million people out of poverty, but in the last seven years, lift nearly a hundred million people out of absolute poverty. Now when you lift people out of poverty, you give them dignity, you give them hope, you give them opportunity. It includes better access to education, to better health, to better skills. Now all these contribute towards nation. Then you have the technology, the science, the engineers, the doctors, the artists, all of them come together to make the wave, the social fabric. So the progress that China would have made would not have happened, had we not invested in China, not invested in human capital. And that is by the UN. We are proud that we've established our first presence in China in 1979.

And I've been in this journey with China. At the sense, I am really working with

China in this race to eradicate poverty. And again, you know it is about technology innovation and big data. You know we have to use opportunities that we could not just learn from China but use the current technology such as in the space of renewable energy, such as the space of green technology. Because that is how the world will be better. The new resources will not be the fossilized resources, but green technology that will bring together from nature and bring together to advance nature. There is a lot of confronting of existing stress. That is why I mention China's agenda of peaking carbon emissions by 2030 and carbon neutrality by 2060. As human being, we are confronted by an existence of strength. And poverty will bring further damage, because people are still relying on coal and other fossilized outputs in order to advance their lives.

So the best way to deal with it is to allow science and technology and innovation to govern it. But to do that, we have to learn many lessons of what China did, even in the rural revitalization program, which is very much part of the 14th Five-Year Plan, and very much about UN's plans to support China. We need to make sure that they also keep the gains that China has made. And people don't slip back into poverty because of an external shock and today we are seeing whether it is floods, heat waves or other natural disasters that started that we are confronting. How do we build societies to be much more resilient to these external shocks?

So three things I would like to share. First of all, I congratulate China for having managed to get so many people out of poverty. Secondly, we have to maintain it strategically of making sure that people not just fall back into poverty but to safeguard environment to be able to advance humanity development. And thirdly, how to share China's best practices with other parts of the developing world and particularly Africa, where I have spent a lot of my career, so that Africa can leapfrog and learn from China's experience in order to achieve the SDGs, particularly making sure that people have good access to quality education and gender equality.

Sun Chao: Welcome to Beijing, China in 2021. 2021 is a very special year amongst 100th Anniversary of the Founding of CPC, and also the starting year of the 14th Five-Year Plan. More importantly, 2021 was the 50th anniversary of the restoration of China's lawful seat at the United Nations. So as the resident coordinator in China, I'm wondering what would be your priorities and focuses during your stay in China?

Siddharth Chatterjee: Thank you for that question. I think it's very important because I, as the UN resident coordinator of 27th UN agencies, funds and programs which work in China, intend to keep the journey going. The last 42 years since we've been here offering to China. Things have changed. China has progressed. China has eradicated poverty. But there are many things, what I call is new issues that we confront. So to be the first priority is to make sure that we implement the UN Sustainable Development Cooperation Framework for China which started in January 2021.

It has three overarching strategic targets. First, it is peace and prosperity, which aligns with the 14th Five-Year Plan, which align with the vision that China has over the next 5 years to make China and keep China prosperous and keep moving it up that trajectory of progress, which is about people and prosperity. And the second is planet. And this is a response, precisely to China's call on dealing with climate emergency that we are confronted. So I'm completely committed to make sure that vision that President Xi has. The whole UN family is united in supporting China's efforts, not just in China of safeguarding the environment, but with China to safeguard the environment everywhere else. China and US are two major countries that are critical in making sure how we can safeguard our planet. They have the technology, resources, brainpower, capability, industry, and the agency to make that change.

So I hope we will see much more collaboration around this climate emergency. And we've already seen so many discussions taking place between China and the US on safeguarding our planet.

The third is a very important one, which is about partnerships. Today, we need much more partnerships. It's not just partnerships between governments and the UN but governments, state-owned enterprises, business, private sectors, civil society, all coming together for the sustainable development goals. It is a united effort to advance humanity. It is a united effort to achieve the sustainable development goals, which is just a few years away by 2030. We should be able to look back proudly as the UN and China to say not only did they achieve all the SDGs in China, but how did we work together to achieve the SDGs in the rest of the world.

Sun Chao: With the guidance of the UN, how can China share its experiences with the rest of the world? How can China play an important role in the global cooperation?

Siddharth Chatterjee: We are seeing major initiatives in Africa and other parts of the world that you see in the South-South Cooperation work . What kind of partnerships can be forged with countries in Africa, which can potentially break the basket for the rest of the world? So we will look at opportunities of this sort of South-South Cooperation, not just south-south, but to bring the global North into this conversation. And I think China is again very positioned to do precisely.

Sun Chao: The global governance faces challenges. And China's answer to this is to build community of shared future for all mankind, including the Belt and Road Initiative. So I just wonder how to better deal with those global challenges?

Siddharth Chatterjee: I think we have to constantly look at the renewal of multilateralism. This is what the UN tends to emphasize in the bottom of multilateralism. The pandemic has reminded us how important it is for global solidarity and countries working together. Because the virus, which is invisible, gets into people's bodies and can actually decimate lives and lives. Therefore, the importance of global consensus, multilateralism, solidarity are absolutely critical. Now more than ever, and I think this is the moment of inflection point where again, common challenges, like public health challenges, like the environment means for us to come closer together work closer together, so that they can not only get out of it, but look at having a mission where young people are infused with the hope for the future, and at the same time, we build a planet which is prosperous, we build a planet which are safe, we build a planet which our grandchildren and great-grandchildren can happily live there.

More Sense of Public Service

Sun Chao: Speaking of your people, you know, a lot of young people are very interested in working at international organizations, like UN. So are there any suggestions and advices you would like to give to young people?

Siddharth Chatterjee: Very importantly, I think today we need much more sense of public service. We need to make sure that people are imbued with a sense of enterprise and industry and wanting to live that humanity. I think China has already shown quite courageously, not just over the last about 40 years, but even in the sixties when China supported many, many African countries. So it is already a philanthropic humanistic pot. What we need to do is to capture that ability. It is not just about working in the UN, it is about the sense of public service, the sense of societies, whether at Red Cross movement, international non-government organizations, or the United Nations agencies like UNICEF and UNFF and UN Women, and you need to work in the organization, but the mission should be: It is not about working in some headquarter, it is to be wanting and desire to go into some of the most difficult places.

That is where I started my career, working in some of the most difficult places, Bosnia, Somalia and South Sudan and Darfur, and in Iran. Go to these difficult places, you can feel the impact of your work, that is where you understand the real tragedy people confront and how do we find ways of collaborating to end those tragedies. So my message to all the young people is, you know, if you have to build castles in the air, go ahead and do so. But make sure that you put foundation knowledge, skills, education. Above all bring in a principle of philanthropy, and most importantly, a passion.

Ask Why Not

Sun Chao: As the tradition of our program, what is your favorite sentence or motto you want to share with our audience?

Siddharth Chatterjee: It's a quote by George Bernard Shaw. And the quote is as follows: Some men and women can see things as they are and ask why, and some dream things that never were, and ask why not. So today we are at a point of time when is a "why not"moment of coming together and making a change.

Explored Beijing on My Bike

—Interview with Luis Quesada, Ambassador of Peru to China

Peru is one of the major destinations for Chinese investment in Latin America, mainly in the areas of minerals and oil. Peru is also the country with the largest number of Chinese in Latin America.

Luis Quesada, ambassador of Peru to China shared with me his personal experience when he first came to Beijing in 1983 and his views on the bilateral cooperation which enjoyed broad scopes.

Ambassador proudly told me that, "I'm a 龙. I was born in 1952. I just want to say that I live happily in China. I'll always remember my years here. I still think that there are so many things I haven't seen yet. My biggest fear is that when I go back, I will say to myself 'Oh, I didn't see this, and I didn't see that'. Because China is so immense, even in Beijing, I'm trying to go here and there on my bike, the same things as I did in 1983. I like to discover new things, like old and new streets and neighborhoods. As I always say, even though you can live 50 years in China, you will always get interested in it, because there are so many things."

My Secret of Learning Chinese

Sun Chao: Ambassador, I couldn't help looking at the pictures on the wall, the top two figures are Chinese?

Luis Quesada: They are the first envoy of Peru to China and the first envoy of China to Peru. Back in 1875, we were the first country in Latin America to establish relations with China. And these were pictures of our ambassadors on the wall .

Sun Chao: Mr. Ambassador, I know that you can speak Chinese.

Luis Quesada: I can speak some Chinese. I don't think Chinese is a language that you can master just by studying little by little, so people have to go to the university to learn it better. The secret in my case is that I was a student of Japanese, so the Chinese characters are not strange to me.

All the foreign languages are so kaleidoscopic, I assure you that I can speak Spanish without any grammatical mistakes. I have studied English, which is the language of diplomacy. Apart from that, I have studied French and Japanese.

Explore Beijing on My Bike

Sun Chao: Mr. Ambassador, you once mentioned that "life in China is not boring at all". What is the most interesting thing you find in China? How do you see China and Chinese people?

Luis Quesada: I like to observe society. I enjoy the time when I ride my bike and look at other people in the street. Of course, China is a country with beautiful landscapes and wonderful cultural heritage sites, and many other fantastic things. For instance, I find it so interesting and charming to go to the Chaoyang Park to see the families and friends walking around. You could realize the links that the Chinese people have between their families and friends, and I really like that.

Sun Chao: You first arrived in China in 1983 and almost 40 years have passed, what do you think the changes China have experienced?

Luis Quesada: I think my whole period in China will be unforgettable. In fact, I have been here several times, so I have been able to see the progress of the country throughout the years, either as a tourist, or as a Peruvian diplomat. Every time when I was coming, especially to Beijing and Shanghai, which are the Chinese cities I have visited more throughout my life, I could see the advance and the progress, the well-being of the people.

I first came to China in 1983, over 40 years ago. I came here because I was stationed in Tokyo as a second secretary in our embassy there. China was a country that was always lingered over my imagination from different resources like the culture, the history, and the society at that time. So, I wanted to come here. I was staying at the Diplomatic Residence Compound with another diplomat and his household. My friend and I went around Beijing on bicycles instead of tour buses. And seeing the city with my bicycle, it was the first time that I had a connection with the Chinese people, even just asking them for directions.

I knew they could not speak English but we could also communicate with eyes, hands, and other things. Once upon a time, I had only one flat tire. So I found a workshop. There were many workshops at that time because everybody in the street was on a bicycle. It was an exceedingly interesting interaction with the hands and eyes, for example, asked for repairing like"how much do I owe you". Therefore, there was a good connection with Chinese people.

One of my impressive stories is that I was once lost and at last, I got help. At that time, I stopped a young man, one of the few people in the street, to show me the way to the compound where I was living and he set aside a moment to help me. This young man couldn't speak English and he stopped every pedestrian in the street to find out who could speak English with me. Maybe after 15 persons, there was a university professor who helped me.

But one of the most important things, when you're in a foreign country, is the interaction with local people. After that, I just went to many cities, of which the historical sites and all the other things were beautiful and marvelous. Meanwhile, China has undergone a great change over 40 years. You could witness that things were moving on little by little. Then when I came the next time, it was different. In fact, every time when I come here, I could witness a visible transformation.

Sun Chao: It sounds so interesting that you explored Beijing on your bike.

Luis Quesada: Beijing is a very safe city. Moreover, I was encouraged by my colleagues here. In fact, there was another colleague who also traveled from Japan, my friend, coming from Venezuela. So, we came here together.

There were few foreigners at that time, so I caught the attention of local people everywhere. Once, I stopped my bike at a school when all the children who had been in their games came running and crowded around me. Children just talked about the bike with joyfulness. The teachers after them called out and take them to the classroom again.

Then I also remember the time when I opened a door in a factory full of many workers, maybe 100 workers all in uniforms, having their lunch. I don't know what it was, but the door was semi-open. "What is there? Why is it open?" I was so curious. Therefore, I stopped the bike, then I just went to open the door. I felt that I was interrupting them because it was lunchtime. So I remember I may have said something like"I'm sorry". Then it seemed funny that all the heads moved with a greeting "hi" in Chinese. It was a historical moment that we said"hi"to each other. That's one of the most important and precious things about the country.

Sun Chao: You as the ambassador have spent your third Spring Festival in Beijing. How did you celebrate the traditional Chinese holiday?
Luis Quesada: We, many other Peruvians and I, enjoy Spring Festival and dumpling (Jiaozi in Pinyin) very much. We also enjoy all sorts of Chinese food. The reason is that, historically, China had a very strong influence in Peru because of the immigration of Chinese, especially mostly from Guangdong and Fujian province 170 years ago. Therefore, we are more accustomed to this kind of specialty than the northern.

You could enjoy the food from Sichuan, Wuhan, and anywhere if you live in Beijing, a very cosmopolitan city. It's nice to try the food in every province. The hospitality of Chinese people is great. Whenever I travel, it's always the local authorities and friends who invite me to a very special meal with other fantastic things.

Sun Chao: Peru is the country with the largest number of Chinese descent in the region. How is the life of Chinese people in Peru?
Luis Quesada: Peruvians of Chinese ancestors make up between eight to ten percent of Peru's population. I'm surely confident that they feel very proud of their Chinese heritage. The fact is that their families have struggled since their arrival to Peru and now they are prosperous. They combine the Chinese values with Peruvian values. They have shown a way for the people, a great example, to be optimistic and to have had such a big promise in our society. Therefore, my country and I like to express congratulations.

Messages to the Young Generation

Sun Chao: Would you please share more unforgettable experiences during your diplomat life? Would you please also send some messages to the young generation who want to be diplomats?
Luis Quesada: Especially, if there are people in the young generation who want to be diplomats, I have to tell you that to be a diplomat is very hard because you have to be away from your own town, family and even your country. And if you really want to do that, you have to immerse yourself in different societies. Even though it can be rewarding many times, not everything is so easy.

If I look back on my professional life, I do not repent one minute of what I've chosen as a profession. I'm glad that I chose to be a diplomat because I have had many unforgettable experiences, and more importantly, I have served my country. You have to find all the possibilities with a foreign country, so that we can communicate with them better in all areas, like in politics, economy and trade, investment, culture, health and so on. It's challenging, but also rewarding.

I was a student of law, and perhaps, if I went along that direction, I were to be a lawyer of a company. But now, delightedly, I have the chance to live in changing countries and communicate with changing people. It's still very crucial for a diplomat to be in a country that has a very strong character, like China. Nobody would forget about their experiences in China. For one thing, the Chinese culture is strong and China has a history of secrets and magnificence, for another, the Chinese people have lots of interesting characteristics. When you read about China's history, you would find it greatly attractive, and I enjoy my life in China very much.

The Leadership of the Communist Party of China

Sun Chao: Mr. Ambassador, how do you see the development of China and the role of the leadership of the Communist Party of China?

Luis Quesada: The Communist Party of China(CPC) has been quite essential for contemporary China if you see the history from the start. The CPC delivered stability to a country, it is universally acknowledged that it was not an easy road with many formidable challenges along the way.

My first duty as a diplomat is to respect the political structure and the political life of China. China is now a prosperous country and is very willing to give help to the others. So there are big merits in their leadership of CPC to have achieved all of these objectives, of which the poverty alleviation was the main one. The poverty alleviation has achieved a dramatic change in this country and many of the remarkable things that have been known worldwide, which could serve as an inspiration to other societies, according to the differences of every society.

China has set exceedingly significant examples in general. This is because so many objectives have been achieved in such a short period of time. In the last 40 years, China has achieved a number of objectives while other countries did that in 100 or even 200 years. So the fact is that China has always been a power, and it's an economic and technological power now. All of these things define what means to be a leader in the world. So there is no doubt that we all want China to continue exercising responsible leadership, especially during these difficult times when we need cooperation and when we see that globalization has confronted with so many obstacles. Therefore, all of us look forward to seeing not only how China is doing now, but how China is going to promote itself in the future.

Second Destination for Chinese Investment in Latin America

Sun Chao: 2022 marks the 51st anniversary of bilateral relations between our two countries, what are your expectations for our future?

Luis Quesada: Peru was the second country in South America to establish diplomatic links with the People's Republic of China. And the relations between our countries have developed all the time to reach the next level. Of course, we bear in mind that we have some difficulties because the pandemic is not over yet. I think the highlight of our 50th anniversary celebration in 2021 was a greatly significant exhibition of the arts for Peru's civilization in the Capital museum. The exhibition went to Taiyuan, then went to Tianjin, Chongqing, Changsha, Guangzhou and finally Beijing.

In the framework of the exhibition, we had seminars for different publics. We also had celebrations in Peru. Over the past 50 years, it has been a long way but very fruitful, because now China is our first trade partner. So, there's a trade volume between China and Peru for almost 24 billion dollars. Now Peru has become the second destination for Chinese investment in Latin America.

Many of the investment is in mining, and China is our second largest investor in mining. But now, China has invested in energy as well, like oil. But the most important thing is that we have a very strong economic relationship based on a free trade agreement that was signed in 2009 and went into effect in 2010, which plays a crucial role in the increment of our trade. We were exporting sufficient products to China before, but now our consumer products find very good acceptance in Chinese public, like avocados, blueberries, asparagus and grapes, which is growing and growing. Meanwhile, we need to update because trade is an evolving process and always entails to update the cooperation. Now we have e-commerce and other areas that require us to legislate together. So, our teams, from the ministry of commerce to the ministry of trade, are negotiating to find common ways so that we have our FDA updated together.

E-commerce, intellectual property, and market access would be the major sectors because all the conditions of these areas invariably change with time. Now many of the products are produced worldwide. If you have one product, you produce one piece in this country, and one piece in another. So we have to be more accurate on that and more technically interesting in the fact that the spirit of the agreement is there, there are just some segments that we have to adjust.

Sun Chao: Mr. Ambassador, you mentioned that China is one of Peru's largest trading partners. Peru is rich in mining resources, with silver, copper, lead and gold reserves among the world's largest. Exports of minerals are now the major part of Peru's trade activities with China. How to better develop economic and trade between our two countries in the future? How to better engage in China's Belt and Road Initiative?

Luis Quesada: We are very happy to be alongside China in the Belt and Road Initiative. We're very much interested in the areas of the Initiative, especially the infrastructure, serving as our priority. In this area, we do have a gap. So we would like to attract more Chinese companies and projects. And we signed the memorandum of understanding in 2019. Until now, we have two pivotal projects with China: one is the investment in energy, and the other one is that we are constructing a huge mega port with COSCO SHIPPING. It will be a hub for the South Pacific in our side of the world. Moreover, there are also many initiatives that have come out of the BRI today, like the digital roads, the artificial intelligence, the technologies for communications and so on.

China is also interested in building up the railways in Peru. There are already companies engaging in building roads and they have been very successful.

We had 170 Chinese companies in Peru. The Chinese businessmen don't feel alone because they find that there is a Chinese business community in Peru, and also with the given fact that 8% of Peruvians have a Chinese background. So, there are a lot of companies, not only Peruvian companies and Chinese companies but also the companies of Peruvian's and Chinese background in Peru. In fact, they are in a country that has had and is having a very tough time with the pandemic. But Peru is still a country with a sound economy, macro-economically and financially, from the point of view of the International Monetary Fund, and it's very well advanced in Peru.

Potatoes for Poverty Alleviation

Sun Chao: Historically, Peru's economy has been dependent on exports and income has been unevenly distributed. That's why Peru's Ministry of Agriculture is focusing on poverty alleviation through potatoes, and has appointed representatives to promote potatoes during APEC meetings, and hope to take advantage of the"potato country"to grow potatoes in areas with a large labor force and high altitudes, thus achieving the goal of solving the problem of employment for mountain farmers, solving food insecurity and ensuring food security. Would you please shed more lights on understanding the situation in Peru to fight poverty?

Luis Quesada: Interestingly, the process of poverty alleviation between our countries has some basic points, even though they have differences. We did it by promoting our economy, reuniting some segments of our financial sector, and opening up the door for more activities from the private sector. All these factors made sense.

Our reforms started at the beginning of the 1990s, so we have around 30 years of reform. Some international institutions like the International Monetary Fund predicted that Peru will be the country that will recover better in Latin America. Peru does have a sound economic infrastructure. We just started 30 years ago, so we have a very strong economy with a strong financial sector and central bank as well as a very vibrant private sector. Without being modest, I have to say that Peru's workforce is very good and we are hardworking people. So it's a good combination of everything.

The situation that takes advantage of potatoes to help fight against poverty had happened everywhere in the world, but the potato was stable that has thousands of years in Peru. Potato has contributed a lot to the world, but it's emblematic for us.

We have been greatly active in international mutation with the proportion of the potato. At the recent, the problems of food safety and security are very pivotal. We have established the International Potato Center in Peru, which aims to scientific mutation of the potato. And it has worked very closely with Chinese scientists, for instance, there is also a small section of the institute in Beijing recently. They have also developed new sorts of potatoes like CADA, the product of a project in Yunnan province. I'm so happy that our institute could contribute to the alleviation of poverty in China. Besides, it was displayed in the heritage culture exhibition in 2019, showing the Chinese public the importance of the potato in the links between China and Peru.

Unique Peru

Sun Chao: Peru is known worldwide as the birthplace of the ancient Inca civilization, with a mix of Indian and Spanish cuisine, Peruvian music from Indian, Spanish and African traditions, and more than a dozen World Heritage sites such as the ancient city of Machu Picchu and the city of Cusco. Peru has become a new tourist destination for Chinese citizens. What are your valuable suggestions to further develop tourism in China and Peru in the context of globalization?

Luis Quesada: Our country is unique, Peru is endowed with a blending of different cultures. Because the indigenous Peruvians have been there in what is now land for thousands of years. Then we have experienced so many changes. The arrival of the Europeans, like the Spanish, had lasted for 300 years. At the same time, the Africans also came to the country. Then we had the Asian immigration, like Chinese and Japanese, and then people from other European countries. So officially, it's a mixture of cultures that makes our society very interesting and attractive.

On the other hand, Peru is not a big country but it is endowed with a breathtaking desert coast and majestic mountains like the Andes, with the incomparable beauty of valleys and canyons, and marvelous cities that reflect this fusion of cultures. Peru also possesses the jungle, which is a wonderful example of biodiversity, with all kinds of animals and plants. Besides, gastronomy is superb because of the fusion of cultures.

Moreover, Peruvians are really hospitable and friendly while not all societies are like us. And the Chinese friends will find it really rewarding to have such a wide people-to-people connection and they would be warmly received in Peru. Of course, we need to do more. For example, our hotels are also trying to accommodate the needs of the Chinese. Basically, in the last year, we have done a lot. I am not shy about inviting Chinese people to connect with us because we are very active in all social media networks when we promote our country.

We are also a country of a very ancient civilization like China, a 5, 000 years more or less history. Until 2019, we had about 40, 000 Chinese visitors, most of who went to visit our historical sites and ancient cities. So there is a general interest in China for ancient culture. And an important element that unites us is gastronomy. Chinese friends like it as well as we do. Moreover, most of the Chinese that visit Peru also enjoy the beautiful nature. So, for the potential Chinese visitors, Peru is not only a land of colorful culture and magnificent history, but also a land of beautiful landscapes and biodiversity. We have most of the climates in the world and we are not a big country, if you can travel from one side to the other side, you would admire the change of environment, like the flora and fauna. In one word, it's worth traveling to Peru.

Don't Lie, Don't be Lazy, and Don't Steal

Sun Chao: As a tradition of my interview, would you like to share one motto or your favorite sentence from Peru?

Luis Quesada: When we are children at the school, and the teachers, as it happens here in China, teach us to feel proud of the history of our country. And they always tell us a motto from the time of the Incas: Don't lie, don't be lazy, and don't steal. Although it sounds too considerable and moral, it is a very important value in our life because it resonates and comes through the old time.

Global Development Initiative Reemphasized China's Commitment to Accelerating SDGs

—Interview with Justine Coulson, Resident Representative of the United Nations Population Fund in China

UNFPA, the United Nations Population Fund, one of China's earliest international partners in the field of population development, has been in China since 1979. During my exclusive interview with Justine Coulson, the resident representative of UNFPA in China, I was told that as the situation has changed in China since China has developed, they've also changed the way that they work. For example, in 1980, the maternal mortality ratio was 100 deaths per 100, 000 live births in China, which meant that for every 100, 000 babies born, about 100 women died. Today, the latest figure for 2020 has reduced to just over 16 deaths per 100, 000 live births. That brings China very close to those countries that have the lowest maternal mortality ratios in the world, and the Chinese government has just committed to reduce that number even further by investing even more in strengthening maternal health services. With China's high level of capacity today, they now look at how they can share China's experience and expertise with other countries that are still struggling with high rates of maternal deaths.

It's Always About Inter-connectedness Between Human Beings

Sun Chao: Is it your first time to work in China, how do you see Chinese people? How do you feel like to work in China?

Justine Coulson: Thank you for the opportunity to talk today about my experiences and about the work of UNFPA in China. I arrived with my family in China just over a year ago and I've spent most of my time in Beijing. It is the first time I've lived in China, even though I have lived and worked in many places in the world. So I was excited to be offered a job here. For me, the experience in Beijing has been a positive one. We've made many friends, and there are many different things to do. We love hiking on the Great Wall. We love going out to eat so much wonderful Chinese food. For my son who's 12 years old, Beijing is a safe city and he has had the chance to have a lot more independence, being able to go off on his bike on his own to visit his friends.

Sun Chao: I am very interested in you and your personal experience since you have such a wonderful career and successful life. Would you please share with me some unforgettable stories in your professional life?

Justine Coulson: I feel very lucky to have had the career I've had. I've been working internationally for over 25 years and have worked in Latin America, in Africa, and in Asia. It's very difficult to pick any one experience, but I think the memories that will always stay with me are those that show that no matter what culture you're in, it's always about the inter-connectedness between human beings. There are so many things that bring us together as people, even when cultures are different. It's the joy when a baby is born, it's the joy of sitting down with the family to enjoy a meal, and wherever I travel, and I've often traveled on my own, I've always been struck by how open and welcoming people are. In many ways, that's how we met, wasn't it? Because you invited me for a beautiful lunch with your family, and it was a special moment of sharing something between our families in China. Those are the memories that stay with me. And I find that whether I've been in the poorest community or a very wealthy environment, the hospitality that people have extended to me and their willingness to share and open up their lives to me is something that I will always value.

Love to See Chinese People Exercising and Square Dancing

Sun Chao: Would you like to give me one example, something that really leave you a deep impression in China?

Justine Coulson: I can tell you about one experience that I really enjoyed. I had the opportunity to travel to Yunnan for a week's holiday, and we went to a little village called Yubeng where you can hike up to a glacier. There were many Chinese families hiking, and I decided that rather than going with the group of expatriates that I was with, I would hike on my own. It took five hours to hike up and down and I met so many Chinese families along the way. I got offered flower cakes, I met a couple who had a dog that could understand English and Chinese! I met an old lady and we walked together for a little while and whilst we couldn't speak Chinese together, we just enjoyed that companionship of being able to walk together. I also chatted with some of the children along the way as they wanted to practice their English because they were learning English at school. So, it was a lovely experience to meet so many different people who were interested in chatting with me and finding out why I was there and sharing different experiences of being in China and some of them had traveled to my own country, the UK, as well. So those are the type of memories that stay with me.

Coming to Beijing, I had no idea what to expect and I have been struck by what a green city it is. So, we enjoy the green spaces in Beijing. I like to go out running in the morning in Chaoyang park as there are always so many different things happening in the park. I love to see Chinese people exercising and doing the square dancing. Also, as a family we really like to hike and one of the great things about being in Beijing is being able to get out to the mountains easily.

Sun Chao: As a female leader, if there's a time machine to go back, what suggestions would you like to give your younger self?

Justine Coulson: I wish I'd known when I was 18 that everything was going to turn out OK. Because when you set out and you're 18 and you're trying to work out "What career do I want? What future am I going to have?" You can't see that it's going to be OK. Now I work with a lot of young people and they have those similar anxieties about their careers and my advice is always the same. Whatever job you have, be the very best you can be in that job, and be constantly thinking about "How can I make a change? How can I introduce new thinking, and new strategies within the job I have?" and then I believe that the opportunities will come.

Share China's Experience and Expertise with Other Countries

Sun Chao: The UNFPA is one of China's earliest international partners in the field of population development. Would you please share with us the objective and major achievements made by UNFPA in China?

Justine Coulson: UNFPA, the United Nations Population Fund, has been in China since 1979, and we started delivering our first programs on the ground in 1980, so it's been a long partnership with the government of China and the other national partners. In many ways, I don't think of it as UNFPA's achievements, but think of it more as the achievements of China in women's and young people's health and well-being which UNFPA has supported. As the situation has changed in China and the country has developed, we've also changed the way that we work. To give you an example, when we opened our office in 1980, the maternal mortality ratio in China was 100 deaths per 100,000 live births, which meant that for every 100,000 babies born, 100 women died, which is high. Today, the latest figure for 2020 has reduced to just over 16 deaths per 100,000 live births. That brings China very close to those countries that have the lowest maternal mortality ratios in the world, and the government has just committed to reduce that number even further by investing even more in strengthening maternal health services. In the very early days of our work here, we provided general capacity building and shared experiences from other countries but that relationship has changed over time. With China's high level of capacity today, we now look at how we can share China's experience and expertise with other countries that are still struggling with high rates of maternal deaths.

Sun Chao: The cooperation between China and UNFPA has been fruitful over the years, with the scope of cooperation expanding and the mode of cooperation changing. In what areas will the two sides strengthen cooperation in the future?

Justine Coulson: I think that everything that we do as UNFPA with our Chinese partners in the future will be within a framework of addressing low fertility and aging. As you know, the three-child policy was announced back in 2021, and we are working with our partners in the government to look at what policies and practices could be put in place to help China address the challenges that come when you see low fertility and also a rapidly aging population in a country.

Maximize Choices for Females

Sun Chao: The UNFPA works to create a brighter future for women and adolescent girls all over the world despite many new challenges. As a female leader, I think you have deep feelings on women's development.

Justine Coulson: I care passionately about gender equality and I care passionately about maximizing choices for females and giving them every opportunity to be the best that they can be. What we see globally, under the Millennium Development Goals, and now the Sustainable Development Goals, is that there have been improvements, particularly in terms of reproductive health but also in the health of newborns and in levels of enrollment in primary education. But when a girl gets to the age of 10 in many countries, there's a whole range of additional risks that she faces: sexual violence, unintended pregnancy, possibly being forced out of school, possibly not being given the same opportunities as her brother because she's a girl. We see girls being married off when they are still children, before the age of 18, without their consent. We see harmful practices like female genital mutilation. So there are many challenges for adolescent girls during that period in their lives and if we don't help them at that point, if we don't protect them, if we don't ensure that they can complete their education, that is a disadvantage they carry right throughout their adulthood. They start their family early, they're likely to have their second baby early, they are not able to finish their education and this can have an impact on their ability to earn money or have a career as they move through life. For UNFPA, it starts with the 10-year-old girl and supporting her during her adolescence is so critical, and then we support women throughout the life course. With rapidly aging populations, we have also started to think more about the needs of older women over 50. What are the challenges of women in that age group and what role does UNFPA need to play to support women over 50, to ensure that they continue to enjoy gender equality and good health and well-being?

Sun Chao: Speaking of women's development, is there any experience from China you think can be better shared with the rest of the world?
Justine Coulson: One thing that struck me here in China is how many times I've found myself in a meeting with a group of professionals where the majority of them are women. Recently, I had an experience where we met with our partners at the National Bureau of Statistics and all the statisticians, demographers and scientists at the table were women. So I do think there are sectors in China where women have been able to excel in their careers and reach senior positions and we know that now the majority of students who are registered in universities in China are women. As I mentioned previously, there are investments the government has made in sexual and reproductive health that have benefited many women and the new Outline for Women's Development in China lays out a clear framework for continuing to invest in women, so they can realize their potential but also benefit Chinese society as a whole.

Sun Chao: In 2021 China had the lowest number of births and its demographic structure is changing. Should China worry about its low fertility rate and aging population?
Justine Coulson: Currently the Chinese population stands at 1.42 billion people,

which continues to be the largest population in the world. But it's true that when we look to the future, because women are having fewer and fewer babies, then the population is not going to grow in the way it has historically. We did some analysis with our national partners that suggest that potentially, the population size has reached its peak or is close to reaching its peak. It's important to think now about what's going to happen in the future and there are two possible scenarios—either that you may see the population size remain the same for some time before it eventually slowly declines or that you potentially see a much faster decline. So, with the new policies around fertility support under the concept of the three-child policy, there is a commitment to having better support for maternity leave, for paternity leave, and improving the quality and affordability of childcare, for example. But based on what we see in other countries, it is likely that these policies will achieve a slight increase in fertility which is then likely to flatten out and then, we're looking at a potential reduction in population, maybe by 2050. But that isn't necessarily a bad thing. Population decline is not automatically bad, just as rapid population growth is not automatically bad. It is about looking at those projections and then governments planning for those demographic shifts. So the fertility support policies are an example of this. The other thing that we can think about is when you look at the increasing numbers of people over 60 in China, these are people who are retiring and they are wealthier, better educated, healthier than any previous generation. So we can ask a question about what role can they play in contributing to the Chinese economy and society. Because as we see longevity increasing, it will become normal for people to live to 90 or 100—are people really going to retire at 60 and then sit for 40 years and do nothing? That's very unlikely. So how do we create better flexibility in the workplace for older people to work part-time or to start a new business or to contribute in some other way? And when we consider the shrinking workforce, how can technology come into play with more processes in the workplace being automated? When governments invest in the quality of human capital, the labor force is higher educated, more technologically skilled and some of those work practices that may require less education, less skill can be moved into an automated process. So there are lots of opportunities moving forward, and I do think that the Chinese experience over the next 20 to 30 years will be one that other countries look to. For example, we might think of African countries as having rapidly rising youthful populations, but that isn't the case for all countries. There are African countries now that in the next 15 years will start seeing a rapidly aging population and a reduction in fertility. So, I do think that the Chinese experience will be one that other countries will watch closely.

Sun Chao: I'm wondering if you have reports on in-depth analysis on China's population, development, and how to better deal with the new challenges and new tasks?
Justine Coulson: One piece of research we've done recently is with our partner, China Population and Development Research Center, which looks at the current population and develops projections through to 2050, in terms of how the population could possibly change over time. A lot of work we've been doing recently focuses on low fertility and aging because there's a lot of discussion on this topic within the Asian region generally, not just within China. Singapore is a country that struggles with low fertility, Japan is too. So, there's been a lot of discussion around the different policies and interventions and investments that countries are making and then evaluating those to see what has worked. One thing we do know based on global research is that it's never just one particular policy. You always have to have a range of interventions if you want to have some sort of impact on addressing declining fertility. But it's very challenging. So, if you take a country like Singapore—Singapore makes many fertility support-related investments between the point when a woman falls pregnant to the point when a child is 13. But Singapore's total fertility rate remains at around 1. 1 and their policies have only managed to maintain this rate rather than achieve a major increase in fertility in terms of the number of children a woman has. So, it is very challenging but we always stress as UNFPA that in the end it's always about reproductive choice. You have to make choices available to women and their partners in terms of whether and when they have children and how many children they choose to have. Availability of contraception is very important. The availability of funded maternity leave or subsidized childcare can be very important for people who want to have children but maybe feel that they can't afford to do so. So finding ways to maximize choices for women and their partners is one of the most important things.

Sun Chao: Speaking of partnership, UNFPA has a lot of partners in China. I'm just wondering if there are some examples of a good partnership with China's counterparts.
Justine Coulson: We have many good partners in China. One thing that struck me when I first arrived and we met all of our partners was how many of our partners truly appreciated the work that we've done together over the 40 years. For example, with a partner like the China Population and Development Research Center, UNFPA was the

UN agency that helped to fund its establishment many years ago. Now it's become a full-fledged independent center not just benefiting China, but also doing research with other countries around the world. We also have a very strong partnership with CFPA: the China Family Planning Association, and we continue to work very closely together. As now China is what we call an upper middle-income country, our work at the UN is less on the ground trying to deliver things because the capacity exists in China to do that. We do much more work working with partners at the national level in terms of policy design, program design and so on. So with CFPA as an example, we work very closely together and then they're the ones that are helping to deliver services on the ground. At the moment we have a strong partnership in Qinghai province and Shanxi province where we're working to strengthen the availability of contraceptive services and to strengthen midwifery services to ensure that local women have a better experience of childbirth and delivery.

Global Development Initiative Reemphasized China's Commitment to Accelerating SDGs

Sun Chao: How can we better work together to share experiences, and to better achieve Sustainable Development Goals under the UN mechanism?

Justine Coulson: As you know, with President Xi Jinping's announcement of the Global Development Initiative, I think that reemphasized China's commitment to accelerating SDGs, not only domestically helpful but also playing a role in helping less developed countries to accelerate progress on the SDGs—and when we look across the 17 goals, many countries are not on a track to achieve them in full by 2030. This means our work as UNFPA has also changed. Back in 1980 when we started working here, we focused on helping the government and other partners to make changes on the ground to support Chinese communities. Now we have a specific focus in our Country Program—which is the strategy we agree with the government every 4 to 5 years—that we will work with Chinese partners in the area of South-South Cooperation, leveraging the capacity and experience that exist here to support those less developed countries where we have UNFPA country offices and where we know that further support is needed. For example, in Sierra Leone, we've had a program where Chinese funding has helped us to strengthen training and the delivery of cervical cancer services for women and that partnership has developed further and there's now a partnership between the Ministry of Health in Sierra Leone and a provincial hospital here in China and the provincial hospital is providing training for hospital officials in Sierra Leone. This is just one way in which UNFPA brokers south-south partnerships, so other countries can benefit from Chinese expertise.

Sun Chao: What role do young people play in the United Nations Sustainable Development Goals? How can we better develop the potential of the youth?

Justine Coulson: Although women and girls are at the heart of the work we do in UNFPA, it's actually about all young people. We recognize that boys experience particular challenges as well and we also need to reach boys with adequate information around sexual and reproductive health. We do a lot of work on comprehensive sexuality education for young people. We also do a lot of work on youth empowerment and leadership, ensuring that young people understand the Sustainable Development Goals and how they can play an active and positive role in their community and beyond. Young people are the future. When the right investments are made, young people can transform societies with new ideas and innovation, and we have to support them to be able to do that.

Turn Your Head towards the Sun and Keep Your Feet Moving Forward

Sun Chao: Since the 21st century, the in-depth development of economic globalization has brought development opportunities to some developing countries that are good at making use of their comparative advantages, and emerging markets countries represented by China have realized the collective rise. The international balance of power has undergone profound changes, but the effectiveness of global governance has been hindered. What are your points of view on the transformation of the global governance system under the current circumstances?

Justine Coulson: COVID-19 particularly has had a huge impact on all societies and all people in so many different ways that we never could have predicted before. Our priority as UNFPA is making sure that we don't fall back on the progress we made under the MDGs and the SDGs so far. This is absolutely critical. Then, looking at governance issues and also, going back to your question about young people, building the next generation of leaders is key. So, we should work with young people to open up their minds to the world, ensuring they want to work in partnership, and that they want to contribute to society. The All-China Youth Federation recently held the first World

Youth Development Forum and what was interesting about this was how many young people across the world wanted to engage in and be part of the conversation between countries, sharing experiences, and working out what role they can play as young people to make their societies better, and how to change the world. There's the potential if we make the right investments in young people, and if we create those platforms and spaces for them to take on leadership roles. That can be something positive for the future of the world.

Sun Chao: As the tradition of our program, we would like to invite you to share your favorite sentence or motto with our audience.

Justine Coulson: Can I have two? The one sentence that I always say to my son is "Open yourself up to the world and all the opportunities it offers to you". Really just open yourself up to all the different things you can do and places you can go. The other sort of motto that always stays with me is from Nelson Mandela's book"*Long Walk to Freedom*". He talks about being an optimist and what it means to be an optimist and he says that it means that you always"Turn your head towards the sun and keep your feet moving forward". For me that's something that I carry as a motto in both my professional life and in my personal life where things may seem difficult and you may feel that you're not making progress. I always like to look towards the sun, keep moving forward and look for those positive opportunities and moments.

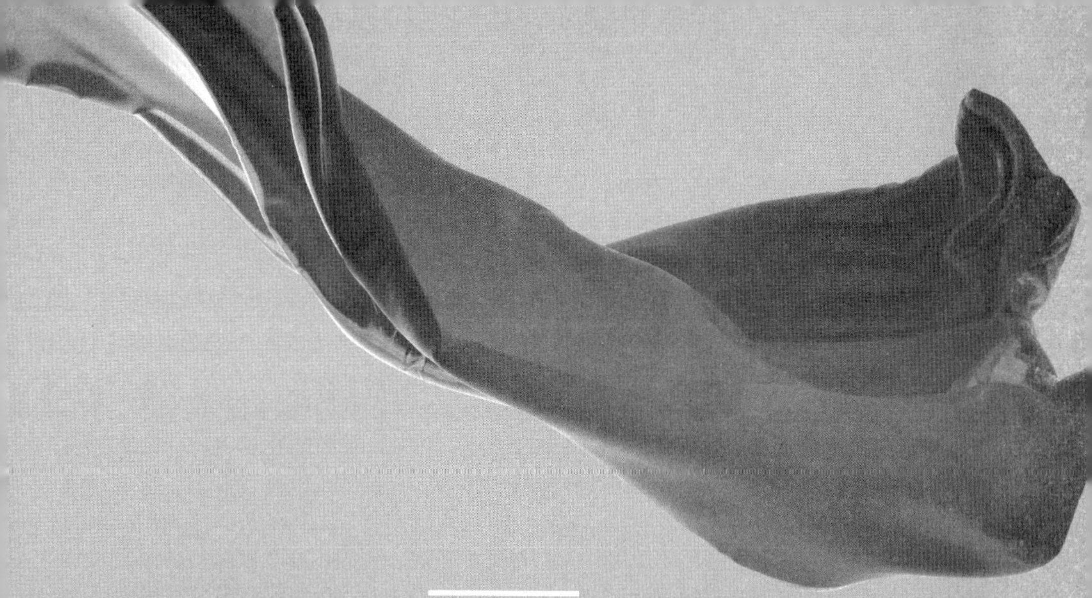

Part II

It is the modernization of common prosperity for all

Air Silk Road linking China and Luxembourg

—Interview with Marc Pierre Hübsch,
Ambassador of Luxembourg to China

At the end of 2021, Mr. Marc Pierre Hübsch, Luxembourg's Ambassador to China, visited the Xi Jinping Thought on Diplomacy research center, becoming the first foreign ambassador to visit the center. Mr. Ambassador said that if there are only three words to describe the deep relationship between Luxembourg and China over the past half century, they would be Excellence, Friendship and Respect. Grand Duke Henri of Luxembourg was the first head of state to arrive in China for the Beijing 2022 Winter Olympics. And recently, the two leaders exchanged congratulations on the 50th anniversary of the establishment of diplomatic ties between Luxembourg and China.

Luxembourg is a highly developed country, the most important private banking center in the Euro zone and the second largest investment trust center in the world, just after the United States. Per capita income of Luxembourg ranks among the highest in the world. Life expectancy is also as high as 80 years, making it one of the safest and highest living standards countries in the world. Although Luxembourg is small in its territory, it is a giant country of finance.

Sun Chao: Mr. Ambassador, is it the first time you came to China? How do you feel about your life in Beijing?

Marc Pierre Hübsch: First of all, I would like to thank you for the invitation to this very special Belt and Road Ambassador Interview Program. It is indeed a great pleasure to be here and also, of course, a great honor to be invited. Now if you ask me about my first impression when I came to China, I assume you mean that when I arrived as the ambassador of Luxembourg to China. Then my answer is: "overwhelming!". Upon arriving, I sensed the incredible hospitality of the Chinese people, first of all, of the colleagues of the MFA protocol, then throughout my everyday life in Beijing. I could always meet incredible, warm people, who are like my family, treating me as a very special guest. I have to say that they made my stay here, in China and especially in Beijing, a most pleasant one.

Sun Chao: You have been in China for a few years, and you must have been to many places in China. Where is your favorite city? What is your favorite Chinese food?
Marc Pierre Hübsch: As a matter of fact, I was just now reflecting before giving an answer, because I'm still discovering almost on a daily basis different Chinese cuisines. Whenever I visit a province or city, I'm always looking forward to discovering local specialties. I remember my trip to Wuhan. I have to say when it comes to my favorite breakfast dish, then it's definitely the dry noodles from Wuhan, but the spicy ones.

Sun Chao: We are very interested in your experience as well. As a very successful diplomat who had an exciting life, are there any unforgettable stories during your diplomat experience?
Marc Pierre Hübsch: Again, I would say that the most unforgettable moment in my diplomatic life so far, or at least in my life as an ambassador happened, unsurprisingly, during my stay here in China.

Before we arrived in Beijing, my family, my wife and our little daughter, had a number of questions about China, about Beijing. What would it mean to take up the post as the ambassador to China, how the daily life would be, what kind of challenges would wait for us and so on. But at the very moment we arrived here, our daughter ran out of the car to see the garden, our neighbors and as such, she had a smile on her face and asked, so this is now our new home? We said, yes, exactly. The point is, for our little daughter, it was like, right from the beginning, a big adventure. Both my wife and I, we learned a lot from that experience, even if it was an experience of a two-year-old girl. She showed us how to adopt an approach to deal with the expectations and just to enjoy our life here.

Of course, there were many challenges, the most pressing one is the pandemic in 2020, when my job as an ambassador changed quite dramatically. Within a few of days, I had to become a procurement manager and we had to make sure that all our people got the necessary protective equipment, ventilators, and whatever our people needed at that time.

It was a very intense moment of my career because our people in Luxembourg had high expectations for me. We knew that as every day, every week passed by, the fast arrival of this equipment meant that we could save more lives in Luxembourg.

That was, in a way, the most intense, also the most rewarding moment in my diplomatic life because I realized during these times that you could make a difference. And the result of these efforts was tangible. It is not only tangible for myself, but also for my fellow citizens and all the people who waited for us to do something in order to help them. That was perhaps the most unforgettable moment in my diplomatic life.

How to"stay what we are"

Sun Chao: Luxembourg is a highly developed country and a beautiful destination, like a fairy tale to many tourists. When the rest of the world is talking about your country, what would you want them to know and to remember?

Marc Pierre Hübsch: You said that many people see Luxembourg as a fairy tale country which is a very positive image. On the other hand, Luxembourg is indeed a very small country. And it is the only Grand Duchy in the world. So if you want to visit a Grand Duchy, you could only go to Luxembourg. On the other hand, it's not only a very green country but also a country with a lot of old fortresses and castles. That's why many tourists, including the tourists from China, compare it to a fairy tale country.

You can also enjoy the wines we produce, especially the sparkling wines. I also recommend the sausages and beer from Luxembourg.

I would add that our country has a distinct advantage, you can see the whole country within one day or two, then you have the rest of your holidays left to visit other neighboring countries or wherever you want to go. I would like to invite you, if conditions permit again, to pay a visit to Luxembourg, to see the countryside, the green heart of Europe as we sometimes call it.

Sun Chao: As the tradition of our program, would you please share with our audience your favorite sentence or motto from your country representing the spirit of country?

Marc Pierre Hübsch: Well, my sentence in Luxembourgish goes as follows("Mir wölle bleiwe wat mir sin") , which translates in English: "We want to stay what we are. "It is the national motto of Luxembourg and it refers to the ambition of the Luxembourgish people to retain their independent identity and sovereignty. The phrase's origin can be traced back to"De Feierwon", a patriotic song written in 1859 by our famous poet Michel Lentz, to pay homage to the country's first international(cross-border) railway.

Therefore, you may first think that this is a motto cherishing a very conservative lifestyle. However, on the contrary, it means that if you want to stay who you are and keep your cultural identity, it does not exclude at all that you open up yourself to the outside world. It's only by opening up, by trying to reinvent yourself constantly, by responding also to the external environment and to external challenges that you manage, as the sentence goes, to keep who you are and what you are. I think that reflects very well, and I would say, the essence of my country of Luxembourg.

We are very open to the world because we need to be open. Otherwise, our country cannot survive. However, at the same time, we all, as I said, want to preserve our culture, our traditions and share this cultural heritage with the foreigners we are welcoming in Luxembourg.

The Largest Trading Partner in Asia

Sun Chao: My next question is related to our bilateral relations. What will be the focus and priority for our future cooperation?

Marc Pierre Hübsch: Firstly, I want to underline that China is Luxembourg's most important and also the largest trading partner in Asia. Secondly, if you take a closer look at the main pillars of our bilateral economic cooperation, then it would first come to logistics because we have a very important airfreight connection between China and Luxembourg, which is called the Silk Road in the air. That's the name proposed by President Xi Jinping and the Prime Minister of Luxembourg during the Prime Minister's visit to Beijing back in 2017. Every week, there are more than 50 flights operated between Luxembourg and China.

We are working on improving this air connection because it is so important. Firstly, it matters to bring everything made in China, mainly electronic products and others with high value, to Europe or to other parts of the world.

This is a very important pillar of our bilateral cooperation. I would even go further and call it cornerstone. That was all the more so during last year's pandemic since we needed to air transport all this equipment I just mentioned, from China to Luxembourg and also from Luxembourg to other parts of Europe. And we never stopped operating these flights from China to Europe!

This air connection is functioning so smoothly because of the fact that we have a Chinese investor who owns a 35% stake in our national cargo airline, called Cargolux. If you have such a strategic investor, it makes it easier to develop these relations. Finance is an even more important pillar in our bilateral cooperation. From the volume of trade and the logistics sector, you could see that its potential is still enormous. As the ambassador to China, I will also focus on further fostering the financial relationship between my country, Luxembourg, and China, as well as with Chinese investors.

We also emphasize people-to-people exchanges. Luxembourg has a very open economy; it is a very open country in the sense that almost half of our population are foreigners, given 636,000 people in total. We welcome people from all over the world to work and, eventually, settle down in Luxembourg. We welcome more Chinese people to Luxembourg. And this is the direction where we will move in the next couple of years.

Sun Chao: Luxembourg has one of the most developed finance industries. How will you share your experience with the global counterparts?

Marc Pierre Hübsch: First of all, we do have a long history when it comes to cooperation in financial service. Because the first overseas subsidiary of the Bank of China was established in Luxembourg, and that was back in 1979. It was at the very moment when China decided to open up as a country and as an economy. In the following years, many more Chinese banks followed the example of the Bank of China. By now, we have seven of the largest Chinese bank established their subsidiaries in Luxembourg. Most of them have their European headquarters in Luxembourg. Some Luxembourg banks even have Chinese shareholders and these banks work, I would say, as a bridge connecting China and Europe or more precisely, China and Luxembourg. Because obviously, these banks, at least in the beginning, served mainly Chinese clients who wanted to invest in Europe and on the other hand, they assisted European companies and European investors who were willing to develop their businesses in China.

As the links between both countries and investors developed, financial services in terms of financial assets developed, too. By now, Luxembourg has become the second most important investment fund center in the world, meaning that 80% of European investment funds that invest in the Chinese mainland are domiciled in Luxembourg. If you look at it on a global scale, then up to 40% of global investment funds investing in the Chinese mainland are again domiciled in Luxembourg. So it shows the huge importance of Luxembourg, acting as a bridge for financial services, for China. It goes without saying that China is also a very important investor for the Luxembourg financial sector.

Further Engaging in the Belt and Road Initiative

Sun Chao: Mr. Ambassador, how do you see the Belt and Road Initiative? BRI is all about connectivity and sharing success, sharing new opportunities in infrastructure, finance, trade, policy and people to people. As a European country, how can Luxembourg better engage in the Belt and Road Initiative?

Marc Pierre Hübsch: Luxembourg is one of the first funding members of the AIIB. Luxembourg also signed a bilateral MOU of the Belt and Road Initiative.

Before we signed this MOU, we had long-lasting internal discussions, studying for quite some time, like what are the pros and cons and what would be the development perspectives of the Belt and Road Initiative. Finally, I signed it myself in the name of my government. Before the signature, we had already realized one of the pillars for the Initiative. We had established the airfreight connection even before we formally signed up for the Belt and Road Initiative.

Now, when it comes to the implementation of the Initiative, especially in terms of technical aspects, standards and regulations for infrastructure projects, the overall picture becomes more complex and complicated.

Such large infrastructure projects usually have a life cycle of, let us say, 10, 20, 30 and even more years. Moreover, in the course of that life cycle, even if both sides try their best to avoid disputes, it is possible that at some point of time, commercial differences or even disputes arise with regard to these projects. When it comes to commercial arbitration, then Luxembourg could play a very specific role in cooperation with China. Luxembourg is the judiciary capital of the European Union, and the European Court of Justice has its seat here. Other institutions dealing with cross border legal disputes are present in Luxembourg and they all have acquired substantive knowledge regarding cross border investments. We see and understand the Belt and Road Initiative as a multilateral initiative. We should further engage in the common development of this multilateral perspective, in all its aspects, including the one I just mentioned.

The First Head of State to Attend the Beijing Winter Olympic Games

Sun Chao: Grand Duke Henri of Luxembourg is the first foreign head of state to arrive in Beijing to attend the opening ceremony of the Beijing Olympic Winter Games and related activities. Would you please shed more light on understanding the deep meaning and the fruitful achievements of this historic visit?

Marc Pierre Hübsch: Luxembourg has always attached great importance to having in-depth exchanges with China. Actually, it is our Grand Duke's seventh visit to China. Beijing is the first city in the world that holds both Summer and Winter Olympic Games. He also attended the Beijing Olympics in 2008. I am very pleased to see frequent exchanges between our two countries.

2022 marks the 50th anniversary of the establishment of diplomatic relations between Luxembourg and China. If I use only three words to describe the links between China and Luxembourg, they would be Excellence, Friendship and Respect . These are exactly the same values that guide the Olympic Winter Games in Beijing.

The goal of the Olympic Movement is to contribute to building a peaceful and better world by educating youth through sport practiced without discrimination of any kind and in the Olympic spirit, which requires mutual understanding with a spirit of friendship, solidarity and fair play.

Our Grand Duke, as the first head of state to arrive in Beijing, showed great expectations and support to the winter games. The Grand Duke himself loves sport so much. We would like to thank China for the enormous effort to host the wonderful games. In addition, all the volunteers should receive a special medal for their incredibly warm hospitality and their enthusiasm, making the Winter Games a unique experience.

Sun Chao: 2022 marks the 50th anniversary of the establishment of diplomatic ties between China and Luxembourg, how to advance the continuous and stable development of bilateral relations? How to further deepen cooperation?

Marc Pierre Hübsch: In terms of bilateral cooperation, China and Luxembourg do have a solid foundation. Traditionally, there are air transportation and logistics, as well as finance, which I mentioned earlier. Today, we still need to consolidate and innovate in these areas. Earlier in 2021, Luxembourg's Minister of Foreign Affairs Jean Asselborn and Minister Wang Yi discussed the cooperation in logistics and green and sustainable finance. In addition, in many aspects, Luxembourg and China share the same position, which has laid a solid foundation for bilateral cooperation, for example, to jointly handle the COVID-19 epidemic. The whole world needs to cooperate to overcome this epidemic. I am also very grateful to China for its contribution to responding to the epidemic and promoting economic recovery.

In the very moment of rapid changes in this world, we do need to adopt a way to cooperate. We are now facing common challenges and global threats, notably climate change. The more severe the situation, the stronger we should cooperate.

Sun Chao: What is the most valuable experience in China's epidemic prevention that is worth sharing with the world? How to deal with the global challenges in the future?

Marc Pierre Hübsch: One of the most valuable experiences is in my view the use of AI models for predicting the development and spread of the epidemic. It might not be the most visible part of China's overall strategy and contributions to fighting the virus but it is nevertheless a fully integrated element of that strategy and key to the rapid control of local outbreaks. It is certainly a feature that would deserve more attention, also with a view of sharing its experiences with the world. Building common models of prediction and making sure they are operational before the next pandemic breaks out, seem to be one of the more important lessons we should learn from the current challenge that affects us all.

Covid-19 has obviously exposed the need for cross border collaboration and it should have become clear by now that we cannot develop global solutions without global partnerships. We should keep in mind that it is only by combining our efforts that we are able to tackle threats that require coordinated action among the international community. Our response to the pandemic should bring us together instead of driving us apart.

China-Pakistan Economic Corridor has Entered High-Quality Development Phase Two

—Interview with Moin ul Haque,
Ambassador of Pakistan to China

Prime Minister of the Islamic Republic of Pakistan, Muhammad Shahbaz Sharif, paid an official visit to China from 1st November 2022. He became one of the first foreign leaders to visit China after the 20th CPC National Congress.

He expressed how honored and touched he felt and emphasized that China is a very friendly and brotherly country to Pakistan, which reflects the depth of friendship between the two countries and the strength of the mutual understanding and ties.

He said that Pakistan is very grateful to China, the Chinese government and people, and many Chinese enterprises who have generously extended a hand to Pakistan and lost no time in donating a large number of relief materials, such as tents, to Pakistan, since the unprecedented flood disaster in Pakistan.

He praised that it was a miracle never seen before that China had developed from a poor country to a prosperous and wealthy one. Pakistan hopes to learn from China's development experience.

He stressed that China's Belt and Road Initiative had made a great contribution to the international community, especially to Pakistan. Thanks to the China-Pakistan Economic Corridor (CPEC), Pakistan has been able to develop its infrastructure rapidly.

The 70th anniversary of the establishment of diplomatic relations celebrated in 2021 marked an important milestone in the diplomatic history of China and Pakistan. There are more than 140 celebratory activities organized by the two countries, and the celebrations have reinvigorated the friendship between the peoples of Pakistan and China with indelible impressions to inspire future generations.

Mr. Moin ul Haque, Ambassador of the Islamic Republic of Pakistan to the People's Republic of China received an interview with me. In the interview,

Mr. Ambassador shared his views on many important topics, including China's Belt and Road Initiative.

Ambassador said, CPEC is an important and a high-quality demonstration project under Belt and Road Initiative. In accordance with the statistics, China has become Pakistan's largest trading partner for 6 consecutive years and has maintained the role of Pakistan's largest source of investment for 7 consecutive years. Meanwhile, CPEC has created 75,000 jobs in Pakistan.

Since the outbreak of the COVID-19, Pakistan has been the first country that China has provided vaccine assistance to. And the two countries have maintained a close partnership in the fight against the epidemic.

He said that the bilateral cooperation enjoyed broad scopes and bright prospects. He was confident that"The two countries are friends forever".

The Culmination of My Career

Sun Chao: Mr. Ambassador, is this the first time you work and live in Beijing, China? How do you see China and Chinese people?

Moin ul Haque: Yes, this is my first assignment in China. It was indeed a great honor for me to be appointed as the Ambassador of Pakistan to China, a country that is our great friend and with whom we have an"All-Weather Strategic Cooperative Partnership". Our two countries sincerely call each other"Iron brothers". It is also a special privilege to be here at the culmination of my career and contribute to further strengthening the cordial and multi-faceted relationship between our two countries.

In fact, being a career diplomat from Pakistan, China was not a terrain unknown to me. Relationship with China is a cornerstone of Pakistan's foreign policy and I had been actively engaging with my Chinese counterparts during my various diplomatic assignments abroad and during my assignments at the Ministry of Foreign Affairs in Islamabad as well.

Before coming here as the Ambassador of Pakistan, I visited China twice as Chief of Protocol, accompanying the President and Prime Minister of Pakistan. I visited the cities of Beijing and Shanghai, and Hainan for the Boao Forum.

During my tenure as the Ambassador of Pakistan, I have had the chance to travel extensively inside China. I have been to over 20 cities, including Wuhan, Qingdao, Chengdu, Fuzhou, Urumqi, Kashgar, Changsha, Zhengzhou, Nanning and Kunming among others. I have also been to Macao for a conference. I hope to travel further and to explore as many provinces and regions as I can to experience and enjoy their history, landscape and cultural diversity.

Sun Chao: Mr. Ambassador, where is your hometown? What is the life difference between Beijing and your hometown?

Moin ul Haque: I have many hometowns. I was born in the city of Rawalpindi, a twin city of Islamabad. I grew up and received my education in Quetta, the capital of Balochistan province. Whenever I am in Pakistan in between my foreign postings, I have to be in Islamabad as the Ministry of Foreign Affairs is based there. So now, I also consider Islamabad as my hometown.

Talking specifically about the comparison of Beijing and Islamabad, both are very beautiful cities in their own ways. Beijing is gigantic and very developed. It is a mixture of the old and the new, with its rich cultural heritage on one hand, and its modern infrastructure and skyscrapers on the other.

Islamabad in comparison is small, with a population of around 2 million. It is carefully planned, and was specifically built to be the capital city of Pakistan. It is very green and picturesque, and the beauty of Islamabad lies in its serenity. Islamabad is favored by many people in Pakistan, including foreigners and diplomats, as well as our Chinese friends.

Remember Pakistan for What it Really is

Sun Chao: When the rest of the world is talking about your country, what would you want them to remember or to know?

Moin ul Haque: I want the world to remember Pakistan for what it really is-a beautiful country with diverse cultural heritage, exquisite natural resources, a booming youth population and breathtaking natural landscapes. It is a country of very friendly and warm people, who are known for their hospitality. I would particularly highlight the sincere affection and genuine love that the people of my country have for the people of China.

Pakistan has the potential to be an amazing tourist destination, with all sorts of tourism-adventure tourism, coastal tourism and cultural tourism. We possess spectacular valleys, picturesque beaches especially in Balochistan, beautiful lakes, and majestic mountains including some of the highest mountains in the world.

The history of the country is spanned over many millennia. Various archaeological sites are also regarded as UNESCO world heritage sites now.

To Chinese people, we want them to know that Pakistan is a country that has stood by China at all times. We generally say that the friendship between our two countries has withstood the vicissitudes of time, and changes in regional and international developments. We share weal and woe. In Chinese, we would say that our two countries 同甘共苦.

We hope that we can promote more exchanges between our two people, and motivate more people to go to each other as tourists, travelers, and researchers. At the Embassy in Beijing, we have initiated various tourism projects and are also developing a tourism website in Chinese language. It would be our expectation that our effort will promote these people-to-people contacts and enhance a better comprehension of Pakistan's culture in China.

Over 30-year Professional Experience

Sun Chao: Mr. Ambassador, our audience is very interested in you and your professional life. Would you please share with us some unforgettable stories in your career?

Moin ul Haque: I belong to the Pakistan Foreign Service with a career spanning more than thirty years. I have served in various parts of the world, including Europe, South Asia, and North America. I have been in various circumstances and enjoyed very interesting and different experiences. During these diverse assignments, I had the experience to be at the center of some of the most far-reaching geopolitical and geostrategic developments having a profound impact on the whole world.

I was in New York in 2001 when the 911 happened, a traumatic experience, which had a tremendous impact on world politics. I was Pakistan's first Consul-General in Vancouver, Canada, where I had the privilege of establishing Pakistan's Consulate General from scratch. It was indeed an honor and a rewarding experience to raise the flag of Pakistan in a new place.

Another unforgettable experience was when President Xi Jinping visited Pakistan for the first time in April 2015. At that time I was Chief of Protocol, and therefore responsible for the arrangement of the visit. It was a historic visit as Pakistan-China relations were elevated to an "All-Weather Strategic Cooperative Partnership". It was a great honor and an extremely momentous time for me to be there and to witness the beginning of a new chapter in our two countries' special relationship.

Now since I'm here in China, it is already turning out to be a very special experience. Unquestionably my assignment in China would be the most extraordinary and unforgettable part of my career. I am particularly impressed by the warmth that Chinese people have for Pakistan. You would be aware of the word 巴铁, my reserved for Pakistan.

Phase Two of China-Pakistan Economic Corridor

Sun Chao: Mr. Ambassador, as we know that China-Pakistan Economic Corridor is a high-quality demonstration project under Belt and Road Initiative. How do you see China's Belt and Road Initiative? How to better engage in BRI?

Moin ul Haque: China-Pakistan Economic Corridor, is a flagship project of the Belt and Road Initiative, which connects various countries, regions and communities, helping them upgrade their physical infrastructure, developing agriculture and industrial sector, thus contributing to their overall economic and social development. In other words, BRI is an example of win-win cooperation among different countries and regions of the world.

CPEC is a transformational project for our country. It has facilitated the upgrade of our physical infrastructure, addressed our acute energy needs, and contributed to the development of Gwadar Port. It is very much in sync with Pakistan's renewed focus on geo-economics and economic security.

CPEC has now entered its second phase, focusing on industry, agriculture, technology, and tourism, thus contributing to overall socio-economic development in the country. It is also helping in the development of remote areas, the creation of jobs, and improving the livelihoods of people.

Digital economy

Sun Chao: Innovative technology sectors, such as AI, big data, now are growing very fast in China and in many other Asian countries. How are the innovative sectors developing in Pakistan?

Moin ul Haque: The world has entered into a digital era where new and emerging technologies like AI, robotics, 5G, big data, and quantum computing are having a huge impact on our lives. The useful applications of these technologies in sectors like trade, industry, agriculture, health and education cannot be denied.

Consequently, this area has the necessary attention of the government of Pakistan. An initiative called"Digital Pakistan"has been launched. The government has announced a new policy package to promote innovation and research in IT areas. A number of incubation centers in the country have been established to assist new start-up companies.

A Special Technology Zones Authority has been set up with the mandate to promote and encourage entrepreneurship and innovation, and ensure facilitation to technology players through a collaborative approach between government, industry and academia.

It is a fast-growing area of cooperation between China and Pakistan. Many Chinese technology companies are already working in Pakistan. For example, Huawei has a huge presence in Pakistan, contributing to not only the development of 4G and 5G networks but it has also built up a large training institute in Pakistan for the training of our software engineers.

Realizing the potential of our bilateral cooperation in IT sectors, we have established a joint working group on IT under CPEC. We agreed to launch China-Pakistan Digital Corridor to enhance cooperation in this regard further.

Pakistan Women Play an Important Role in Nation-Building Process

Sun Chao: When I was working and studying overseas, I met some very talented female professionals from Pakistan. But on the other hand, there are some different and negative reports on female issues in Pakistan. I am wondering what the female development is now in Pakistan.

Moin ul Haque: Women play a very important role in Pakistan. In our homes, they enjoy a special place as mothers, sisters, daughters and wives. They excel in education and many professions.

You yourself have observed through your interactions that Pakistan women are enterprising, energetic and educated. Pakistani women are playing a crucial role in nation-building and are in leadership and executive positions in many sectors of the society, including politics, government and business.

Pakistan was the first Islamic country to have a female prime minister, Benazir Bhutto. And we have many excellent female leaders in our politics who serve as parliamentarians and ministers.

More and more women are now joining armed forces, flying fighter jets and working on naval ships. A large number are in police and administrative services. In Foreign Service now, almost half of our incoming diplomats are women.

Our Founding Father Mr. Jinnah used to say that without the energetic engagement of women, our nation cannot prosper and flourish. So from the very beginning, he motivated the women of the country to come forward and actively involve in the nation-building process. His sister Fatima Jinnah was an exceedingly significant lady in politics and his close confidante. Even after his death, she had remained very active in the public sphere, and served as a role model for the women of our country.

Enhance Exchanges between People-to-People

Sun Chao: Nowadays Chinese people are more and more interested in Pakistan's culture. For example, 2021 the first movie from Pakistan entered the Chinese market after 40 years. And at the celebration of the 70th anniversary of diplomat relations, there are over 140 events hosted by two countries.

Moin ul Haque: In 2021 we celebrated 70 years of our diplomatic relations-an important milestone in our friendship journey of seven decades. We together organized more than 140 events, an extraordinary and unprecedented feat. Most of these events were in the field of culture, including art exhibitions, fashion shows, food festivals, literary gatherings and film festivals.

We also established 20 new sister province and sister city relations. These friendly agreements between our provinces and cities are now more than 40, and provide a solid framework for practical cooperation in trade, education, culture and people-to-people exchanges.

We are also promoting linkages between our academic institutions. There are a number of Pakistan study centers as well as Urdu Study Centers in many Chinese universities. Similarly, China has established Confucius Institutes in Pakistan. Chinese language is also gaining popularity in Pakistani schools and colleges.

We must build on the current momentum and further broaden and intensify our ties in these areas. In order to further foster a better understanding, we are also focusing on the area of tourism. An MoU on promoting tourism was signed in November 2021, and the Year 2023 will be celebrated as the Year of Tourism Exchanges between our two countries.

Sun Chao: As Iron brothers, China and Pakistan now have the closest friendship in the world. What would be the goal for the future bilateral relations and friendship?

Moin ul Haque: As one of the special relationships in the world, our friendship is based on enduring trust, mutual respect and win-win cooperation. Whatever the circumstances, and whatever the regional and international environment, this relation has remained constant.

I believe that the future of this relationship will be exceedingly bright, not only for our two countries, but also contributing to peace, progress and prosperity of our region and beyond.

There is complete consensus in our two countries to strengthen our All-Weather Strategic Partnership, promote cooperation in the areas of industry, agriculture and IT, and continue our joint efforts to increase cultural exchanges and people-to-people contacts.

China's Experience to the World

Sun Chao: 2021 President Xi Jinping announced China's overall victory in tackling China's poverty alleviation. How to see China's efforts to fight against poverty?

Moin ul Haque: China's remarkable progress in its poverty-alleviation programme is indeed impressive. Lifting more than 800 million people from absolute poverty is a miracle of modern times. This has been possible due to the vision and wisdom of CPC leadership, meticulous planning and sustained efforts. It was a "whole-of-government" and "whole-of-society" approach.

We appreciated the Chinese poverty-alleviation programme and its people-centric philosophy. Our government's programme "Ehsaas" (meaning feelings) draws inspiration from Chinese experience. It is a social safety net for poor people aimed at improving their lives and livelihoods.

Sun Chao: What is the most valuable experience in China's pandemic prevention that is worth sharing with the world? How to deal with global challenges in the future?

Moin ul Haque: The way China handled the pandemic is particularly impressive. I would like to congratulate the people and government of China for the decisive victory against the pandemic. You have basically controlled the epidemic in an effective, disciplined, and united manner, and to put it in Jinnah's words, you have defeated the pandemic through, "Unity, faith, and discipline".

Throughout this health crisis, China and Pakistan have supported each other and collaborated closely. Pakistan was the first country to get vaccine donations from China. To date, over 180 million doses have been provided, which are the mainstay of our vaccine drive. We also jointly cooperated in the development of the Covid-19 vaccine.

Covid-19 has shown that we require international cooperation and collective efforts to address global challenges. As President Xi puts it that, instead of sailing in different smaller boats, we should sail together in one big ship in order to weather bigger storms.

Unity, Faith and Discipline

Sun Chao: Dear Mr. Ambassador, as the tradition of my interview, would you please share with me your favorite motto from your country?

Moin ul Haque: In our childhood, every Pakistani learns about one motto: "Unity, faith, and discipline". This meaningful motto was given to us by our founding father, Muhammad Ali Jinnah, the Father of the Nation. While we were faced with enormous challenges in the wake of our Independence in 1947, this motto boosted our morale and strengthened our resolve to make Pakistan a peaceful, prosperous, progressive and pluralistic country.

And these values of unity, discipline, and of having faith in your strength and in your country are something that we also share with China. So people of China would be able to understand what I'm trying to say and the meaning of these three simple but very profound words: "Unity, faith, and discipline". The Chinese idiom about Unity being an impregnable stronghold(众志成城) says volumes of our convergence here.

I consider it a privilege to serve as Pakistan's Ambassador to China, and contribute towards the growth of the most significant bilateral relationship that Pakistan has. This relationship is time-tested and timeless. It is only because of the nurturing by successive generations of our leadership and people that the friendship between Pakistan and China has remained unparallel in inter-state relations.

Through my experience, I feel that the relationship between our two countries is currently at a historic juncture, and it is incumbent on both our sides to seize this opportunity, build upon it and further strengthen the bilateral ties, building the China-Pakistan community of shared future.

China is One of our Leading Partners in Development

—Interview with Mahbub Uz Zaman,
Ambassador of Bangladesh to China

The ambassador of Bangladcsh to China, Mr. Mahbub Uz Zaman, gave an exclusive interview to me. During the interview, Ambassador shared his deep feeling about China, he said"My stay in China has been very much enjoyable and filled with happy memories. I especially liked to travel by the superfast and highly comfortable trains that connect all the major cities in China. I was fascinated by the richness and diversity of China's culture, food and cuisine. I am fortunate to have been present on historic occasions, including President Xi's commemorative speech for the 100th anniversary of the Communist Party of China, and the gala opening ceremony of the Beijing Winter Olympics".

Asian link and connection binds us together

Sun Chao: Dear Mr. Ambassador, I know that you have been in China for about 3 years. What do you think is the biggest difference between China and Bangladesh? How do you feel about your life in China?

Mahbub Uz Zaman: We are both located in the Asian Continent. We are not so much separated by a vast distance. There are many similarities in our culture and traditions. However, it is only natural that due to locational differences and the distinctiveness of history and heritage, we have differences in culture and language. But it is an Asian link and connection that binds us together. I believe that the future belongs to Asia. And Asia is moving towards that goal through a positive growth trajectory in spite of the global economic challenges. Since ancient times, there have been existed maritime links and trade connections through routes between China and Asia. We all know about the Silk Route.

Of course, the differences between China and Bangladesh also include their geographical size, population and economy.

Being a vast country, China enjoys substantial diversity in terms of climate and topography. It is covered with hilly and mountainous areas along with lush green plains. On the other hand, Bangladesh has a tropical monsoon-type climate, with a hot and rainy summer and a dry winter. The topography of Bangladesh is predominantly a low-lying floodplain. About half the total area of Bangladesh is actively deltaic and is prone to flooding in the monsoon season from May through September.

I should say that my stay in China has been very much enjoyable and filled with happy memories. I shall forever cherish the fun-filled memories of my stay in China. Since I arrived in China, I have had the opportunity to do quite an amount of travel inside China. I especially liked to travel by the super-fast and highly comfortable trains that connect all the major cities in China. I was fascinated by the richness and diversity of China's culture, food and cuisine. China can rightly boast of a rich cultural tradition and heritage that stretches back to more than 5,000 years. While it isn't so obvious in cities full of skyscrapers and the latest technology, when we live in China, we realize that tradition and customs do play an important part also in business and daily life.

I have thoroughly enjoyed Chinese food and cuisine. All provinces and regions of China have some unique characteristics and cultural heritages. In region-wise, there are also subtle differences in the taste and variety of cuisines like Zhejiang Cuisine, Anhui Cuisine, Cantonese Cuisine, Jiangsu Cuisine, Hainan Cuisine, and Hunan Cuisine. Each of them has its special appeal in terms of variety, aroma and texture of foods. Of course, the weather and lifestyle also tend to shape the food habits in different regions and provinces.

"My Over 30 Years of Experience as a Professional Diplomat"

Sun Chao: Dear Mr. Ambassador, you have a successful and wonderful professional life, would you please share with us some of your memorable experiences in your career?

Mahbub Uz Zaman: As a professional diplomat, my career has indeed been very much rewarding and productive. In my over 30 years of experience, I have visited many places. I was also posted to Delhi, Ottawa, New York, Tokyo and Geneva Missions. I also served as ambassador in our Bangladesh Missions in Sri Lanka and Singapore.

It was a special winter for me when we had to endure the severe cold due to blizzards and heavy freezing rain. I remember that when I was posted to Ottawa for six days in January 1998, freezing rain covered Ontario, Quebec and New Brunswick with 7 – 11 cm(3 – 4 in) of ice. Trees and hydro wires fell and utility poles and transmission towers came down, causing massive power outages, some for as long as a month. It was the most expensive natural disaster in Canada. We had to pass through a difficult period because there was no power and we had to rush to stores to buy and stock essential items braving the freezing cold and icy winds.

I was posted to China in October 2019. It was a memorable and happy experience for me when I was able to present credentials to H. E. President Xi Jinping. When I was presenting my credentials to him President Xi Jinping asked me about the welfare of our President H. E. Md Abdul Hamid and Prime Minister H. E. Sheikh Hasina. It was a proud and joyous moment for me.

During the pandemic period in 2020, Bangladesh sent face masks to the friendly people of China and till today China appreciates this friendly gesture.

China also helped in our times of need. As we say"A friend in need is a friend indeed". The government of the People's Republic of China donated pandemic-fighting materials and anti-COVID-19 medicines to Bangladesh. The embassy coordinated the process for urgent despatch of these materials by special aircraft. We also remember that in times of need, the government of China provided us with 77 million doses of Sinopharm vaccines. Due to the timely steps taken by the government of China and Sinopharm, we were able to despatch these vaccines to Bangladesh at the shortest possible time. It was a well-coordinated and meticulously planned effort and all the vaccines were successfully airlifted by our national carrier Bangladesh Biman on an urgent basis. Without the active support of the Chinese authorities in the pandemic period, this would not have been possible. We were also able to send emergency supplies of syringes to Bangladesh by ships.

In early 2021, the idea of common prosperity was introduced in President Xi's commemorative speech for the 100th anniversary of the Communist Party of China (CPC). I am fortunate to have been present on this historic occasion. In 2021 I also witnessed a historic event on November 11th, 2021, the Chinese Communist Party's Central Committee passed its third historical resolution. As we all know, the document, a summary of the party's 100-year history, addresses the key achievements and future directions of China. I am also happy that in 2022, I could attend the grand gala opening ceremony of the Beijing Winter Olympics.

So we see that these experiences are memorable indeed for me as a diplomat being posted to different countries.

But I should say that each country that I have been posted to is beautiful, blessed with beautiful landscapes and scenery and rich culture. I have met many people, interacted with them, and built friendships with tdhem. I will always cherish my memories with them.

“The New China as I have seen”

Sun Chao: China and Bangladesh are good neighbors and partners. Since the establishment of diplomatic relations, the two countries have maintained a good momentum of comprehensive development and become a model of solidarity and cooperation for common development. How do you see the relationship between China and Bangladesh? How can we further enhance the relationship?

Mahbub Uz Zaman: China and Bangladesh are two friendly countries. In 1952 Father of the Nation Bangabandhu Sheikh Mujibur Rahman visited China to attend the Afro-Asian Peace Conference. During his visit, he toured the country extensively and met leaders like Chairman Mao Zedong and Premier Zhou Enlai. Based on his impression of his visit, he wrote a book called“The New China as I have seen”. He saw a new China emerging breaking off the shackles of poverty and underdevelopment through the sincere and dedicated efforts of the government led by the Communist Party of China. Bangabandhu Sheikh Mujibur Rahman praised the economic programs of China and expressed confidence that China will be able to wipe out extreme poverty and be able to provide basic needs to all its people. How true he was in his predictions. China has successfully been able to eradicate extreme poverty through its targeted anti-poverty programs and policies.

Since establishing our diplomatic relations, both countries have increased and magnified the depth and dimension of engagements. We have further consolidated our relations through visits and exchanges at a high political level. Our cooperation extends to the economic, trade and investment, cultural and socio-economic fields. In the area of infrastructure support, energy cooperation and power generation, China is our leading investor.

In October 2016, we all witnessed the historic visit of Chinese President Xi Jinping. The bilateral ties reached a new height during his visit to Bangladesh in 2016. Then both countries signed 15 agreements and memorandums of understanding and

12 loans and mutual agreements worth $20 billion, which elevated the Bangladesh-China relationship from a "comprehensive partnership of cooperation" to a "strategic partnership of cooperation". After that, our prime minister also visited China in 2019.

The economic relations between Bangladesh and China have also flourished over the past few decades. China is the largest trading partner of Bangladesh. The bilateral trade stands at $13 billion, according to 2021 January-July data. It was a 58 percent increase on the previous year's bilateral trade volume.

In today's globalized world, we cannot remain isolated. We have to move towards regional and global integration. Both the countries have agreed that the Belt and Road Initiative provides an opportunity for Win-Win Cooperation through greater interaction between our two countries and based on our complementarity of resources.

During the pandemic, China provided us with much needed 77 million doses of Sinopharm vaccines at a time when we needed it the most and when the demand for vaccines had peaked and soared globally. China also provided us with Covid fighting materials and medical equipment.

In 2021 we celebrated the Birth Centenary of the Father of our country Bangabandhu Sheikh Mujibur Rahman and the Golden Jubilee of the independence of Bangladesh. On the occasion, Chinese President Xi Jinping in his letter of congratulations profusely praised Bangabandhu and termed Bangabandhu Sheikh Mujibur Rahman as an old friend of China. He said that China shall always remember Bangabandhu's contribution to building bridges of friendship, cooperation and understanding between our two countries. Bangladesh truly appreciates this gesture.

The cooperation between Bangladesh and China is multifaceted and multidimensional. China is one of our leading partners in development. China has extended her hands of cooperation as we have embarked on our quest to achieve developed country status by the year 2041. China has appreciated the programs and economic activities undertaken under the visionary guidance and leadership of Prime Minister Sheikh Hasina, the worthy daughter of Bangabandhu Sheikh Mujibur Rahman, who has been extending her hands of support and cooperation.

As China's Foreign Minister visited Bangladesh in August 2022, it provided a great opportunity for both the countries to share their expertise and explore the areas of energy cooperation, especially in renewable energy sources—solar power, converting wastes into energy and wind power—as initiatives to diversify energy supplies as well as meet the domestic demand for energy.

Largest Trade Partner and Largest Investor

Sun Chao: In October 2016, China and Bangladesh signed the Memorandum of Understanding on Cooperation under the Belt and Road Initiative (BRI), which is the first government-to-government document signed between China and a country in the South Asian region to build the BRI together. What do you think of the Belt and Road Initiative and how to better engage in BRI?

Mahbub Uz Zaman: China and Bangladesh signed a Memorandum of Understanding (MOU) on cooperation under the Belt and Road Initiative in October 2016.

In 2016, both countries' leaders decided to elevate our relationship to that of strategic partnership. Bangladesh and China became strategic partners. China is also Bangladesh's largest trade partner and the trade between the two countries is increasing. The two-way trade, which was worth $12 billion in 2014, is expected to exceed $30 billion by 2021. Chinese investment in Bangladesh has been growing remarkably in recent years. Between 1977 and 2010, Chinese investment in Bangladesh totaled just $250 million. This rose to roughly $200 million in 2011 alone. In the wake of the BRI, China has emerged as Bangladesh's largest investor.

The Joint Statement of 2016 issued by Bangladesh and China stated that Bangladesh is appreciative of China's initiative, believing it will bring important opportunities for Bangladesh's goal of becoming a middle-income country by 2021 and a Developed Country by 2041. The two sides also agreed to enhance the alignment of the development strategies of the two countries, fully tap the potential of cooperation in various areas, and work on the Belt and Road Initiative, so as to realize sustainable development and common prosperity of the two countries. China has been our close development partner and has been supportive of our quest to achieve self-reliance and the socio-economic development of our peoples.

Both countries realize that there is huge scope and potential to intensify cooperation in the following areas: trade and investment cooperation and identified infrastructure, industrial capacity cooperation, energy and power, transportation, information and communication technology, and agriculture. The above areas have been identified as the key areas of China-Bangladesh practical cooperation.

Sun Chao: Becoming a middle-income country by 2021, achieving the Sustainable Development Goals by 2030 and becoming a developed country by 2041 are the future visions of Bangladesh's development. How do you think China and Bangladesh can better strengthen the docking of development strategies, and jointly realize the Chinese dream and the dream of"Golden Bangladesh"?

Mahbub Uz Zaman: 2021 marked the Golden Jubilee of the independence of Bangladesh. The whole nation of Bangladesh celebrated this milestone with immense pride and joy. When Bangladesh was born in 1971, in the aftermath of a liberation war, marked by death, destruction and torture, the world could have never comprehended that this newborn nation would be an example of development miracle within a span of just 50 years. The Father of the Nation, Bangabandhu Sheikh Mujibur Rahman, whose Birth Centenary the nation celebrated in, had a dream and a vision. Following his vision, Bangladesh started its journey towards development by tackling a varied range of odds and taking advantage of different opportunities. This journey has put the country on an enviable development trajectory over the past five decades, with an even more admirable and accelerated the pace of development, especially during the last decade. These achievements have only been possible based mainly on the long-term vision of the Father of the nation, along with the ingenuity, creativity and hard work of the people of Bangladesh, and, last but not least, due to the exceptional political leadership of the country by Prime Minister Sheikh Hasina, the worthy daughter of Bangabandhu Sheikh Mujibur Rahman.

Today, Bangladesh has graduated to the middle-income category of nations. Its move towards graduation from the Least Developed Countries(LDCs) is on track. It has achieved all the important Millennium Development Goals(MDGs) by 2015. By 2030, Bangladesh is expected to be the 24th largest economy in the world. Bangladesh has also become a digital economy, and by 2041, the nation envisages that it will be a developed economy.

China is our development partner in our quest to achieve economic growth and secure distributive justice. In the Joint Statement of June 2019 issued during Prime Minister Sheikh Hasina's visit to China, it was stated that "China appreciated the rapid socio-economic development in Bangladesh in recent years and is confident that under the leadership of Prime Minister Sheikh Hasina, Bangladesh will become a middle-income country by 2021, which will lay a solid foundation for Bangladesh to becoming a developed country by 2041 and building a Sonar Bangla(Golden Bangladesh) at the earliest time".

The areas where Bangladesh and China could intensify cooperation for win-win cooperation include the following:

First, BRI offers a model of international cooperation for all the participants and provides new opportunities for regional connectivity and economic integration. The two sides are determined to fully tap the potential of cooperation in various areas and promote BRI development, so as to realize sustainable development and common prosperity of the two countries.

Second, through increased cooperation in areas of trade and investment, the two sides are already taking initiatives to expand and deepen trade, investment and industrial capacity cooperation, so as to expand mutual benefit. Efforts should be made to increase Bangladesh's export to China, including jute, seafood, leather, pharmaceuticals and so on. We appreciate the step to establish China Economic and Industrial Zone in Chattogram of Bangladesh and encourage investment of Chinese companies in the economic zones of Bangladesh.

Third, we should take initiatives to enhance cooperation on agriculture, marine, science, technology and Climate Change, including cooperation from the Chinese side to establish a Climate Adaptation Center in Bangladesh.

As the benefits of investment and growth in exclusive economic zones are increasing, Bangladesh has a strong commitment to close economic cooperation with China.

"Stay Safe, Stay Well"

Sun Chao: When the rest of the world is talking about your country Bangladesh, what would you want them to know and to remember?

Mahbub Uz Zaman: I would like to quote from our Honorable Foreign Minister's speech given at the inaugural session of the"Dhaka Global Dialogue in 2019". He said that"Bangladesh has often been cited by UN as a ' role model for development' , a ' star of women empowerment' and the ' standard bearer of the South' ". Our country has continued to prosper over the last 10 years and has recorded, as per Asian Development Bank, the highest economic growth rate at 8. 13% . However, our secret for economic development is"Sheikh Hasina Magic"—her strong determination and leadership quality, and our collective commitment towards fulfilling the dream of the Father of our Nation, Bangabandhu Sheikh Mujibur Rahman. Bangladesh is now truly on its journey towards a mid-income country by 2021, and hopefully will attain the Sustainable Development

Goals by 2030, and become a developed country by 2041 and a "prosperous Delta" by 2100.

Sun Chao: Dear Mr. Ambassador, as the tradition of our program, would you please share with me your favorite motto or sentence from Bangladesh?

Mahbub Uz Zaman: As we say in Bengali, I would like to convey our best wishes to our friends and colleagues by saying that সবাই সুস্হ থাকুন, সবাই ভালো থাকুন —which means "Everybody Stay Safe, Everybody Stay Well".

"In China, the government has the vision, and the people have the determination"

—Interview with José Augusto Duarte, Ambassador of Portugal to China

The Portuguese Ambassador to China, José Augusto Duarte said that China's development and prosperity are not only beneficial to the Chinese people, but also to the world. China plays a very important role in the world economic recovery.

José Augusto Duerte started to serve as Portuguese Ambassador to China in 2017. He praised the Chinese people as the"natural fighters"during the pandemic. Ambassador Duerte said that the Belt and Road Initiative enables China and Portugal to realize the connectivity between two countries by road, by sea, and by air. The two countries should, based on common good, enhance bilateral trade relations, strengthen cultural exchanges, and promote cultural prosperity.

During my interview with him, I asked him what he would miss most when he leaves China. Ambassador replied, "I will certainly miss the generosity and hospitality of Chinese people. Wherever I go in China, I always receive a lot of hospitality and warmth. It's more immaterial and also quite touching. I like the energy of Chinese society. I like going out nearby, walking or riding my bicycle, to see the energy and the determination of this society. I like to go to Panjiayuan, and to talk with the sellers of old things. I will miss these things emotionally most."

Life in China Full of Joy and Fulfillment

Sun Chao: Dear Mr. Ambassador, how's your life in Beijing? Are you used to the winter in Beijing?

Jose Augusto Duarte: It is quite challenging intellectually and professionally to be Ambassador in China. But it's also a personal privilege in certain ways, a wise personal privilege. I didn't know much about China before. Now I have the opportunity to discover a different and old culture, a new country, a new people, and to make new friends. So it's personally enriching and professionally as well. It's with a sense of fulfillment and happiness that I see my time here for the last few years.

I do like winter in Beijing. I have the privilege of living in a good house with big windows here. The winter in Beijing is very luminous. It's cold, but full of light, and you have deep, deep blue skies in Beijing during the wintertime, which is quite stimulating, I can say that. In those harsh winters in the northern part of Europe, everything is gray, gloomy and rainy. Beijing is not like that. I personally prefer some sweeter kind of weather, and wintertime in Beijing can be very beautiful.

Sun Chao: Dear Mr. Ambassador, I could not help looking around your residence which is like a mini museum, full of the different arts from all over the world. Which part of Chinese culture do you like most?

Jose Augusto Duarte: It's difficult to answer this question because Chinese culture is very rich and diverse, and I really appreciate the diverse expressions of Chinese culture. I think that the Tang Dynasty literature or Tang Dynasty statues were, for example, in the Xi'an Museum, quite an emotional thing. I also discovered the beauty of Chinese architecture during the Ming and Qing dynasties. I like the literature, the poetry, and the many ways that the Chinese used to express themselves. I also like the artifacts that they create, the delicate silk and porcelain. These things represent thousands of years of Chinese history and rich culture, which I need to learn more about.

Sun Chao: What's your favorite dish in China?

Jose Augusto Duarte: I personally like very much the dumplings with steamed shrimps in Guangzhou. I also like the food in Qingdao, Shandong Province which is various and is mostly from the sea. They have a preference for fish and shellfish that are similar to my country. Many of our dishes are quite similar.

Sun Chao: What would you miss most when you leave China?

Jose Augusto Duarte: I will certainly miss the generosity and hospitality of China. Wherever I go, I would always receive a lot of hospitality and warmth. It's more immaterial and also quite touching. I like the energy of Chinese society. I like going out nearby, walking or riding my bicycle, to see the energy and the determination of this society. I like to go to Panjiayuan, talking with the sellers of old things. I will miss these things emotionally most.

The Hospitality of Portugal

Sun Chao: When the rest of the world is talking about your country, what would you want them to know and to remember?

Jose Augusto Duarte: First of all, people always feel welcomed in Portugal and that we are hospital and generous with foreigners, regardless of their religion, race or whatsoever. It's important when you go to a place where you feel welcomed but not rejected. Secondly, we have a long history, many monuments and many cultural heritages that deserve to be discovered. Besides, people express themselves through food in Portugal, very much like in China, where families and friends like to celebrate with food around the table.

There are a lot of Chinese restaurants in Portugal, nearly everywhere. We have around 35,000 Chinese living in Portugal, most of them coming from one city named "Qingtian" in Zhejiang province.

In Macao, you can see a lot of Portuguese restaurants of high quality, even if some are not run by Portuguese. In all of these restaurants, you can enjoy wonderful mixtures of Chinese, Portuguese and Macao cuisines. They are wonderful places to go and dine out, with first-quality dishes, wonderful cooking and some other exquisite things.

Dialogue is the Best Way to Solve Differences

Sun Chao: Would you please share with us some unforgettable stories during your professional life?

Jose Augusto Duarte: I was a French teacher before. Then I studied International Relations and Political Sciences in Portugal. In 1990, I became a diplomat, which was something that I really wanted to do. Now I have been a diplomat for more than 30 years.

In Portugal, I had the privilege of working with different Ministers of Foreign Affairs and with my president, directly with them, being their advisor or counselor. I also served in different embassies of Portugal around the world. I served in Washington D. C. in the United States as my first post, then at the Permanent Representation of Portugal to the European Union in Brussels, and in our Embassy in Madrid as Deputy

Chief of Mission. I also once served as ambassador to Mozambique in Africa. Now I have the privilege of serving in China and the privilege to witness many conversations between my president and other heads of state, including the president of China. To organize those, I think, is quite interesting.

Sun Chao: What's your point of views on the Belt and Road Initiative? How to better engage in the Belt and Road Initiative?

Jose Augusto Duarte: In December, 2018, during the visit of President Xi Jinping to Portugal, Portugal signed the Memorandum of Understanding on the Belt and Road Initiative with China. In that document, connectivity is one of the main points, which is connectivity between China and Portugal by sea, by road, and also by air. The Belt and Road Initiative was inspired by the old Silk Road. But nowadays with convenient air transportation, we now have also invented Air Silk Road. Connectivity by air is also indispensable.

The connectivity between our two countries by land, by sea and by air is quite important for the bilateral relationship, and it is partly because of the geographical positions of China and Portugal. Portugal is the first country you would arrive in Europe if you sail across the Atlantic Ocean, and it is the last one if you go by road. Portugal connects Europe and the Panama Canal, where global commerce starts. No matter from the coast of the Atlantic in the Americas, or from the coast of the Atlantic in Africa, Portugal is the first European country to arrive. So the connectivity, geographically speaking, between China, the far east, and Portugal, the far west, is quite important for everybody. It will contribute to the global economy in the 21st century so that everybody can gain profit from it. That's why we want to make it true the connectivity between China and Portugal.

Sun Chao: How do you see the future of globalization?

Jose Augusto Duarte: We have challenges, all of us. I personally believe that the best way that we have to solve the differences is through dialogue all the time. I appreciate the differences in people. I think that makes us richer as a group. Nevertheless, we have to have some shared values. That's why the United Nations advocates multilateral approaches. It is the shared values that put us together. We should seek unity in diversity. We can be diverse. But we also should be united in some values. We have different fields, different religions, different races, and different traces in the world. We need interactions, dialogues and understanding. Reaching an agreement, not confrontation, is part of our nature. So building a shared community of human beings is important. It's for peace and higher level of interaction. It's always needed for the common good of human.

China's Development Beneficial to the Global Economy

Sun Chao: Over the past 40 years, hundreds of millions of Chinese lifted their life out of poverty. We successfully completed the poverty alleviation. How do you see the leadership of the CPC for China's development and Chinese people?

Jose Augusto Duarte: I am a friend of China. And I am pleased to see the good in China. Honestly, I think that the development of China is good for China and for everybody around the world. The fewer poor people we have in China, the more capacity we have to interact with others. With more consumers, the import will increase a bit more and then it will impact the global economy. So I am happy with the success of Chinese stories.

We have the conclusion that successful development is always the result of good leadership and good people. You couldn't have one without the other. I mean, successes must be based on the good options of a government and the hardworking people of the whole society. Because if society doesn't treat government policies adequately, you won't have good outcomes even when they are great. Or sometimes, if society is hardworking, but the government doesn't lead and opt well, we won't have a good outcome either. So you have to mix both of them—the government needs to have the vision and makes good decisions at the right moment, and the people need to have the determination and to be hardworking. China has both.

Deepened Cooperation in Economy and Culture

Sun Chao: China is the largest trading partner in Asia to your country. So what will be the key cooperation in trade and economy in the future?

Jose Augusto Duarte: Portugal and China have a very special relationship. We have a relationship that has lasted for more than 500 years old. Macao is a bridge between the Portuguese and Chinese. Macao is very significant in the way in which we perceive China and in the peaceful and positive approach in which we have watched China all the time.

Because of Macao, the quality of our political interaction and diplomatic relations is always quite high. Every Chinese president has visited Portugal, since 1979 when we established the diplomatic relations. Portugal is a small country, but Chinese leaders have never failed to recognize the special role and they attached great importance to the significant dialogues with Portugal. All Portuguese presidents and Portuguese Prime Ministers have visited China too since 1979. China is a big, also a special country for Portugal. The quality of interaction between Portugal and China in terms of politics and diplomacy is quite high.

In terms of economic communication, it's good and improving, but not comparable to the interaction in politics and diplomacy. Because of the pandemic, the commercial exchanges decreased, which is understandable and inevitable, I think. But we still stand a chance in the future, to recover from this pandemic-Portugal could benefit from importing more quality goods from China. Also, China has a huge capacity to import more goods of quality from Portugal. Based on the common benefits of Portugal and China, I think we should increase the level of our commercial exchanges.

Sun Chao: Green economy is vital to every country. And I wonder if there will be any cooperation in green economy between our two countries in the future.

Jose Augusto Duarte: I hope there will be a lot, because this is the future for the global economy, not just for Portugal and China. It's a question of the survival of the human race. We need to turn to a circular economy which designed to minimize resource input, as well as waste and emission production.

So in these years, Portugal and China have already cooperated, for example, in energy. For Portugal, China is an important investor in energy and green energy. We are looking forward to receiving more industrial investments from China, including producing batteries for cars and electric buses. It's for the common good, not just for China or Portugal. The global economy needs to be reinvented. Circular economy, in certain ways, could achieve the maximum.

Sun Chao: How about the culture exchanges between our two countries?

Jose Augusto Duarte: I think cultural exchange is a key element. In Portugal we know much about China. China is a remote country for us, geographically speaking.

China has a different culture. But to narrow the gap between Portugal and China, it's far more important to know firstly, more about the languages, then more about the culture of the people and the civilization. Chinese people have made a huge effort on that. There are now more than 50 universities in China teaching Portuguese language and culture. And we are also making a huge effort to translate Portuguese writers' works into Chinese and to publish them here. Through that, you can learn more about the different voices, the literature and the schools in Portuguese history.

And it's also important for us to know a bit more about Chinese writers. We merely know the modern ones, but we don't know much about the classical ones. We know Confucius, but we don't know much about the Tang and Song poets. We have to work to deliver more fruits, because knowing each other is the prerequisite to understanding. Nobody could appreciate something that he doesn't know. So the more we know about each other, the more we respect and are willing to exchange with each other, and certainly even greater appreciation we will have, though it's a long process since we have a lot to improve.

We invited artists here. We now have 23 Chinese translators, translating books from Portuguese dialects to mandarin. Then we will promote them in different cities in China, including Beijing, Shanghai, Harbin, Chengdu, and Guangzhou. Many men and women in Portugal wrote poetry, and stories, maybe a love story, a war story, adventures, or child and juvenile stories. They are also quite popular in China with beautiful drawings. Translating Portuguese literature is quite important in spreading them in China.

Our next book is a collection of poems by a lady. In the 1920s, She worked in a local garment factory, serving local customer. And she had poems that, from my point of view, are quite close to Chinese aesthetics. She pays much attention to love and poetry, nature, the interaction between love and nature, and the spirits that can always be seen in traditional Chinese literature.

Well, basically, "What is it to be a poet? To be a poet is to be higher than a common person. It's to be loving others, and describing and singing days, singing to everybody around." Being a poet is being brave, and coming out of your comfort zone. In certain ways, it means to be a leader, an emotional leader, and an intellectual leader. Being a poet is to live passionately and strongly. That's by a woman in 1920s.

Sun Chao: What's your favorite motto or sentence from your country?

Jose Augusto Duarte: The former Portuguese president, Mário Soares, once said, "one just loses if one just stops fighting". It's not only a political sentence but also a motto for life. You can lose now, but if you keep fighting, you will win later. I really appreciate this motto for life. For example, You can be sick today, but you won't die. If you keep fighting, tomorrow you will be better, and finally defeat the disease. Similarly, you can overcome this complicated pandemic as long as you don't give up and keep fighting. Life is also exactly the same thing. Sometimes you can have a step back, but don't give up, and I am sure that tomorrow you will be convinced that you are the best for it. This motto can be for profession, for politics, and can be for everything. So for me, it's quite inspiring. One who stops fighting is the one that loses; also, one who keeps fighting will always win one day.

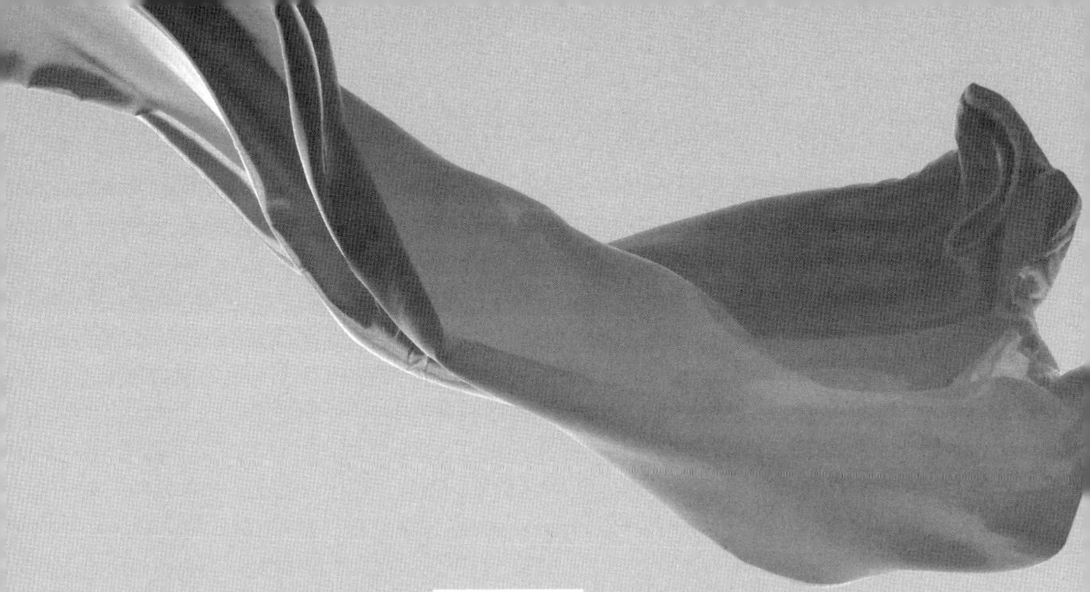

Part III

It is the modernization of material and cultural-ethical advancement

How to Become the World's Least Corrupt Country

—Interview with Tarja Halonen, the First Female President of Finland

Finland was one of the first European countries to recognize the People's Republic of China and establish diplomatic ties with China. Finland was also the first European country to sign an intergovernmental trade agreement with China. On October 28, 1950, China and Finland formally established diplomatic relations. With the joint efforts of the two countries, China-Finland relationship has developed rapidly and comprehensively, bringing tangible benefits to the people of both countries. In particular, over recent years, the close high-level contact between the two countries have increased the political trust and strategic communications and accelerated the advance of the relationship. In April 2017, President Xi Jinping visited Finland on the occasion of the centenary of Finland's independence.

Elected as Finland's first female president in 2000, Tarja Halonen, who had embarked on her political journey in 1979, said, "Small though it is, Finland has gorgeous landscapes with one thousand lakes. It also has advanced technology, especially in clean energy and environmental protection. Human beings and nature live in harmony. This spirit of harmony is also fully reflected in the relations between our two countries. "She also introduced her first visit to China over 30 years ago, "Beijing, at that time, contained hundreds of bicycles, low buildings and serious-looking pedestrians on the streets. However, now great changes have taken place in Beijing where the society is much more diversified. Many skyscrapers and cars can be seen on the streets. To me, every visit to China is an absolutely new experience, since every time I see a 'new' country. "

"I hope we can provide more opportunities and achieve more exchanges between our young peoples through cooperation. Because people will always remember what they experienced when they are young, even at my age. "

Tarja Halonen is the first female president(2000 –2012) of Finland throughout history, the first female minister of the Ministry of Foreign Affairs of Fin-

land, and one of the *Forbes'* 100 Most Influential Women in the World.

According to *the World Happiness Report* issued by the UN, Finland is ranked as "the Happiest Country in the World" among 156 countries and regions, with ranking indicators including income, freedom, social security, health and longevity. Home to about 5.5 million people, Finland was an agricultural country until 1950 for its relatively late industrialization. Since then, Finland has rapidly become a highly developed economy and established a high welfare model with Scandinavian styles. Finland is not only one of the countries with the highest per capita income in the world, but it also leads the world in education, economic competition and living standard. In addition, it is also regarded as one of the world's least corrupt countries.

Finland has always been at the top of the Corruption Perceptions Index in the world appraised by International Transparent Organization. My exclusive interview with her started with how Finland can grow into the world's least corrupt country.

How to Become the World's Least Corrupt Country

Sun Chao: It is my great honor to interview you. I once read an interesting article by the World Bank, and the author based on his observations of Finland raised several questions: Why do Finns never worry about their unlocked cars on busy Helsinki streets? Why Finnish skateboarders still obeyed traffic rules when they were in anarchist parades? Why is Finland called a "zero corruption country"? However, as an expert from the World Bank, who is good at rational analysis, he gave a somewhat emotional conclusion to the questions above—it is not because of exceedingly high per capita income and developed economy in Finland, but because of the integrity developed throughout society. Today, on the basis of the questions and answer, I'd like to ask you how Finland becomes the world's least corrupt country.

Tarja Halonen: Actually, we are competing to be the least corrupt countries with other countries. So, I think Finland is one of the least corrupt countries.

I don't particularly appreciate using the word "corrupt", because it isn't accurate. We should embody it to the question "who is embezzling public funds or resources", since the use of public resources is essential to organizing public services. Every citizen should respect the public resources.

Corruption is a big deal. However, promoting the efficiency of the public service sector is much more related to addressing corruption problems, take Finland's education and health sectors for example, which are successful cases.

I would like to talk about a negative example. If an ordinary person wants to obtain a driving license, he or she usually has to wait for a long time in many countries. But if the person is willing to pay extra money, the whole process will move faster. That's corruption, or a problem of low efficiency of public services from another perspective.

In addition, public servants need decent salaries. In real life, some civil servants are likely to take risks when many of their positions are low-paid. However, to others, they take risks for their constantly insatiable greed. Thus, social transparency is crucial. Sound governance must be open and transparent. For instance, in the Finnish elections, we will make the election budget public and explain to the whole community how much money is needed and how the money is spent.

Meanwhile, an effective and strict tax regime is required to ensure the fair distribution of public resources. All Finnish citizens have an obligation to explain their sources of money. If your gains are higher than your legal income, your income sources can be asked by the public. In fact, under an uncomplicated Finland tax regime, you can fill out a unified form to declare your income which tax collectors will examine. If you work for someone, your employer's income also needs accounting and your company is obligated to provide related materials. That's also one of the main work for your employer.

Take me myself as an example; if I hire some worker to repair my house, I must pay him and the taxes must be paid and everything is ensured well-documented, or otherwise, it can be considered gray income. We are also committed to promoting an idea in Finland: corruption is a shame. The whole social climate has a significant influence on people. Every individual in society is responsible for his or her own actions.

These are, in my view, some of the key reasons why Finland is a clean country.

The Lady Lawyer

Sun Chao: I know you are famous for your courage to make the most difficult decisions. Because of your confidence and courage, you were the leader who had ever highest popular approval rating in Finland. So what was the most difficult decision you made in your life?Is it to be the First Female President of Finland?

Tarja Halonen: Tough decisions must be specific decisions made at a specific time. Frankly, I don't have a very clear answer. But I want to tell you a little story. I remember that when I graduated from graduate school, I started working as a lawyer in the labor union. I was the first professional female to work with the workers.

I remember one day in the 1970s, I got a call from the factory in my office and he said, "I want to talk to the lawyer of union. " I replied to him, "I am. " He asked surprisingly, "when did women start to become lawyers?" I said, "since this morning. " Then there were several seconds of silence on the other end of the phone... And he continue to say, "OK, if you're the lawyer, we have a question... "

I was less than 30-years-old back then and people weren't used to it for a long time, but gradually people accepted me and started calling me"the lady lawyer". From that moment on, I realized that there was always someone to be the"first". And I have a lot of firsts.

Being the first among women, giving me more"visibility", people noticed my presence. But at the same time, if I make a mistake, I will be labeled as"woman"for making a mistake. So being the"first", I have to take on more responsibilities.

When I started my political career, very few women were in politics. Most of them were responsible for raising children and taking care of their families. Now, with the development of society, my consultant, for example, is the father of two girls. He also spends time at home helping take care of the children. Now, both men and women can be equally important in the family as well as in the workplace. And women must also accept the reality that men can stay at the families.

Family, Social Education and Law Give Women Confidence

Sun Chao: Your story touches me deeply. I have interviewed many outstanding females, whether they are female diplomats, CEOs, mayors, or school girls from prestigious universities, almost every one is facing the struggle—"how to become more confident and more courageous". Only you are the exception, and your confidence and courage seem to be born with you.

Tarja Halonen: When it comes to how to maintain self-confidence, or how to increase self-confidence, I think it all starts from home. Many people have asked me about females' leadership, and my answer is, first of all please treat your daughter the same way as your son. My parents always believed that girls could do well as boys.

Second, Finnish teachers are also working on equal education for boys and girls. Before starting formal schooling, the children are in daycare. The teachers are very good, having college degrees, and know how to educate the children. A few decades ago, boys and girls were not treated fairly, and there were always many boys who were regarded as typical in school meetings; in textbooks, boys and girls were also given different examples. When a girl organized something well, no one ever said to her, "You're doing a good job. "

A few decades ago, people did not realize these problems. Now, a lot has changed in our society and the situation has become better. We emphasize that each boy and girl is an independent individual and should develop his/her unique personality and strength.

Third, the support of the social legal system. The registration system ensures that young women enjoy the same rights after graduation. In the workplace, equal treatment is also emphasized. There should be women on the board of directors in the company, women in parliament, women candidates in political parties. So there are women in business and politics gradually. Currently, there are about 40% women in our Parliament. In government, the number of male and female employees is basically the same.

Fourth, the support of the social security system for professional women is very important. For example, the cost of day care in the United States is very high, which is a challenge for many professional women. In Finland, our day care is almost free.

In 2000, I was elected as the 11th President of Finland, and people didn't pay close attention when I started running. But when I was elected, everyone realized that our country Finland had the first female President. The little girls, in particular, cheered. I noticed that we have always emphasized the gender equality, but in reality, we are not fully realizing it. The children found that this president was different from before. This time the president was a woman.

After a few years, people get used to the fact that"the President is a woman ". Once, a little boy asked me unexpectedly, "Madam President, boys can't be president anymore, is it true?"I said, "Of course not. Both men and women can be presidents. As long as we work hard to serve the public, everyone can become the minister, the prime minister, or even the president of our country. "

This goes back to the importance of family that I mentioned. In fact, it is your family that serves the society with you.

The Dream of the President

Sun Chao: As a public figure, your life has always been put under a magnifying glass, your family, your marriage, even the handbag you carry. As a female leader, you earned everyone's respect for your confident and courageous life. I'm really looking forward to this interview with you. Being the president might be many people's dream, but if you had not become the president, what would be your dream?

Tarja Halonen: When I was a child, I dreamed of being a painter. Now, I wish I wasn't so busy. There are only 24 hours in a day, I would like to have more time to enjoy my hobbies and more time to spend with my children and my family.

When I was on a short visit at the Harvard University, I was a little confused at first. Because there are so many choices, I have the opportunity to choose all the courses and activities at the Harvard. For me, it's like a little girl entering a candy shop full of wonderful things. Even though it's only been a few weeks, I've already gained a lot, much more than I expected. I just feel like the time flies.

My biggest dream is that the world will become a better place. When I was little, I always complained that I didn't like that, it wasn't fair. My mom always told me that the world is sometimes unfair and life doesn't always go smoothly, but that's the reason we are here, to make the world a little bit better.

The Concept of "WE"

Sun Chao: Thank you so much for shedding important lights on life. Would you please talk a little bit more about your post-president life?

Tarja Halonen: According to our law, a person can only serve two consecutive terms as president for a total of 12 years. I retired from the presidency after two terms. Then I started working at the United Nations, committed to promoting sustainable development and promoting the whole society to realize the importance of sustainable development. My work at the UN is to make the world a better place as my mom told me when I was little, that's the reason we are here.

I am very pleased to see that China is becoming more and more active in sustainable development and is making more contributions in this regard.

Both Finland and China value information technology and ecological protection, and share common needs in terms of innovation and entrepreneurship. I would also like to emphasize that investment in human resources is the most important and wisest one.

Finland has one of the highest birth rates in the countries in European Union. This also reflects our social tendency to value family and career. Finland has always been emphasizing the concept of"WE", which is very much similar to the values in China.

In an era of globalization, countries are closely linked and interdependent. What happens in one country can have an impact on the others. China has played a constructive role in globalization and played an exemplary role in addressing global chal lenges.

Chinese and Brazilian People are Close in Heart and Soul

—Interview with Paulo Estivallet de Mesquita, Ambassador of Brazil to China

China and Brazil are the largest developing countries in the eastern and western hemispheres respectively. The Brazilian government attaches great importance to its relations with China and regards China as a stable and reliable cooperative partner of mutual trust. Active interaction between two countires within the framework of WTO, climate change, G20 and BRICS cooperation can be considered as a model of "South-South cooperation". On the occasion of World Portuguese Language Day in 2022, Paulo Estivallet de Mesquita, Ambassador of Brazil to China, shared his insights of the bilateral relations in an exclusive interview with me.

Sun Chao: China and Brazil enjoy deepening political mutual trust, high economic complementarity and solid cooperation in trade and investment. Our active interaction within the framework of WTO, climate change, G20 and BRICS cooperation can be considered as a model of "South-South cooperation". How do you see the future bilateral relations between our two countries?

Paulo Estivallet de Mesquita: We are eager to work together with China to strengthen forward-looking market development, create better and stable conditions for expanding trade, and guide investment cooperation to burst into new vitality after the pandemic. The Brazilian embassy in Beijing is willing to serve as a bridge for this purpose and believes that our two sides will continue to promote economic and trade cooperation in multiple levels and fields.

And what is more, China and Brazil have frequent exchanges in the field of culture and education despite the restrictions and difficulties brought by the COVID-19 pandemic. The Brazilian government and the Brazilian embassy in Beijing have made great efforts to spread Brazilian culture. We have organized rich exchange activities in the fields of music, film, food and so on. We have also displayed them through our official microblog, website and some other media platforms available to Chinese people.

Belt and Road Initiative is Open to All Countries and Regions Interested

Sun Chao: The Belt and Road Initiative(BRI) aims to create opportunities and connectivity for common development. And more and more Latin American countries have joined it in recent years to strengthen practical cooperation with China. How do you see the Belt and Road Initiative? And how to better enganage in the BRI?

Paulo Estivallet de Mesquita: China and Brazil are the two largest developing countries in the eastern and western hemispheres. The Brazilian government attaches great importance to its relations with China and regards China as a stable and reliable cooperative partner of mutual trust.

The Belt and Road Initiative is open to all countries and regions interested in it, including Latin America. Therefore, the Brazilian government highly appreciates that and is willing to promote the integration of its policy with the BRI, expand cooperation in trade, science, technology, culture and so on.

As the Brazilian Ambassador to China, it is my responsibility and pleasure to enhance mutual understanding between our peoples, to promote the two countries stay in close coordination and to strengthen the relationship in multiple levels and fields.

Sun Chao: 2022 marks the 48th anniversary of the establishment of diplomatic relations between China and Brazil. In recent years, China and Brazil have signed cooperation agreements in various fields such as information technology, agriculture, medicine and health, and energy and minerals. And a large number of Chinese-invested enterprises have settled in Brazil, covering various industries such as oil, mining, manufacturing and finance. In the post-epidemic era, how to deepen our cooperation?

Paulo Estivallet de Mesquita: I think that in-depth international dialogues, including the Belt and Road Ambassador Interview Program launched by you, serve as an integral medium to promote exchanges between countries and continue to utilize the partnership and to respect, trust, and support each other, especially in the new era when cultural and people-to-people exchanges have helped to increase mutual understanding. It has practical guidance for and significant value in broadening more international consensus and promoting the construction of BRI. The Initiative is proposed to build"a Community with a Shared Future for Mankind". As a national cooperation platform open to countries around the world, it is natural to receive different interpretations or even dissenting voices. Therefore, the key or the precondition is to let the world accurately and comprehensively understand the concept and operation of the Initiative. Those people possess a better insight about China as well as incisive understanding of their countries' policies. It's a remarkable way to display the international thinking and actions triggered by the Initiative, and to avoid mutual misjudgment caused by lack of communication or any other potential challenges.

Besides, more in-depth international dialogues such as the Belt and Road Ambassador Interview can provide both Chinese people and the people throughout the world with a fresh and objective perspective to observe China, to listen to different developing stories together with other countries, which will make further strengthened communication and coordination. Through those vivid dialogues and exchanges, audience from all backgrounds can comprehend the spirit and the essence of the BRI, clearly know whether the proposal is effective and feasible, what their countries and the international community pay attention to, and what tangible benefits will be brought once those cooperative projects are implemented. For Brazil, the flourishing relations with China are basically determined by the interests of the two countries and rooted in commitment of mutual respect, equality and trust. Only by gathering more understandings, can BRI be able to receive valuable solidarity and support from our people and drive collective ways forward and a good future.

China is Brazil's Largest Economic and Trade Partner in Asia

Sun Chao: China has been Brazil's largest trading partner in Asia for a few years. Brazil is the first Latin-American country whose bilateral trade volume with China has exceeded \$100 billion. How to expand the mutual beneficial ties from trade to more fields in the future?

Paulo Estivallet de Mesquita: As the largest developing country and major emerging economy in the eastern and western hemispheres, China and Brazil share a wide range of interests and have broad prospects for cooperation. The two countries are not only deepening cooperation in the traditional areas of agriculture, electricity, mining and infrastructure, but also fostering growth in new areas such as technology innovation and the digital economy. China is Brazil's largest economic and trade partner in

Asia, and the resources, markets, technologies and capital of the two countries are highly complementary.

Chinese and Brazilian People are Close in Heart and Soul

Sun Chao: Mr. Ambassador, how to deepen mutual understanding between the two peoples and carry forward our friendship from generation to generation?

Paulo Estivallet de Mesquita: The Brazilian side is looking forward to more mutual visits and frequent exchanges in diverse fields, so as to enhance mutual understanding between our peoples and pass on the friendship from generation to generation. As I have already conveyed, language is an important part of bringing people closer together. Even though China and Brazil are far apart geographically, more and more dialogues between people will bring us closer in heart and spirit.

Again, despite being separated by mountains and oceans, the Chinese and Brazilian people are close in heart and soul. We will surely create a bright future together with the enthusiasm of friendship, mutual understanding, the spirit of solidarity and cooperation.

Sun Chao: Mr. Ambassador, I'm so glad to interview you on the occasion of World Portuguese Language Day. Please allow me to share a good news with you, our book *Ambassadors' Views on the Belt and Road Initiative* is published in the language of Portuguese in Brazil.

Paulo Estivallet de Mesquita: Thank you, Chao. I am so glad to join your interview. The "Belt and Road" Ambassador Interview Program is inclusive. Audience from various backgrounds can appreciate the Interview, and can be inspired by every policy maker at home and abroad. Although the Initiative is grand, it is closely related to our life. China's development is closely linked to everyone's life, and the development of the world. On the occasion of World Portuguese Language Day, I would like to congratulate you and the program a big success. And I am extremely happy to know that your book—*Ambassadors' Views on the Belt and Road Initiative* is published in the language of Portuguese in Brazil. It is a great example and model of people-to-people exchange between our two countries. I wish the Chinese and Brazilian people happiness, peace and everlasting friendship.

The First Arab Gulf Country Establishing Full Diplomatic Relationship with China

—Interview with Sheikh Nasser Sabah Al-Ahamed Al-Jaber Al-Sabah, the First Deputy Prime Minister of Kuwait

Kuwait is the first Arab gulf country to establish diplomatic ties with China and the friendship between the two countries goes back to ancient times. Since the establishment of diplomatic ties in 1971, China-Kuwait relations have been developing steadily and healthily. Kuwait was one of the first countries to respond to China's Belt And Road Initiative and to sign relevant cooperation documents with China.

Of the thirty remaining monarchies around the world, six are from the Middle East, including Kuwait, Jordan, Oman, Qatar, Bahrain, and Saudi Arabia. What are the first words that spring to your mind when talking about royal families and princes, especially those from the Middle East? Mystical?Wealthy?Powerful?Or Inapproachable?

I had an exclusive opportunity to have an in-depth dialogue with the Minister of Al-Diwan Al-Amiri Affairs, the eldest son of the king of Kuwait, who is not only an influential figure in Kuwait, but the greatest collector of Islamic art in the world as well.

A Special Kind of Prince

He took us by surprise when he showed up dressed in a traditional pure white robe and said a cheerful hello to us, with a beaming smile on his face.

I invited him to his seat as I said: "Welcome, Your Excellency. "He fished out of the pocket on his robe a small note thickly dotted with Arabic words. I asked him what it was out of curiosity. He smiled and said, "That's my cheat sheet. "

My professional photographer suggested that he take a few photos of the prince before we started the interview. He agreed and thoughtfully took off his glasses and asked smilingly, "Is it better to take off my glasses?"

"Affable"becomes the first word that comes to my mind when I think of him.

"Emperor Qian Long is My Friend"

Sun Chao: Your Excellency, I feel so honored to be here with you today. Welcome to Beijing. Welcome to China. Thank you so much for having us during your busy schedule in Beijing.
Sheikh Nasser Sabah Al-Ahamed Al-Jaber Al-Sabah: We need to talk about this trip, because it could be the most important trip, which is about President Xi Jinping's great vision, the Belt and Road Initiative.

Sun Chao: Yes, before we start, may I make a brief introduction? My name is Sun Chao and you can call me Chao. It's a common name in China. I used to work in the United States. My point of mentioning my experience is that when I was in New York, the Metropolitan Museum of Art was one of my favorite place. Thank you for your generous donation, which has made it possible for people like me to take a close look at so many spectacular Islamic art works.

It's a great pleasure meeting you in person today. I launched the"Belt and Road" Ambassador Interview to make a humble contribution. That's why I am here today.

Kuwait is a very important friend to China and the first Arab Gulf country to establish diplomatic ties with China. Kuwait is also playing an essential role among the countries along the Belt and Road route. You have met a lot of senior government officials including ambassadors from China. My first question is how do you see China?
Sheikh Nasser Sabah Al-Ahamed Al-Jaber Al-Sabah: I feel great about China and this is actually my third trip here. All those trips were on official invitations. But I am looking for the time to come privately, so that I can cover all the great historical sites of China.

Sun Chao: Welcome to China again, Your Excellency. Could you share with us some unforgettable stories during your trips?
Sheikh Nasser Sabah Al-Ahamed Al-Jaber Al-Sabah: One of the things I don't forget was the first time I came to China. I met His Highness Emir, who was also a foreign minister at that time. He asked me if it was my first trip to China. I said yes. Then he said, "You have to see the Great Wall and the Forbidden City. "I said, "Obviously, but

the Forbidden City is something very special to me. "He asked, "Why is it so special?" I said, "Because I have a friend staying there. "He kept talking and then he came back to me. He said, "Nobody lives there. "I said, "No. My friend lives there. "We went to talk about the history of the relationship between Kuwait and China. And then he came back to me again and asked, "Could you tell me who is your friend living in the Forbidden City because even the tour guides don't live there?"I said, "Of course, it's Qian Long. ""What do you mean by Qian Long?You mean the emperor?"I said, "Yes, Qian Long, the Emperor. "He said, "He died in the 18th century. How could he be your friend?"I said"Oh, he never disappeared from my mind because he had a great collection of Mongolian art. It's such a vast collection. He had a great passion for Mongolian art to the extent that in his workshop in the Forbidden City, there were two pieces unfinished. That's why he is my friend. "

The World's Biggest Collector of Islamic Art

Sun Chao: Very interesting and very touching. That's such a lovely story about art. I see that art has brought you and the old Chinese emperor together, transcending time and space. Your Excellency, it is internationally recognized that your collection is by far the most comprehensive Islamic art collection in the world. In other words, you are the world's largest collector of Islamic art.

Sheikh Nasser Sabah Al-Ahamed Al-Jaber Al-Sabah: The al-Sabah collection began to take form in 1975 when I purchased the collection's first object. It was a mid-14th century enameled glass bottle I found in a London art gallery. At that time, collecting started out as a hobby. But it soon grew to a full-fledged collection worthy of a place in a museum. In 1983, as the collection was growing, it made its way from my private residence to its new location at the Kuwait National Museum.

I want to introduce you to Dar al Athar al Islamiyyah. It is a cultural organization based around my private art collection. Since its inception in 1983, DAI has grown from a single-focus organization created to manage the loan of my art collection from the Islamic world to the State of Kuwait to become an internationally recognized cultural organization. The size of the collection has now grown to more than 30, 000 objects representing different chronological and geographical points from the Islamic world.

Over decades, the number and categories have continued to grow, including arms and armor, calligraphy, carpets and textiles, coins, glass, jades, ivories, jewelries, manuscripts and miniatures, metalwork, stones and stucco, and woodwork.

The collection has long had an active program of the publication of volumes focused on its holdings, which is ongoing. It also has an impressive history in the generation of distinguished special exhibitions, in addition to loaning the objects to exhibitions organized elsewhere in the world.

I'm grateful to Metropolitan Museum because they wanted me to be there as one of the trustee members on their board. But unfortunately, I was so busy. So my wife has replaced me. She is active. They are doing wonderful jobs.

Art is a big topic. If you are interested in any of the subjects, I'd be happy to talk about them.

Sun Chao: Your Excellency, I learned that your distinguished collection has been ambitiously assembled over the past few decades including the collections survived the vicissitudes of the 1990 Gulf War, when much of it was removed from Kuwait and transported in metal trunks to the Iraq Museum in Baghdad by a group of Iraqi archaeologists by the order of the government. Could you please shed some lights on the Islamic art, as just now you asked me if I have a particular area of interest?

Sheikh Nasser Sabah Al-Ahamed Al-Jaber Al-Sabah: My collection and my passion spans as much as the art of the world, whether it is historic relics from the Bronze Age or the modern art.

For most of the Middle Ages, Islamic glass was the most sophisticated in Eurasia, which was exported in large volumes to both Europe and China. Islam borrowed a great deal of techniques that were employed in glass-producing in Sassanian and Ancient Rome. And since figurative decoration played a small part in pre-Islamic glass, the change in style is not abrupt, except that the whole area initially formed a political whole. And Persian innovations were almost immediately taken up in Egypt. For this reason it is often impossible to distinguish between the various centers of production, of which Egypt, Syria and Persia were the most important, except by scientific analysis of the material, which itself has difficulties. From various documentary references, glass-making and glass trading seem to have been a specialty of the Jewish minority in several centers.

Some of my Islamic art collection spans from the 7th to the 19th century, with Mughal jeweled arts representing one aspect of its holdings. These collections survived the vicissitudes of the 1990 Gulf War, when much of it was removed from Kuwait and transported in metal trunks to the Iraq Museum in Baghdad by a group of Iraqi archaeologists. Fortunately, most of these items were recovered through the agency of the UN. The most notable exceptions are three highly important carved Indian emeralds, which are still missing. The building—along with a magnificent pair of fourteenth-century Moroccan doors that had been installed there—was burned.

Sun Chao: Your Excellency, speaking of museums, what are your favorite museums in the world? Do you have an interest in Chinese art works?

Sheikh Nasser Sabah Al-Ahamed Al-Jaber Al-Sabah: That's a difficult question to answer. Sometimes a recently discovered historic site is better than the museums. So it's very difficult to choose.

There are very great museums like Metropolitan Museum of Art, Musée du Louvre, the British Museum, V&A, and Berlin Museum. They are the great museums in the world, but I cannot identify one in particular because each museum has its own strength. For example, some collections in a certain museum may be better than others.

I can assure you that you have beautiful museums in China. I am trying to pay a private visit to these museums. Your government is extremely kind to us and has helped us solve many difficulties.

Sun Chao: Maybe one day your collection can come to China and share with more Chinese people?

Sheikh Nasser Sabah Al-Ahamed Al-Jaber Al-Sabah: Of course. Actually, I am very grateful to the Chinese government. Once we were selecting jade from China and central Asia. Both kinds of jade reflect Buddhist culture, but have their own characteristics and interests. The Chinese government sent a very excellent scholar to help us learn more about Chinese and central Asian jade.

Kuwait's 2035 Vision

Sun Chao: If the rest of the world, especially Chinese people talks about your country, what would you like them to know?

Sheikh Nasser Sabah Al-Ahamed Al-Jaber Al-Sabah: His Highness's "Vision 2035" very much coincides with President Xi Jinping's Belt and Road Initiative. We have a lot of good things and we have a lot of not-so-good things such as dependency on oil. We are trying to strengthen the great relations and the strategic partnership with China. We may take further steps in order to get over our weakness. His Highness is trying to get the country back to every single citizen. Kuwait is producing for himself and for his future. So that's what we want to do.

Sun Chao: We know that Kuwait is the first Arab gulf country establishing full diplomatic relationship with China. Since the establishment of diplomatic ties, the two countries have maintained friendly exchanges at different levels. Kuwait is also the first Arab country to invest in China. So based on your rich experience, what would you suggest to promote our bilateral relations in the future?

Sheikh Nasser Sabah Al-Ahamed Al-Jaber Al-Sabah: We are doing very well. Our presence here is to discuss further development projects with our Chinese partners, which will provide new hope to our future cooperation.

We pin high hopes on the Belt and Road Initiative and are willing to discuss it with China. It is hoped that the relations between the two countries will be more stable and closer, and that everything will move in the right and appropriate direction.

Sun Chao: Your Excellency, you have mentioned Kuwait's 2035 new vision. As one of the most resourceful countries in the world, Kuwait keeps reforming its economic system toward market-oriented economy and has achieved great success. But on the other hand, Kuwait depends heavily on oil and gas. So, would you like to share with us the measures and achievements your country has made and the challenges your country is facing now?

Sheikh Nasser Sabah Al-Ahamed Al-Jaber Al-Sabah: At the moment, the challenge we are facing is that we still depend heavily on our resources. Luckily our people understand and are aware of this. It's clear that they really want their country not to depend on the resource of oil. That's why you will hear more discussions among Kuwaiti people about the best path for the country in the future. And we have taken many effective measures to diversify our economy, such as making Kuwait an important international port.

There's a lot of work going on. The most major work is to explore more possibilities of the future with our Chinese friends.

As the initiator of silk city, I have been paying close attention to China's Belt And Road initiative, and actively discussed with the Chinese side to build a new town—silk city in the Sofia region on the north coast of Kuwait. When completed in 2035, the city will become an important strategic hub on the new silk road linking China and Europe. We will build Kuwait into a financial and leisure port linking Asia and Europe.

"Learning from History"

Sun Chao: Your Excellency, what are your points of view on the Belt and Road Initiative?

Sheikh Nasser Sabah Al-Ahamed Al-Jaber Al-Sabah: It's a wonderful thing. We should explore and learn from history. In history, people meet people. They shake hands. They see faces. They talk with each other in their own accents. They are Buddhists, Muslims, Jews, Christians and Hindus. So, intercultural exchanges were realized physically.

We need to get more human involved rather than just using banks, cars or social media. We want people to share the most challenging things happening in the future, for example, shortage of food and worsening environment. So that's the thing that I think we should take into great consideration.

Sun Chao: Thank you so much for sharing your understanding of the Belt and Road Initiative. When it comes to the Belt and Road Initiative, we often think about infrastructure and economic cooperation. But aside from that, cultural exchanges should also be included. Could you tell me, based on your rich experience in art, what cultural exchanges China and Kuwait can organize to deepen our friendship and people-to-people exchanges?

Sheikh Nasser Sabah Al-Ahamed Al-Jaber Al-Sabah: I have visited most of the museums in Beijing. We are also working hard, trying to get Chinese arts and collections exhibited in Kuwait to share China's art treasures with friends in Kuwait, gulf countries and other parts of the world who are interested in Chinese art and culture.

The problem we had before was that we did not have enough exhibition space after the invasion of Iraa and Gulf War. Now we do have, and we are working hard to introduce them to the Kuwaitis. And I am also ready to send some of our collection to China because we've seen a lot of interests from the Chinese towards our collection.

Among all the museums that I have visited here, many of them have Kuwaiti collections from both public and private owners. They showed great interest in Kuwaiti arts. So I think that the exchange of museum collections is feasible to enhance cultural exchanges between the two countries.

Sun Chao: Your Excellency, just now you mentioned, your country is now building Silk City and world's longest causeway and establishing a major free trade zone linking the Gulf to Central Asia and Europe. Your country also puts forward"New Kuwait 2035", aiming to transform the country's economy by 2035. So how to better engage in Belt and Road Initiative?

Sheikh Nasser Sabah Al-Ahamed Al-Jaber Al-Sabah: I think our Chinese friends are always interested in His Highness's"Vision 2035". North Kuwait is the most sensitive area because it is located between two greatest civilizations of the world. From the west, it's the Mediterranean and on the east, it is the civilization of Iraq and Iran. This provided opportunities for knowing great civilizations. The areas selected for implementing the vision are five islands extending 1, 000 square kilometers and a coastal land stretching 1, 000 square kilometers.

Many projects of the Belt and Road Initiative will not get to Kuwait before going through others. And if this Initiative does well for the others, it will certainly be welcomed by Kuwait. And as you know, Chinese railway has reached London, and your trains reach Baghdad of the Gulf Region. China is supposed to have four routes starting from western China. These routes need to be further extended to reach more regions and countries. By doing so, the Belt and Road Initiative would be welcomed by people from the world.

Sun Chao: Your Excellency, I have a question related to the Gulf Cooperation Council (GCC) because your country is a very important member of the GCC and playing an important role in strengthening China's ties with countries in the region. I would like to know, from your point of view, what is Kuwait's role in the GCC and how to promote China and the GCC's relationship in the future?

Sheikh Nasser Sabah Al-Ahamed Al-Jaber Al-Sabah: GCC is fully aware of His Highness's"Vision 2035"because it is linked with the decision that has been taken by the rulers to connect those GCC countries by railways, and to connect Kuwait all the way up to the north, Iran, Mediterranean, the Red Sea, to East Europe, and Northwest Europe.

Kuwait is also looking to make some breakthrough. We have joined the vision plan to better protect the gulf environment. For example, we are trying to get fewer oil tanks to the gulf to prevent the pollution. We are also sharing with other GCC countries power and electricity. So there are a lot of things that we can work on together. This Belt and Road Initiative is adding to it.

"Yella"

Sun Chao: Your Excellency, what is your favorite sentence from your country that you want most to share with me?

Sheikh Nasser Sabah Al-Ahamed Al-Jaber Al-Sabah: I think of a slang word. It's called"Yella". It means we should move because time is limited and actions should be taken.

For example, we need to urgently build up social media, which is vital to the modern society. A society will lag behind if it fails to catch up. Someone will catch it earlier but someone will be far behind.

The modern world knows no boundaries. The advent of social media has facilitated communication among people. That is why I believe we should develop social media and in the meantime send more students across the border for intercultural communication and exchanges, for the benefit of our two countries and the whole of the world.

Sun Chao: Your Excellency, there is a Chinese saying, "Actions speak louder than words", underlining the importance of taking actions. The sentence is also my motto. That's why I strongly agree with you. Actually a component for my name"Chao"is the Chinese character for " go " faster, similar to take actions and Yella. It's an interesting coincidence.

Sheikh Nasser Sabah Al-Ahamed Al-Jaber Al-Sabah: The best thing I can say is that you Chinese people are very lucky. You have very wise people in your own country. And they really think far and working hard to get China to the best position in the world.

Both our countries have a vision, and it is our duty to deliver it.

I wish the Belt and Road Initiative a complete success. I hope we can be your associate by helping you succeed with your initiative and that our peoples will work together towards a better future.

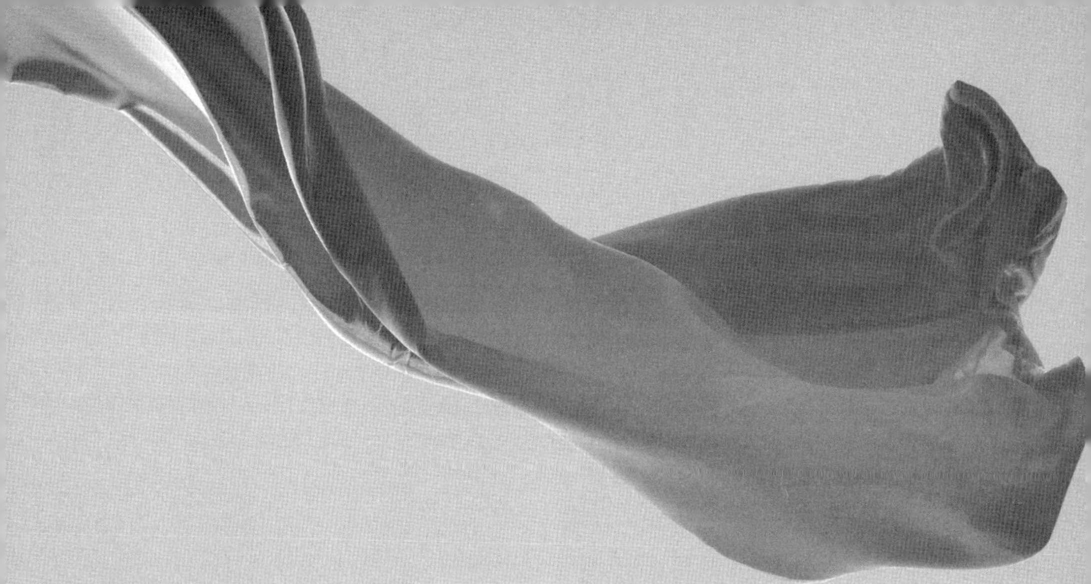

Part IV

It is the modernization of harmony between humanity and nature

The First Free Trade Agreement Signed between China and an African Country

—Interview with Marie Roland Alain Wong Yen Cheong, Ambassador of the Republic of Mauritius to China

During the exclusive interview, ambassador of Mauritius to China Alain Wong told me that he appreciated China's vision for an open, inclusive, clean and beautiful world that enjoys lasting peace and universal security for the common prosperity of humanity. With regard to the international trading system, Mauritius shares the view of China on multilateralism and supports a WTO-centered rules-based trading system that recognizes inherent challenges and constraints of developing countries to integrate with the global economy and the need for special and differential treatment for developing countries.

On January 1, 2021, the Free Trade Agreement between China and Mauritius officially came into force. This is the first FTA signed between China and an African country, which will further enhance mutual openness and mutually beneficial cooperation between China and Mauritius, provide more convenience for enterprises' investment and business in each other's country, and also help lead China-Africa economic and trade cooperation to a new level.

Sun Chao: Mr. Ambassador, we all know that Mauritius is such a beautiful country. I am wondering which part of Mauritius was your hometown? What would be the difference between the life in Beijing and your hometown?

Marie Roland Alain Wong Yen Cheong: Mauritius lies 3,000 kilometers from the southeastern coast of the African continent. And we're a volcanic island surrounded by lagoons and pristine clear waters. Lots of tourists love it when they come to see the beaches of white sands. Lots of Chinese people used to travel to Mauritius before the pandemic. And we hope we will get it back after the pandemic.

My hometown is in the north, but I was born and raised in Port Louis, the capital. Port Louis, the capital, is a melting pot of communities. We were known as the rainbow nation in early days, because from the beginning Mauritian settlers came to bring indigenous workers after the slavery was abolished. I remember when I was in the national team playing football or basketball, we went abroad in the late 70's, early 80's, people were very amazed when they looked at Mauritius team. They said, "Where are you from? Are you sure you're from one country?" Because in the same team, you will find somebody with dark skin, you will see Indians, you will see Chinese, and you will see a blonde. It's getting cosmopolitan. But people were always very curious to know what kind of population that is. You look so different, and you all live well together. And that's what we all want today.

Sun Chao: Mark Twain, author of *The Million Pound Bank Note*, reportedly wrote, "Mauritius was made first, and then heaven; and that heaven was copied after Mauritius". That's how Mauritius came to be known as "Heaven, the Original". How would you like to introduce Mauritius to the Chinese audience? What would be most worth remembering when the rest of the world talks of Mauritius?

Marie Roland Alain Wong Yen Cheong: The people, the friendship. Because the people of Mauritius are always welcoming foreigners. We want to know what's happening abroad. And that's what makes people get along very well. And the infrastructure. You go to a hotel. You go to the beach. You have beaches all around the world, though we always claim that our beaches are the best, and there are also nice beaches around the world. And the climate. We have a small island. But we have so many micro-climates from one kilometer to the others. And sometimes you have a heavy rain, pouring rain like in Amazon. If you just move a few meters, it's sunshine. So this is the magic of Mauritius about its climate. And the air quality is easygoing. You live a longer life, I believe, when you are in Mauritius.

Mauritius situated on the cross roads of the Indian Ocean is a mini model United Nations. We are made stronger by our diversity. Mauritius enjoys a degree of social harmony and cultural understanding that makes it a model for successfully promoting the benefits of ethnic diversity and co-existence. With a long heritage of stability and security, Mauritius has been consistently rated as the best run country in the region.

Sun Chao: As a world-renowned island, Mauritius is surrounded by coral reefs and colorful tropical marine life. On land, along the coast is a narrow plain and on the central highlands are mountains, with quite spectacular scenery. Mauritius is one of the countries with the best air quality in the world and ranked second in the global air quality list released by the World Health Organization. What are the good plans and practices worth sharing in conserving the environment and promoting tourism?

Marie Roland Alain Wong Yen Cheong: Mauritius is internationally renowned as one of the world's premier luxury holiday destinations. With many of the world's most famous hotels, Mauritius enjoys one of the highest rates of returning visitors in the world.

Beyond the clean air, the sun, beautiful landscape, Mauritius is a very secure, disease-free and epidemic-free destination, and security is not an issue. Given our mutual 60-day visa free agreement, tourists from China do not require a visa before travel, just a valid passport as well as a return ticket, a booking ensuring accommodation during the stay, and enough funds to cover their stay. Given these advantages, Mauritius has increasingly become a popular destination among Chinese tourists.

Highlight a new initiative launched by the Government of Mauritius in light of the COVID-19 impact on tourist travel. The Government of Mauritius has introduced a new Premium Visa, valid for a period of one year and renewable. This measure is to encourage eligible visitors to come to Mauritius for long stays. Our island is safe, and with its modern infrastructure, is an ideal spot for visitors to work remotely in all serenity. It is our hope with the new measures and our enhanced safety features that more Chinese tourists will travel to Mauritius.

Mauritius is also one of the most business-and-investment-friendly locations in the world. Consistently rated as the best destination for foreign direct investment in the region, Mauritius has been an established centre for international banking and finance. With an efficient and sophisticated workforce, and fluency in English and French, Mauritius has repeatedly shown its ability to adapt to changing economic circumstances.

In addition to the long-established businesses in sugar, textiles and hospitality, the last few years have seen impressive developments in the Information and Communication Technology, Marine, Biotech and Medical Industries. Mauritius has repeatedly shown its ability to reinvent itself in the face of changing circumstances. This spirit of resourcefulness is practical, open-minded, sensitive and flexible.

FTA: A Significant Cornerstone

Sun Chao: On January 1, 2021, the Free Trade Agreement between China and Mauritius officially came into force. This is the first FTA signed between China and an African country, which will further enhance mutual openness and mutually beneficial cooperation between China and Mauritius, provide more convenience for enterprises' investment and business in each other's country, and also help lead China-Africa economic and trade cooperation to a new level. Would you please shed more lights on this topic?

Marie Roland Alain Wong Yen Cheong: Another recent significant cornerstone in our relations was the signing of the China-Mauritius Free Trade Agreement, which is the first FTA that China has signed with an African country. The FTA which entered into force on 1, January 2021, not only provides more solid institutional guarantee for deepening bilateral economic and trade relations, but also enriches the China-Africa comprehensive strategic and cooperative partnership and push the China-Africa economic and trade cooperation to a more significant height to open up a whole new dimension.

As we all know FTAs do not just eliminate tariffs, but also address border barriers that impede the flow of goods and services between parties, while encouraging investment and enhancing cooperation. They can also address other issues such as intellectual property, e-commerce amongst others.

The FTA between Mauritius and China covers a number of issues, namely, Trade in Goods, Trade in Services, Investment, Economic Cooperation, Dispute Settlement, Electronic Commerce, Competition Policy, Intellectual Property Rights, Technical Barriers to Trade, Sanitary and Phytosanitary Measures and Legal Provisions.

The FTA is meant to be meaningful with significantly improved market access for both countries on products of export interests and with flexible Rules of Origin in order to facilitate bilateral trade.

There are high expectations on this important FTA by both Mauritius and China. For Mauritius, signing an FTA with an economic giant like China will guarantee a market for our special sugars and will give an impetus to investment from China. The FTA will also provide a stronger guarantee for Chinese investors willing to establish business in Mauritius.

Despite being a small country, I think there are some fields of cooperation where we can help, including tourism and services. Mauritius is very well known about the services, the hotels even now. There's already one hotel management company in Mauritius that has opened in the south of China. It's called Lux Hotel. It's the first of the eleven hotels of Lux to be open in China, with Chinese investment and Mauritius management. So this is a good field of cooperation. And the second field of cooperation I think is in the finance system.

"We Have no Doubt When Seeing the Development"

Sun Chao: Ambassador, what do you think of China's development and Chinese people?

Marie Roland Alain Wong Yen Cheong: In the former governments, I was Minister of Civil Service and Administrative Reforms. And then I was Minister of Environment, Sustainable Development, Beach Management and Disaster Reduction. It was a huge portfolio. And then finally I was Minister of Social Integration and Economic Empowerment, which is poverty alleviation. After the election, Prime Minister called me again and said he wanted me to serve as Ambassador in China. I was so happy to hear this, but at the same time, I didn't know if I wanted to leave my country, because I love my country so much. But I didn't regret it. Because once I set foot and we were settling down, we had all the people helping us, and people had been very nice to us, to help us to settle down here in China. So we are enjoying every piece of it. Since I came to China, many provinces invited me to see how they are doing and to also create new cooperation between these provinces and Mauritius, which are connecting people between Mauritius and China together.

We have no doubt when seeing the development, the progress of China. Because China is the only country that can do as they are doing. It is a country of millions of traditions. And you did very well in how to preserve all these traditions. And at the same time, the modernity comes now. I am with the eyes of a child when I go around the provinces and see the cities. I see the infrastructure that has been built around all the cities and provinces, which means that development is everywhere, not only in one part. And I also have to talk about this great achievement that China has done. It's about the poverty alleviation ten years ahead of its goal. This is something that is incredible. I have lived it for the past three years as Minister of Social Integration. We have cooperated together with poverty alleviation in China. All the infrastructures that China has built in remote places are invested in billions and billions to create roads, bridges, railways to connect these small places in China. And I think there's no doubt that China today, what you're doing, removing people from poverty, will obviously create a new impetus into the economy. This will make people have a good earning.

And that will create the economy which will keep on being boosted. And your economic growth is for sure. In the next years to come, China will be no doubt the world number one in economy. This is what I predict.

A Tropical Island that Celebrates Spring Festival

Sun Chao: Mauritius is the only country that has "foreigners" on its banknotes, which means that the portrait of Mr. Zhu Meilin is printed on the Mauritian 25 rouble bill. So, could you please tell us about the life of the Chinese in Mauritius? What's your message to the Chinese in your own country?

Marie Roland Alain Wong Yen Cheong: Since the establishment of diplomatic relations between Mauritius and China in 1972, the two countries have been continuously deepening cooperation in various areas. The China-Mauritius relationship is not only historic, but has been nurtured ever since the arrival of the Chinese immigrants in the Mid-18th century. Mauritius is very proud that an economically dynamic and culturally vibrant section of its population is of Chinese descent and contributes significantly to the human and cultural diversity that make up the Mauritian population.

The Chinese way of life has influenced the Mauritius multi-cultural society. Chinese cuisine has become an integral part of its culinary landscape. Every year, the Chinese Food Festival attracts an important gathering in China Town. Firecrackers which are engraved in the Chinese culture have been transmitted to other communities. Nowadays, every Mauritian is fond of firecrackers, New Year, Divali and Christmas. Mauritius is also the only African country which lists Spring Festival as a public holiday.

I think the whole country, the whole island celebrates Chinese New Year. In fact, one of the biggest events besides the public holidays we have is when there's a Chinese food festival in Port Louis with Chinatown. Every year it's packed full with people trying to come and see this food festival. We got more than half of the population that comes down to Port Louis in the streets to enjoy that. Chinese food is performed part of our traditional food in Mauritius. We have one percent of Chinese overseas in Mauritius. But we celebrate the Spring Festival, Lantern Festival and the Mid Autumn Festival. There's a Dragon Boat Race Festival. We enjoy our way of being cosmopolitan. We learned from each other's culture.

Legendary Ambassador Who Loves to Help

Sun Chao: Mr. Ambassador, our audience are very interested in your experiences. Are there any unforgettable experiences in your life and career?

Marie Roland Alain Wong Yen Cheong: I was Minister in my country. I had three ministries one after the other, and also my career in Aviation as Flight Safety Instructor. I did many things. I was a hotel director in a private island in the Seychelles. And then I was a cruise director. And I also had restaurants as business. And I was also Chairman of Tourism Authority, Chairman of National Real Estate. My hobbies are all in sports. I did many sports and I love all of them. I used to swim a lot. I played basketball for a long time. My team was 21 times champion of Mauritius while I played.

It's very important in life to share knowledge and to help people wherever he's needed. At one time in life, I was complaining about myself. And my elder sister said, "Look, how can you complain. "She brought me to a place where there were workshops with disabled people working and doing handicrafts and things like that and other works. I saw these people are happy. They were singing. They had no arm. Some of them couldn't see. They were blind. "So what is your complaint," I thought. "You should be able to do more than that. You are an athlete. "Maybe that's right. I said, "I'm going to do something. "I was always doing social works. And I said, "Okay I'm going to swim around Mauritius to raise money, because I need to do something that no one has done before. "I remember when I started saying this and people were laughing at me. That became more challenging, because more people laughed at you and said you would not succeed. "Shark would eat you. ""You would be drown. ""There are so many currents. ""The sea's rough. "And the more people did that, the stronger I had become in my mind. I observed a very strict diet for long, for forty days, and then I did it. I swam around Mauritius. The measuring distance was 200 kilometers but the current is like 300 kilometers, which I swam in nine steps.

Even today when I look at the distance, when I look at the sea, I said, "My god, I don't know the motivation was so strong. "The concentration that I did it with was so strong. And from that I raised money to build a shelter for the homeless people. I think that was a thing that I will always remember and many Mauritians always remember about this. And from this philosophy, whenever you have a chance in life to help somebody else, you have to do it. Don't wait, because you can regret. By yourself, you have to help other people.

Sun Chao: Ambassador, what is your favorite sentence or motto from your country?
Marie Roland Alain Wong Yen Cheong: To help each nation, it doesn't come one way. It is both ways. We are thankful to all the technologies that help the infrastructure that China is bringing. Though it's Africa, we are also happy to exchange all what we have, all our natural resources, our civilization, ancient civilizations that no one has been talking enough about. I believe this is what we have to share in common in the very close near future.

Saying that the motto that we often use in Mauritius, it's "Mauritius is a pleasure". And Mauritians say "No problem". Every foreigner who goes to Mauritius finds written on the T-shirt, "No Problem". So don't think about your problem, come to Mauritius. We are waiting for more exchanges with the Chinese people. This is what we said. It's a pleasure and no problem to that.

"More Ecuador in China"

—Interview with Carlos Humberto Larrea Dávila, Ambassador of Ecuador to China

"Ecuador is a country that has four worlds within one". This is the sentence that Ambassador Carlos Humberto Larrea Dávila would like to share with me when talking about his country. Four totally different natural wonders are perfectly presented in one country-Ecuador.

Actually, Ecuador is a unique country with four main geographic regions-Andes Mountains, Amazon Jungle, the specific Galapagos Islands, and the Pacific Coast. There is a snow mountain on the equator, which is almost the only place snowing. Ecuador is a magic country on the equator.

Ecuador, officially the Republic of Ecuador, is a country in northeastern South America, bordered by Colombia on the north, Peru on the southeast, and the Pacific Ocean on the west. Ecuador has 930 kilometers of coastline. The equator runs through the northern part of the country (the name of Ecuador means"equator"in Spanish). Ecuador also includes the Galapagos Islands in the Pacific, about 1,000 kilometers west of the mainland.

The uniqueness of the creatures on the archipelago is the result of unique geographical location, which inspired Darwin who visited the land in September 1835, and made him rethink the possible true origin of species, consequently becoming the beginning of Darwin's publication of"*On the Origin of Species*"more than 20 years later. Due to the unique natural environment on the island, the Ecuadorian government listed the islands as a national park for protection in 1959. In 1978, the archipelago was listed as the World Heritage Site.

In 2022, President of Ecuador, Guillermo Lasso signed a historic Executive Decree to create a new marine reserve – "Reserva Marina de Hermandad"to increase protection for one of the world's most important marine ecosystems, the Galapagos Islands, home to nearly 3,000 marine species, 20 percent of which are found nowhere else on Earth. The expansion will create a massive new ocean corridor or"swimway"of 60,000 sq km that will connect Ecuadorian waters with

Costa Rican waters and significantly enhance protection for threatened migratory wildlife including humpback whales, sea turtles, giant manta rays, and endangered hammerhead sharks.

Due to historical factors, the population of Ecuador is predominantly Indo-European accounting for 77.42%, with 6.83% Indians, 10.46% Caucasians, 2.74% Mulattos and 2.55% Blacks and other races. The official language is Spanish and Quechua is spoken by the Indians. 87.5% of the citizens is Catholic. Among the tribes of the Indians of Ecuador, some primitive religions are preserved. They all have their own idols of worship and most of them worship the high mountains of the Andes as the rulers of their food, clothing, shelter, transportation, honor and fortune.

Amazing Country with Profound History, Legends and Striking Contrast

Sun Chao: Mr. Ambassador, due to the unique history and geographical location, Ecuador not only retains the ancient Indian civilization, but also is located at the equator of the earth. Ecuador is a popular and fascinating destination. When people talk about Ecuador, what do you expect them to remember?

Carlos Humberto Larrea Dávila: Ecuador is an amazing country with profound history, legends and striking contrast. Its name derives from its favorable geographical location—at the centre of the world, which has enabled it to develop an impressive and diverse ecosystem with unique landscapes, climates and microclimates. All these directly map onto our country's great ethnic and cultural diversity and make the quality of our local products unrivalled.

In Ecuador, 77.4% of the population is mestizo who have inherited indigenous and other cultures. There are 13 recognized indigenous peoples in Ecuador, which are not well known abroad. Besides, we also have Afro-descendants and mountain peoples. In addition, there are other 25 or so ethnic groups living throughout Ecuador, with different cultural traditions, social identities and geographical locations.

To sum up, Ecuador is a modernized, safe and friendly country with good connectivity and well-established infrastructure, which we have to give thanks to China to a large extent. These characteristics enable the country to satisfy the needs of the most demanding foreigners.

Today, we strategically set our sights on the Pacific, and China has become an important partner and sincere friend. The two sides have carried out many mutually beneficial and win-win projects. I hope Chinese friends know our country in this way.

More world in Ecuador and more Ecuador in the world

Sun Chao: Although Ecuador is small in size, it has such rich cultural and geographical features, which attract the tourists all over the world. I am wondering where your hometown is?

Carlos Humberto Larrea Dávila: Indeed, please allow me to reply to the first part of your question. We have chosen to promote our country's tourist destinations through technology platforms, provide brand-new and diverse services. Besides the country has new strategies and policy support.

Ecuador has participated in the world's major tourism expo and has formulated magnificent strategies for the extremely diversified tourism destinations in our country.

Ecuador covers an area of about 280,000 square kilometers, but it brings together four geographic regions: the Pacific coast, the Andes, the Amazon rainforest and the Galapagos Islands. The Galapagos Islands are world-famous and were listed as a natural heritage of mankind by UNESCO in 1978.

Millions of Chinese tourists long to gain an insight into the new top tourist destinations in Latin America. In order to attract them to Ecuador, we have promulgated a number of public policies. Followings are some: We have canceled the visa requirements. We have trained our guides to learn Chinese. In terms of catering and hotels, we have provided options that meet the preferences and needs of Chinese tourists.

Please let me introduce some interesting specialties of our country. For example, "Panama hat". In fact, the name is not appropriate because it is produced in Ecuador. It is a straw hat made of Ecuadorian Toquilla. And it is one of the most exquisite and famous Ecuadorian products in the world. I must entrust you with something very emotional. During the official visit made by President Guillermo Lasso to Beijing this February, President Xi Jinping paid special attention to the toquilla straw hats that the Ecuadorian president gave to him and his wife, specially designed for them, and recognized the great heritage value of these magnificent pieces made by Ecuadorian artists.

As Ecuador is located on the equator, the center of the world, an equatorial memorial has been erected in our country. What I hold is a crafted replica of the monument, which contains Ecuador's most famous wine called"The Soul of Ecuador".

Although our country is small in size, it has a huge potential in tourism industry. One factor that promotes tourism is air routes. We are analyzing different alternatives, hoping to include Ecuador's destinations through code sharing with Panama, Mexico and other international aviation hubs, so as to make our routes more profitable.

Another important issue is that Ecuador has also formulated a transportation policy called "Open Skies". This policy stipulates that aviation right is relaxed to promote the integration of Latin America and strategically promote our country to better integrate into the international aviation environment. Undoubtedly, this will help the government promote domestic tourism, increase inbound tourism, and attract new Chinese investment in this field.

Now come to the last part of your question. I was born in Quito, the capital of Ecuador, one of the most impressive cities in Latin America. Its historical center is one of the best-preserved in the world.

There, Spanish art, Baroque art and indigenous art merge to create a wonderful art symbiosis, which is unique for Ecuador and our neighbor Peru. This is a unique artistic and cultural wealth in the world, and we also hope to share it with everyone. In addition, Quito was listed as a World Cultural Heritage Site by UNESCO in 1978.

My favorite city is my hometown. I love my country, and I believe that all cities in Ecuador offer unique attractions for foreign friends. We have a beautiful coastal city called Guayaquil, and another is Manta, where international cruise ships come from all over the world.

We also have modernized cities. Quito city itself not only retains the old historical center, but also has modernized neighborhoods. We have built our metro system in 2020, which makes Ecuador's public transportation system one of the most modernized in our region.

Thanks to the excellent level of cooperation relations between Ecuador and China, indeed the city of Guayaquil will host the XV Business Summit of China and Latin America and the Caribbean, an important interregional event that will bring together the most important companies and logistics operators to do business.

Sun Chao: Mr. Ambassador, what's your favorite motto or sentence from your country, which can represent the spirits of your country?

Carlos Humberto Larrea Dávila: "More world in Ecuador and more Ecuador in the world", which is the phrase that identifies my country today: show Ecuador productively to the world and bring more world to Ecuador with international capital that wants to invest in a dollarized economy, that it has brought economic stability to the country and one of the lowest inflation rates in the region.

Put Collectivism and Empathy above Selfishness and Individualism

Sun Chao: As the Ambassador to China, you have been in China for a few years. How is your life in China? Would you please share with us some unforgettable experiences?

Carlos Humberto Larrea Dávila: Talking about the most memorable experience in China, I think, my acquaintance with President Xi Jinping is certainly the most impressive one. He is an extremely charismatic leader. He is a great strategist, who will certainly go down in history for his vision of change in China, his contribution to the international community in a peaceful, empathetic and cooperative world, and the great Belt and Road Initiative.

In terms of the beautiful China itself, what impresses me most is its people. The Chinese people are friendly, making us foreigners feel at home. We could feel a sense of security here, and we really enjoy being in the streets and squares of Chinese cities.

The next point is very important. I have to admit that during the worst period of COVID-19, I was deeply impressed by the strict discipline of Chinese citizens. We must learn from China, that is, to put collectivism and empathy above selfishness and individualism.

I have always said this to my Chinese diplomatic colleagues, Since I came to your country, I was surprised by the modernization and technological applications in the new era every day. Valuable tools such as Internet, big data, 5G and e-commerce platform have become the key factors in controlling the epidemic.

On the other hand, I was honored to have joined working visits organized by China's government, with the diplomats from Latin America in China. I have traveled a lot to almost all the regions and provinces, which has greatly simplified the diplomatic work of expanding relations between citizens of both countries.

First Latin American Country Joined AIIB

Sun Chao: In November 2016, President Xi Jinping paid a state visit to Ecuador, which was a milestone in the history of the two countries. During the visit, the two sides announced that the relationship between the two countries will be upgraded from a strategic partnership to a comprehensive strategic partnership, opening a new chapter in bilateral economic and trade cooperation. In your opinion, through the Belt and Road Initiative, in what ways can both countries promote development?

Carlos Humberto Larrea Dávila: In 2016, President Xi Jinping visited Ecuador. This was the first visit by a top Chinese leader to Ecuador, which was of historical significance.

Ecuador's participation in the Belt and Road Initiative is another important milestone. We believe that the Belt and Road Initiative has provided an open space for comprehensive cooperation principles of international law. It will promote trade, tourism and investment on the basis of mutual respect and benefit. It is also a valuable contribution to global peace and development. It should be noted that public health cooperation has become a new priority for cooperation in order to jointly fight against the COVID-19.

In addition, China promotes the accessibility of vaccines worldwide, making them a global public goods. In my opinion, this will become the pinnacle of efforts to develop global governance around the Belt and Road Initiative.

Belt and Road Initiative will synchronize with organizations committed to regional cooperation and integration, such as the Forum for the Progress and Integration of South America and the Pacific Alliance, which are effective tools to build a more efficient and interconnected Latin America.

After signing the BRI MOU, Ecuador has responded to the initiative from multiple levels. For example, Ecuador is the first Latin American country to join the Asian Infrastructure Investment Bank(AIIB). We have also joined the Belt and Road tax collection and management cooperation mechanism.

In 2020, the two foreign ministries jointly formulated a comprehensive plan for the implementation of the MOU on the joint construction of the Belt and Road Initiative, which will directly promote our country's cooperation in infrastructure and interconnection with China and other countries that have joined the initiative.

On the occasion of the official visit made by President Guillermo Lasso in February 2022, within the framework of the inauguration of the Winter Olympic Games in Beijing, both countries reached an agreement in the MOU of a Free Trade Agreement and determined a technical work table to initiate the formal conversation of Ecuador's proposal regarding the bilateral debt. In addition, China has confirmed a donation of 2. 5 million vaccines to inoculate the population of 3 to 5 years of age in Ecuador. All these aspects were evidenced in the Joint Statement on Deepening China-Ecuador Comprehensive Strategic Partnership.

At the multilateral level, the two countries have also carried out important cooperation on the basis of mutual respect and common values.

Sun Chao: With the deepening of economic and trade relations between the two countries and the continuous expansion of cooperation areas, Ecuador has become China's major investment and financing target country, engineering contracting market, energy partners in Latin America, and one of the key destinations for Chinese-funded enterprises to"go out". How do you think of the future economic development relationship between China and Ecuador?

Carlos Humberto Larrea Dávila: We have established the comprehensive strategic partnership with China, which has facilitated the implementation of those important public infrastructure projects in Ecuador in recent years. In addition, the exchange of high-level visits between the two countries is also critically important. This is the gateway to strengthen cooperation between the two countries, which meets the needs and interests of both sides.

We are working hard to export to China new types of agricultural products that meet all Chinese technical standards. COVID-19 has had an adverse impact on global industrial chains and supply chains. However, against this global backdrop, the agricultural trade between China and Latin America has grown against the trend, which shows that it has become a "stabilizer" for trade between China and Latin America.

We have conducted in-depth dialogues with Chinese investors so that they can participate in important investment projects in our country through the bidding process stipulated by Ecuadorian law. Ecuador is a safe and lucrative country. In addition, Ecuador has formulated a complete set of regulations to provide better legal protection for those who wish to and will invest in Ecuador.

The last point is very important, but few people know it. Ecuador's silver and gold reserves are among the highest in the world, and it has the sixth largest copper reserves in the world. Since Ecuador greatly relies on mineral exports, attaches importance to environmental issues occurring in the industrial chain, and regards mineral exports as one of the country's main development opportunities, mining has huge investment potential in Ecuador and is also an important source of state revenue.

Sun Chao: Ecuador is rich in natural resources, and its economic growth mainly depends on oil, agriculture, animal husbandry and fishery. But since 2015, as international oil prices continue to fall down and the US dollar strengthens, Ecuador has faced tremendous pressure on its balance of payments and balance. What efforts has Ecuador made in terms of production promotion and economic revitalization?

Carlos Humberto Larrea Dávila: In fact, the Ecuadorian government has been actively adapting its public policies and legislation to the situation and respond to the health crisis caused by the COVID-19 in the most appropriate way. Geopolitical tensions and a growing disparity between supply and demand have driven up prices.

We vigorously revitalize the economy. And we also protect dollarization, since Ecuador is a dollarized country. Dollarization is a double-edged sword. For a dollarized economy, export plays an important role in the generation of foreign exchange. Ecuador needs flowing capital to achieve production recovery, which is essential to maintain the source of employments.

Another important prospect is job creation. These are the core tasks of the Ecuadorian government. At the same time, the government has also adopted various taxation measures aimed at creating employments and promoting production.

The focus of these measures is to attract investment and stimulate production through flexible and transparent tax policies, especially for small business entrepreneurs, who are the foundation of the economy.

The reduction in public expenditure requested by the Government has been achieved progressively. It is reflected in all government decisions. We have implemented structural measures such as reducing the size of the State.

I would like to emphasize that non-oil exports played an important role in our country during the epidemic. Because Ecuador's exports carry the responsibility of promoting economy, including shrimp, bananas, tuna, flowers, timber and other top quality Ecuadorian products.

We seek to diversify non-oil export products to stimulate the production chain and create more employments. Therefore, our trade policy is committed to giving our products tariff-free access to a wider range of markets and free from other barriers, which will help improve competitiveness. In this regard, we are actively cooperating with Chinese partners.

China's First Sharing of Experience in Latin America in the Fight Against the Epidemic

Sun Chao: When the spread of the new COVID-19 caused a serious global health crisis, there were many communications between the China and Ecuador, repeatedly emphasizing the friendship, solidarity and close ties between our two countries during difficult times. What is the most valuable experience in China's epidemic prevention that is worth sharing with the world?

Carlos Humberto Larrea Dávila: Although Ecuador is one of the first countries in the American continent to take strict measures to curb the spread of COVID-19 in Latin America and the Caribbean, it is regrettable that it is still one of the most severely affected countries today.

Confronted the limited availability of supplies worldwide, the Ecuadorian government was quick to deploy diplomatic action and seek international cooperation in order to strengthen the country's capacity to respond to the epidemic.

It is within the framework of comprehensive strategic partnership with China, in cooperation with the Beijing Municipal Government, various local governments and state-owned enterprises, that Ecuador has received a large donation and supply of biosecurity materials in accordance with all the technical and quality standards set by the Chinese government. A large number of donations from China have arrived in Ecuador. More than 14 tons of equipment and materials have been delivered to Ecuador, which were all obtained under the coordination of the Embassy of Ecuador in China.

As well as donations and material purchases, knowledge transfer, especially scientific knowledge, is equally important. For example, academician Li Lanjuan, a world-class expert on the COVID-19, SARS and MERS epidemics, taught her experience of fighting against the epidemic in Wuhan to the highest health authorities in Ecuador, with the Ecuadorian participants led by the Ecuadorian Minister of Public Health. This was the first sharing of experience in Latin America in the fight against the epidemic. Subsequently, the Ministry of Foreign Affairs of China hosted several similar meetings in other CELAC member countries, inviting Chinese scientists to share their achievements in the fight against the COVID-19.

The challenges of global governance in a post-pandemic environment also require global action. The achievement of vaccination against COVID-19 is also a merit of international cooperation, in which China has played a leading role.

This achievement has been recognized worldwide as a successful management model, with the contribution of the public and private sectors, and will allow us to venture into a prompt economic recovery.

Sun Chao: People-to-people exchange is always a vital part for bilateral relations. From 1965 to 2016, our country received a total of 272 Ecuadorian government scholarship students, sent 110 Chinese teachers and 125 volunteers to Ecuador, and provided 159 Confucius Institute scholarships. In your opinion, what kind of cooperation can China and Ecuador achieve in people-to-people exchanges in the future?

Carlos Humberto Larrea Dávila: There is no doubt that the relationship between our two countries is at the best period in history today. I believe that the diplomacy we need should not only be flexible, dynamic and dedicated to economic and political negotiations, since economic and political negotiations are the key, but also should attach importance to non-governmental diplomacy, that is, to promote cultural and people-to-people exchanges, enhance mutual understanding, and bring each other closer together.

The cooperation between the two countries over the past 42 years will continue to develop steadily in the future. Although the two peoples are far apart geographically, they have been united in history because of the same principles and values.

In this regard, the embassies in Quito and Beijing are actively cooperating in cultural and people-to-people exchange. Strict restrictions on the COVID-19 have slowed our agenda. For this, we have made full use of telecommunications and internets, done active work in electronic publications, translating the works of important Ecuadorian writers into Chinese, and hosted a series of lectures offline and online, in place of the very difficult and almost impossible face-to-face activities in special times.

I also want to mention the academic field. We are about to complete the text negotiation of a bilateral cooperation agreement to promote academic exchanges. Another important milestone is a cooperation agreement signed between the two diplomatic academies of Ecuador and China. This agreement will facilitate personnel training and exchange of teachers.

At the moment, tourists place great importance on bio-security and personal safety. We want those who are interested in our region, and Ecuador in particular, to be able to travel safely. Ecuador is open to everyone and we look forward to more Chinese visiting Ecuador.

The Historic Visit

Sun Chao: Your president Guillermo Lasso recently visited China and participated in the opening ceremony of Beijing Winter Olympics. Would you please shed more lights on understanding deep meaning and the fruitful achievements of the historic visit?

Carlos Humberto Larrea Dávila: The Government of Ecuador continues to open markets at a steady pace, strengthening bilateral relations and strengthening ties with commercial partners that allow placing more Ecuador in the world and more world in Ecuador. Thus, President Guillermo Lasso, met with President Xi Jinping, with whom he discussed high-level issues related to financial commitments and the decoupling of oil from debt, the signing of a free trade agreement, vaccination, among other important issues for the relationship between the two countries.

Some of the preliminary results of the meeting with president Xi Jinping are an agreement was reached in the MOU for the signing of a China Free Trade Agreement, and a workgroup was established between the Ministers of Finance of China and Ecuador to start the formal conversation of Ecuador's proposal regarding the debt.

China is the main market for Ecuadorian shrimp and the second export destination for non-oil products. Its bilateral relationship with Ecuador covers different sectors, which from January to November 2021 drove Ecuadorian exports to reach USD 2, 810 million. President Lasso held a meeting with more than 20 representatives of the most important Chinese companies, with a view to attracting more investment and presented a broad portfolio of all projects in sectors such as health, energy, infrastructure, among others(more than 40 investment projects totaling approximately USD 30, 000 million). We want to see in the world and in the Chinese people the great opportunity to develop the Ecuadorian economy.

President Lasso has reiterated Ecuador's"immense gratitude to China"for support from China. "I do not imagine the development of Ecuador without China as an ally" and"Ecuador is a country of 17 million inhabitants but with a big heart, in which 1. 4 billion Chinese fit, whom it welcomes with gratitude"have been two phrases coined by the Ecuadorian president during his visit in Beijing, which in themselves reflect the unprecedented success of his official visit to China.

Sun Chao: Mr. Ambassador, my last questions is, have you all enjoyed 2022 Winter Olympics in Beijing?

Carlos Humberto Larrea Dávila: I want to refer to two relevant aspects, which have made the difference on this occasion. The presence of our First Lady Maria de Lourdes Alcívar de Lasso and her meeting with Madam Peng Liyuan, which allowed deepening aspects of cultural and social cooperation between our countries.

The other element, which is almost a paradigm, is the successful handling by China of an event as important on a global level as the Winter Olympics, in which an Ecuadorian athlete participated for the first time: Sarah Escobar. This event took place at a time when the world is going through another wave of contagion from the pandemic, and China was able to guarantee absolute safety to all the sports and government delegations that participated in the face of this great health risk, for which we thank very especially and we again congratulate the Chinese people for this great success.

A Female Ambassador Born in the 1980's

—Interview with Isabel Domingos, Ambassador of Sao Tome and Principe to China

Two small islands on the West coast of Africa, called Sao Tome and Principe, have about 1, 000km^2, 200, 000 people, nice weather, lovely beaches, excellent food, and enthusiastic people in a very strategic location on the continent.

On December 26, 2016, diplomatic relations between China and Sao Tome and Principe were restored. I had an exclusive interview with the first Ambassador of Sao Tome and Principe to China.

See China on Your Own

Sun Chao: On December 26, 2016, diplomatic relations between China and Sao Tome and Principe were restored. Could you talk about the significance of the restoration of diplomatic relations between the two countries?

Isabel Domingos: There is an enormous meaning for us. China and my country Sao Tome and Principe are both developing countries, so we share the same reality. I'm not talking about the size of population, but difficulties for countries when we are developing countries. And China, as the biggest developing country in the world, has a lot to show us as examples. For instance, China has lifted 770 million people out of extreme poverty and put the living standard of the Chinese people to a very top level. And all achievement China is looking for is to raise the life qualities of the people. I think it's the most important thing for one country.

Now there is an opportunity to relate with China. China is also a reference for many things. Though we have different cultures and different people, we are both developing countries. So I'm sure we can achieve a lot for our people, both in China and in Sao Tome and Principle. We are not only two countries in the world, but are part of the same"world". It means that if we work together, we can go far and achieve the best results. We look forward to seeing the time when the people cheer for the development of their countries.

Sun Chao: As the first Ambassador of Sao Tome and Principe to China since the resumption of diplomatic relations between Sao Tome and Principe and China, could you tell us about your impressions of China?
Isabel Domingos: I first came to China in 2017. Almost all information I had before aboutChina was from western media. But when I had the opportunity to come and see it by myself, I immediately understood that what we got from media was not true. I spoke with my colleague who came to China before that if you go back to 2005, 2010 or 2015, China is different from what we see today in terms of development, weather, environment, qualities of life of the people and urbanization. China is changing fast. And today, China is a reference everyone can get something out of it when talking about technology, fast development, a country that has two systems and its working. I'm sure that managing 1. 4 billion people is not easy. But it is amazing that China found a way to let people feel at home. I spent four years in China, and saw China's traditional culture and saw how people are committed to the country, and our minds changed. So I really want to invite people to come and see China by themselves. And I think it's a really good thing.

Choose the Most Simple Way to Live

Sun Chao: Ambassador, we are very interested in your personal experience because you are so young, and you are one of the very few female ambassadors in China. You have a successful and wonderful professional life, would you please share with us some of your memorable experiences in your career?
Isabel Domingos: Let me tell you that I don't feel like I'm an important person. What I have is the opportunity to be a public servant. When you feel that your work is impacting the lives of others, you will try to do your best to serve them. And since I started my career, I started as a teacher, and it was a learning process for me. Because when you get along with people, you have an opportunity to learn about them, and to understand the complexity of the world. We are just a small part of this world. So we can put ourselves available to improve the lives of others. It is my feeling, you know, I take the responsibility to be a teacher, to be an ambassador, to be a parliament member, or any position I have. It's a big responsibility to do my best to be an example to people be-

cause they are watching what you are doing. And the things I am doing today will affect people positively or negatively. So, I have those responsibilities to step more and work with people more. I understand I have to leave more in this world, so I try to keep doing my best to serve people and give them the best things. All of these worked together to influence the lives of people positively.

Sun Chao: Ambassador, you look so glorious every time we met. Let's talk about fashion in your country.

Isabel Domingos: I really need to thank your kindness, your appreciation, and your words. But what you are seeing is me. It's not a special arrangement. I wear what I like. I try to be as simple as possible. So I really don't have much to say about it, because you may think that I take time to prepare and to dress myself. But no, I try to choose the most simple way to live.

For example, I drew today's dress myself. I tried to find some inspiring pictures and asked the tailor to do it for me. Then I took her sample and let her make some adjustments. She took the measurement even if it's difficult because our shape is different from that of Chinese. As you see, I like this one because most of it is red, even the color is quite easy. But I really enjoy the green color, so I think the green color matches well with the red color.

In my country, we have at least two traditional styles of clothes. They are quite different and worn in different situations. For example, if a lady loses her husband, the color of clothes and the way she uses the scarf are different. It means that people can tell which stage of life a female is in according to her dress. But things change a lot today. I really enjoy African style and I think it fits me well. Actually, you can wear the same clothes on formal and informal occasions. It helps me a lot because I have full schedules, and we don't have time to go and change to fit different situations.

What we wear can communicate and send messages to others. Watching can be a good way to accept messages. But let me talk about traditional one. When it comes to our own country, we are unique. Each country and each culture are unique in the world, and each citizen should believe that culture helps people to know and understand where we come from. For example, if we wear the same things as Chinese, we don't communicate vividly our culture with the Chinese people. What is African culture, African food, African clothes, African song and African dance? You know, it is our responsibility to link African culture and Chinese culture. And each ambassador has his/her own country's culture. So there are a lot of things to learn, to do and to show up.

Prepare Yourself and Challenge Yourself

Sun Chao: As one of the few female foreign ambassadors, would you give some suggestions to younger generation, especially to the young girls?

Isabel Domingos: I want to emphasize that women have achieved a lot today. We are more united and have support from the media, international organizations and local associations. We are talking more about human situations. We are improving ourselves, at least the self concerns about our situation. The way we are treated, gender equality, women's situation, poverty reduction and females' employment environment are changing.

And before I keep going, I want to congratulate women from my country. September 19th is our women's day. During colonial times, people were collected to do boring and high-intensity jobs. They were suffering a lot. So women, wives and mothers, united together and formed a big group with one leader. And this happened on September 19th, 1974. Since then, this day has been considered a milestone. All of us respect it, and we use it as an example to confirm we are stronger and we can go far. Wherever we come from, we are women and face the same challenge. So I want to say that we should keep together.

In most of the countries, we are taught to learn how to deal with domestics, take care of the family, wash clothes, clean out and cook. We are changing how to survive in society outside. A lot of situations are changing because women are fighting. As women, when we have opportunity to decide, to be in public places, we should talk on behalf of all of us and become an example for all. You say to yourself, "oh, if she can, I can do the same. So I need to believe in myself. I need to fight. I need to be strong. I need to be confident so I can reach that place also. "And, it's not only in political issues, but others. We should trust ourselves, prepare, and improve our skills so that we can be able to face our current situation.

I also want to address the family. Because in many countries, sometimes the issues start from the family. The parents in families who have girls and boys treat them unequally. Boys are allowed to meet their friends, go to school, but the girls are overprotected, so they are blocked and don't know the world. Our minds should be dynamic and active. We should explore the world and to be creative. Finally, please give boys and girls the same rights and responsibilities and treat them in the similar manner. I want to give a message to us females. If you have a dream, do it, and make efforts on the direction of that dream every day. Don't be afraid of making mistakes. Your mistake is important because every mistake is an opportunity to improve yourself. Accepting the risk is also important. The risks and the challenges are the method of understanding where you should correct and where you should improve. Prepare yourself and challenge yourself. If it is necessary, cry. But please keep going.

Sun Chao: Ambassador, what's your favorite thing to do in your spare time in China?

Isabel Domingos: I really enjoyed Beijing Duck. I like cultural heritage and the way China preserves its culture. So it not only educates Chinese people and shows them where they came from, the past, and the ancestors, but it also allows us to understand China in real pictures. Because they remind us of the past, all the processes the Chinese people kept fighting were to get their own development. People must do that, because if you don't have your identity, you can't go far. Because you don't know where you came from, you don't know how far you want to go. When you come to China and leave, you will feel like you are Chinese people. I think it's one of China's achievements in cultivating Chinese identity. So they feel to be Chinese wherever they are.

I remember that I visit Chongqing, Shenzhen, and Jiangsu. When visiting different provinces(or cities), it's a different and unique experience. I'm so passionate about Hangzhou because it's very green and full of trees. There is a river and it plays an important role in the Constitution of the PRC. I know it crosses Jiaxing city and the 1st meeting of CPC happened on it. Every part of China has a history behind it. So we need to respect and understand the meaning. China is really huge so I need more time to really see and understand deeper.

Sun Chao: You were a teacher before coming to China. You have previously visited Beijing Foreign Studies University to learn about the international characteristics and strengths of the Portuguese major. Could you give your suggestion on how to better strengthen the humanistic exchange between the two countries?

Isabel Domingos: When we talk about education, we cannot just talk about the school itself, we should also talk about the students and teachers. During the time they get together, they share information and reflection. And the teacher is here to allow the students to use their minds and to be dynamic and creative. When a society has very clear goals, people need leaders to drive and guide them. And I think when there is a goal everyone knows, it's very helpful for them to be a part of it. For example, a student who comes to China to understand the Chinese system, understand how China prepares for each area of work, and how China uses the traditional practices to keep improving in different situations they faced before. Everything that I mention now is a great opportunity for us to learn.

Language is very rich. And I know China pays great attention to the relationship between China and Portuguese-speaking countries. As you said, there are teaching projects for foreign studies. Portuguese language is rich and it's different around the world.

I hope the friendship between China and Africa can keep going deeper and deeper, so that we can improve the knowledge of each other and respect more. It's very important to develop people-to-people communication, because I think the real relationship comes from people's daily relation.

Sustainable Development is the Key Point

Sun Chao: Chinese people are not familiar with your country. When the rest of the world is talking about your country, what would you want them to know and to remember?

Isabel Domingos: Two small islands on the West coast of Africa, called Sao Tome and Principe, have about 1,000km^2, 200,000 people, nice weather, lovely beaches, excellent food, and enthusiastic people in a very strategic location on the continent.

As tourists, you will have one of the unique experiences in your life. You can enjoy the place, the mountains, the beaches, the rivers, and what you never saw before in your life. The weather is the same all year round. You can also enjoy endemic flowers, plants, and animals that you can not find in other places of the world. You can go and see them, and relate to them, and they are very friendly. We don't have dangerous animals, so you can really enjoy it. And people here are ready to guide you and show you the place. We are enthusiastic and have a different lifestyle. We are always smiling and happy. We don't need a special reason to gather together. Everyone will be treated as someone that we have already known for a long time. So please come and visit us, and I'm sure you will never forget your experience there.

As for entrepreneurs and investors, we want to achieve something and have more companies to invest. So we are working hard to improve the business environment and to make sure that we are prepared to meet all perspectives or necessities of each investor.

Let me speak about the fishery. You know, today, even experts pay attention to what we are eating because we are what we eat. I have taken all the lessons you can find in food processing. And we eat a lot of processed food. You know, today, more and more commercial fishery cultivates the fish so efficiently. Actually, if you eat one tuna, it comes from the Atlantic Ocean. It's different, you will become a more healthy person.

We have our own beauty. And everyone has the unique beauty to show. Since we are an island country, we want to keep sustainable development. So our lifestyle is still very close to that of the past and the things we are working with hasn't changed much. If you come to visit, you will not see five-star or seven-star hotels, because these may change the lifestyle much. You will see the small hotels that offer the traditional food. You will be very close to the natural lifestyle. The beach is really natural. You can open a coconut and enjoy yourself. The fishes grilled in front of you come straight from the sea. Just add some salt and lemon, and you can feel that you are in real nature. You are the only one. Because we want to provide our visitors with unique experiences in their lives. We have endemicity and you can find it in some basic things. It is what calls people to come and see themselves. I'm here to promote my country. If you have the opportunity to go and see one day, you will say, she is right, and I've never had such an experience in other places.

For us, sustainable development is the key point and is the flag we raise. Because we know that is our identity deeply. And in addition, we have safety, security and peace. When you come to the South and come to me, you don't need to be afraid because you are safe, you can enjoy yourself and relax.

And one of the important things to the leader is to sort things with service. So it's why we're happy as the embassy in China to provide more information, more support, and more details. We are an island country and not on the continent. But we are very close to other continents. We can be linked with not only the African continent, but also America and Eurozone.

Belief is Power

Sun Chao: In 2021, China has built "Belt and Road" Initiative partnership with Sao

Tome and Principe, how to better engage in BRI? How to build a community with a shared future of mankind?

Isabel Domingos: Today, there come with a lot of opportunities. What brings to us is different ways and opportunities to link different interests, so we can meet the demand of each other and go to the shared future. So where can we work together? Our maritime territory is 160 times bigger than our land territory. So you can imagine how rich our ocean is, and when planes fly high, you can see the view of the ocean. But what we don't have is to manifest and process this resource efficiently. We built partnership with China to build infrastructure to process. So we can use our resources to develop our country and provide productions for our people and around the world, including China. And I think it's the best partnership we have. No one has come to explore before. They just came to collect our resources and left. Today, I need to appreciate China for it. And China is a real friend of Africa.

Chinese professionals have many opportunities to come and invest in several aspects. And in agriculture today, we are not only looking for massive production of cocoa and coffee on a large scale. We are also producing cocoa or coffee organically. We use our volcanic soil with a lot of minerals, so the cocoa is rich in nutrients and the coffee is unique. We want Chinese people to enjoy them. So I want to take a visa project to invite Chinese investors to come and see several areas, like fishery, agriculture, and language service industry. I hope they can find the right area to invest. We can trust the visionary investors, who come to take advantage of the opportunities.

We have several advantages, like our location which Chinese companies can reach easily. We are in the central parts of the world and on the equator line. So based on our island, a service, holistic business island, can facilitate connections with different countries and continents.

China has just finished the first goal of the Two Centenary Goals. I think the balance of China is very positive. And it is the start of the second stage of the plan now. China still looks at all the people and friends.

So to summarize, BRI is one of the great initiatives President Xi Jinping proposed. Taking our realities and potentialities into consideration, let's join hands together. And then, each of us could explore and share what we have. So in the end, our people can share the best future as one community.

Sun Chao: Dear ambassador, as the tradition of our program, would you please share with the audience your favorite motto or sentence from your country?

Isabel Domingos: "The belief is power". In Portuguese, we say that you will win when you believe in something. Because when you believe in something, you get motivation. You put yourself available to achieve the things you believe in, whether it's the work of individuals or the development of nations. Believing is the most important thing.

And happiness is the key to everything. If you are a happy person, you will enjoy life and you will be confident.

Part V

It is the modernization of peaceful development

Founding of CPC is one of the greatest events in the 20th century that really has changed the world

—Interview with Gunnar Snorri Gunnarsso,
Ambassador of Iceland to China

Ambassador of Iceland to China Mr. Gunnar Snorri Gunnarsso is a leader who has deep understanding on the development of China. He became the Ambassador of Iceland to China two times. And he first came to China in 1994 with his minister on an official visit. Back then the official mission was to decide in which country Iceland should open its first embassy in Asia. And then they took the decision to open the first one in Beijing. Ambassador Gunnar Snorri Gunnarsso told me that it was a completely different China. Now China is gleaming and modern and the progress in China has been unbelievable.

Ambassador told me, "It has been an extremely rewarding experience for me to live and work here in China. Some people almost warned me that somehow the Chinese would be mysterious and be very difficult to understand and I had to be very careful. But then I found out that the Chinese are very friendly. They like having a good time with friends. They love good food. They love their children. Instead of being complicated, difficult, they are just nice human beings. I have really enjoyed my time here."

Second Time as the Ambassador to China

Sun Chao: Mr. Ambassador, thank you so much for having me. It is the first time I had the honor to interview you, although we have met a few times before. I know you have a fascinating experience in China. Would you please introduce yourself a little bit more to our Chinese audience?

Gunnar Snorri Gunnarsson: I am Gunnar Snorri Gunnarsson. I have been working for the Ministry of Foreign Affairs of Iceland for more than forty years. I have been posted to Brussels, Paris, Geneva, Berlin and Beijing. And I have been active in negotiating with the European Union. I spent all together more than 10 years in Brussels. I was also, for a while, the Permanent Secretary, one of the highest officials in the Ministry of Foreign Affairs. This is my second term posted in China. And I have been here for about 3 years.

Sun Chao: How interesting to know this is the second time you are the Ambassador to China. You must have deep understanding on working and living in China. Where have you been in China? What impressed you most in China?

Gunnar Snorri Gunnarsson: Last time when I was here as Ambassador of Iceland to China was from the year of 2006 to 2009. I managed to visit almost all the provinces of China. This time till last month I only had two provinces left, Jilin province and Hainan province. So guess what? Recently I went one weekend up to Jilin Province. It was −22℃, below zero. And next week I will go to Hainan which is 25℃ above. This just shows how big China is. We can have these contrasts going from one place to the other. But there are still so many things to see and to explore in China, a whole lifetime would not be enough to experience and to see everything. I have really enjoyed my time here in China. Unfortunately, I had not been able to travel as much last year as before. But things will get better soon, then I can sort of resume and continue my exploration and my voyage of discovery in China.

Sun Chao: Mr. Ambassador, since you have been to so many places in China, I am wondering what your favorite place is in China?

Gunnar Snorri Gunnarsson: In fact, I have many favorite places in China. I am from an island country and I grew up by the sea. So, we always appreciate the opportunity to go to the coastal cities, ranging from Qingdao. I go there every year because of the fishery exhibition. Dalian is a great city, and Shanghai too. Ningbo has a special agreement with the university of Iceland. There used to be several Icelandic artists in Xiamen. Then Hong Kong, Guangzhou. I can continue to turn inland cities as well, like Chengdu. Chengdu is a particular favorite of mine, especially its quality of life, the feeling of sitting outside in a tea house in Chengdu or going to one of the historic sites in Sichuan province. I also took a trip down the river from Chongqing to Wuhan, through the Three Gorges Area. I would like to do it again now to see how it has changed in the meantime. I would also mention Kunming, the city of eternal spring. I could go on and on.

First Embassy of Iceland in Asia

Sun Chao: Speaking of the past, I heard that the first time you visit China was in the 1990s. What's the story behind that?

Gunnar Snorri Gunnarsson: Well, in fact, I say that it is my fate to come back to China in the year of dog, in 1994, in 2006, and again in 2018. I first came to China in 1994 with my minister on an official visit. Back then the official mission was to decide where Iceland should open its first embassy in Asia. And we visited China, Japan and Korea. And then of course we made the decision to open the first one in Beijing. My minister met Minister Qian Qichen. We also met Vice President Rong Yiren. In fact, my first address in China was in Diaoyutai because we stayed at the Diaoyutai State Guest House. Less than a year later, we opened the first embassy in January 1995. Of course, it was a completely different China. It was very different compared to what you can see now. Now it's gleaming and modern and the progress has been unbelievable.

Sun Chao: You have witnessed the growth and development in China. So how do you see the changes in China and in Chinese people?

Gunnar Snorri Gunnarsson: I think you can see how everything has changed through increasing prosperity. You can see that people are well-dressed, well-clothed, well-fed, getting taller. I can see the young Chinese now are taller than before. And you can also see the variety of consumer goods that you can willingly purchase. And many people see China as a shoppers' paradise because you can get practically everything you like here. Everything is getting cleaner and more efficient. You want to live in a society where you feel that it is progressing, and is making progress day by day, year by year.

Sun Chao: Thank you for shedding important lights on better understanding China's development. Can you share with us some unforgettable stories in your professional life?

Gunnar Snorri Gunnarsson: When I was a young diplomat in Paris, for example, I was asked to help to arrange an exhibition of Picasso's work in Iceland. And I was as intermediary negotiating and talking with Jacqueline, Picasso's widow. So, I went several times to visit her in the south of France, and she showed me around the house and all thepaintings. At the end, she sent a certain number of works to Iceland for an exhibition. It turned out to be the last exhibition she ever participated in because a short time later she passed away. So that is one example of many, as you know, the life of a diplomat, you can have very different tasks in the course of your career.

Professionally speaking, I would say negotiating the EEA agreement was the most important, being part of the negotiation team and helping out. Iceland is not a member of the European Union, but we are part of the European Economic Area. In the late eighties and early nineties, we negotiated this agreement.

And of course here in China, I was lucky enough to be here at the Beijing Olympics in 2008 and the opening ceremony was marvelous. I remembered that Iceland won a silver medal in men's handball on the very last day. Our President was here, and the whole nation of Iceland was following from a distance. It was a wonderful event for all of us. I also remember the celebrations because I was lucky enough to be here both for the 60th and the 70th anniversary of the founding of the People's Republic of China.

Founding of CPC is one of the great events in the 20th century that really has changed the world

Sun Chao: 2021 marks the 100th anniversary of the founding of the Communist Party of China, how do you see the leadership of the CPC?

Gunnar Snorri Gunnarsson: When I was in Shanghai, I visited several historic places that were related to the founding of the Communist Party of China, and they have been 100 years, starting out with the struggle, with being persecuted, with being hunted throughout the provinces, and of course the great long march. And then China finally stood up with the founding of the People's Republic of China in 1949 and then its development and the adaptation to a changing world. And I think, that the Communist Party deserves credit for having adapted to changing times, especially in the 40 years period of reform and opening up, with new infrastructure set up, and with the increased role of China in the world economy. I think the founding of the CPC is one of the great events of the 20th century that really has changed the world.

Sun Chao: The first Iceland embassy in Asia was established in Beijing, China. 2021 marks the 50th anniversary of diplomatic relationship between the two countries. How do you see the future of our relationship?

Gunnar Snorri Gunnarsson: Even before we established diplomatic relations, there were friendly relations on a people-to-people level. There was a cultural delegation that came here in 1952 and attended the National Day celebrations and met Chairman Mao Zedong at the time. And in the twenties, there were Icelandic missionaries here. So, the relationship of the two nations can go back a long way. I think the first Icelander came up to China probably in the eighteenth century, and he was very much impressed. Even then he wrote a book about it.

But 50 years is a long time, almost two generations. What we have established in the 50 years is a steady increase of contact, a steady increase of trade, a steady increase of official relations of different kinds. We would like to mark the occasion in different ways. We would like to celebrate for example our geothermal cooperation, because in over 60 places there are joint projects between Sinopec and an Icelandic company called Arctic Green, where you drill for hot water for district heating with geothermal resources and this is a specific Icelandic know-how and have been developing over the last century. I think this could be our contribution to the great goal of carbon neutrality. President Xi Jinping has announced that China should become carbon neutral by 2060.

We would also like to do something related to gender equality because we have been very successful in increasing gender equality, and we would like to organize some sort of events with national organizations such as All-China Women's Federation and the China Association of Women Entrepreneurs.

Another theme could be in the area of Arctic policy. In Iceland right now, there's a northern lights observatory, that is a joint Icelandic Chinese venture and we have also welcomed it. China is an observer in the Arctic Council. We welcome China's participation in scientific research in the Polar and Arctic region. So, we have these three themes and in general the environment. These are all important aspects for both of our foreign policy and where we can see room for cooperation between Iceland and China. We are also currently collecting photographs taken by Chinese tourists and guests in Iceland. We aim to publish some of the photographs in a book under the title"*Iceland: Seen through Chinese Eyes*". We want to publish it this year and maybe have an exhibition as well. And we are also working on short video interviews-a vlog project with Icelanders in China and Chinese in Iceland.

Sun Chao: As you know, my last book *Ambassadors' views on the Belt and Road Initiative* was published by CITIC Press Group, one of the most influential publishing groups, a public company in China. You just now mentioned that you will introduce Iceland using new tools like short videos and pictures, which are extremely popular to young people. Communication is at the center of people-to-people exchanges. How to better promote people-to-people exchanges, especially for the younger generation?

Gunnar Snorri Gunnarsson: We have been very pleased to witness the development of Chinese tourism in Iceland, the development of people coming to Iceland. And when I was here earlier, most of the Chinese came in organized groups and often visited several countries. But now we see more and more independent young people, either individuals or couples or small groups who organize their trips online. They will get in touch with Icelandic service providers and travel agencies and they are much more independent-minded and willing to travel around the country than before. In 2019, we had more than 100, 000 Chinese coming to Iceland and you can see how they are exploring the world with much more self-confidence and much greater independence than before, much more assured. We welcome this development. I would be happy to see even more Chinese tourists visiting. We have in fact also been building our tourism infrastructure and our contact with Visa Centers, as one needs a visa to visit Iceland. Nonetheless, a visa to Iceland is a Schengen visa, because we are part of the Schengen group. And we have now got the authorization from the Chinese authorities to have visa application centers opened in 11 cities in China. We hope to be able to be of service and then be able to work to help more and more Chinese visitors.

I have seen how the young Chinese are getting more and more self-assured and confident and ready to face the world. I have also visited Shenzhen, an important centre for high-tech. I remember last time I was there, we received a youth choir from Iceland. This choir, a total of 100 young people, visited Beijing and we organized accommodation with Daxing Middle School. They stayed with Chinese families. People were a little bit nervous how this would work out, but it turned out to be a very enriching experience both for the Icelanders and for the Chinese. I remember at the end, people were saying goodbye after having three nights with Chinese-saying such things as: "Oh, you're like the brother, or the sister I never had." But what impressed the Icelandic students was how hardworking the Chinese people were. They were getting up at five o'clock in the morning for the extra study.

I graduated from the University of Edinburgh in Scotland, and as an alumnus, I attended an event here in Beijing with other graduates from the University of Edinburgh. There were many young Chinese there. In fact, I found I was by far the oldest person there and I found out that none of the Chinese students were born when I graduated. But talking to them I found out that they are all nine nine six(996)—they are working from nine o'clock in the morning to nine o'clock in the evening six days a week and on Sundays, they are ready on call, the boss calls, then adapt to work on Sundays as well. So, if you have this combination of young Chinese, well-educated, self-confident and hardworking, this is a winning combination.

Sun Chao: Thank you for the encouragement. My proposal is that we would like to co-host the seminar on gender equality and we would like to invite Chinese participants, including female policy makers, businesswomen, young scholars and students.

Gunnar Snorri Gunnarsson: We recently held a short roundtable at the embassy via Women Political Leaders(WPL), an organization that is based in Iceland and is led by the former Icelandic Minister. And we had a short roundtable here in Beijing. You know, the old phrase in China that women hold up half the sky was always quoted. I was very encouraged by what President Xi Jinping said in his speech on celebrating 25 years since the Women's Conference was held in 1995, here in China. He emphasized the importance of gender equality. Now I'm expecting that there will be more and more. Back in 2018 We had a meeting of Icelandic businesswomen and Chinese businesswomen. Because our former President Vigdís Finnbogadóttir was the first woman who was elected in a popular election to become Head of State. We have made great progress in the last forty years in gender equality, and this is a dialogue we would very much like to continue with China.

Sun Chao: Exactly. And I think the challenge China is facing is a global issue as well. We need more voices from women, not only from business leaders, successful entrepreneurs, but also from artists, scholars, even young students. It would be something really meaningful.

Gunnar Snorri Gunnarsson: We received a generous donation from the All-China Women's Federation that visited me here at the embassy and they sent us masks at the early stage of the pandemic. However, I also noticed that in these difficult times, Sun Chunlan, Vice Premier, had been always a key figure. And this has also been extra emphasized, during the pandemic, women have definitely taken center stage.

Sun Chao: We know that your country is one of the dreamland for tourists. When the rest of the world talks about your country, what would you want them to know and to remember?

Gunnar Snorri Gunnarsson: We are in some ways pleased that Iceland's Chinese name, Bingdao, reflects some of the impressions that we would like people to retain. It stands as being pure and clean. It's a country that is not polluted. Most products from Iceland are highly beneficial as they are produced in a clean and healthy environment. We envision a future where we, Icelanders, are leading, both in environmental technology and in clean and sustainable environment. Also, as I have mentioned before, with gender equality and harmonious inclusive society, we hope to create a society where there is not only gender equality but also social equality, with fair equal distribution of income. Likewise, we hope to form a friendly society. This has turned out to be a great calling-card as we attract tourists. A common comment is that people highlight the wonderful experience of seeing Icelandic nature and scenic surroundings. However, another common note is that our people are friendly. And this is something we would like to retain, an impression we would like to safeguard and keep.

First Western European Country to Sign the FTA with China

Sun Chao: Iceland is one of the founding members of Asian Infrastructure Investment Bank(AIIB), which is the first multinational financial institution initiated in China. So how do you see the role of AIIB? How do you see China's Belt and Road Initiative and a new version of globalization for a new era?

Gunnar Snorri Gunnarsson: It's interesting that we became a member of AIIB, but we are not a member of the Asian Development Bank. I think Iceland's interests lay in the emphasis that AIIB wants to be Lean, Clean and Green. The bank has adopted a more modern approach emphasizing exactly the values that we hold dear and we would like to emphasize. I have been attending a number of functions and briefings at the AIIB in Beijing. The approach that AIIB has adopted has been successful. Of course, it's related to the Belt and Road Initiative. We saluted and supported the initiative proposed by President Xi Jinping. China has become a role model in this area for many other developing countries. While saluting this effort, we would like to keep a dialogue on the subject matter.

Sun Chao: Belt and Road Initiative is a new version of globalization, providing an open platform to all the country who wants to join. For example, some countries, they are far away from China, but we proposed a third-party cooperation. I hope in the future we will seek more concrete opportunities under BRI with your country as well.

Gunnar Snorri Gunnarsson: Yes. We should not forget that Iceland and China already have quite an important contractual relationship in that Iceland was the first European country to sign a Free Trade Agreement with China. This is dear to my own heart, because when I was here before, I led the first four rounds of negotiations. We worked hard on this issue, so I am very happy to see how trade has more than tripled since this agreement.

Sun Chao: Your country is the first country from the Western European countries to recognize China's market economy status and the first Western European country to sign the Free Trade Agreement with China. How should we deepen trade relationship in the future?

Gunnar Snorri Gunnarsson: We have lately been emphasizing the rapid rise of e-commerce, and trade links formed through e-commerce. This presents new possibilities for trade between Iceland and China in both directions. Icelanders have already discovered Alibaba, Alipay and WeChat. And you can now go to Iceland and do some shopping using a Chinese App. I've been in touch with a number of influencers and people who operate online, and this is also a new avenue of communicating and getting in touch with people and introducing Iceland and Icelandic products to China. I think this is something that will definitely open up new possibilities and increase trade between Iceland and China.

Sun Chao: As a tradition of our program, would you share a motto or your favorite sentence from your country?

Gunnar Snorri Gunnarsson: There is a phrase, a small, nice and very informal phrase in my language—"Thetta reddast". The Icelandic phrase means that in the end everything will be okay. In English, it means okay, don't lose courage. Things will get better and we will manage.

In fact, there's a group of Chinese students who are studying Icelandic at Beijing Foreign Studies University. During the pandemic, they sent a message in Icelandic, using this phrase, to the Icelandic people, and it went viral and it was very popular.

The national language of Iceland is Icelandic. It's an ancient language closely related to the language spoken in all the Nordic countries 1, 000 years ago. It's related to Norwegian, Swedish and Danish. We, in Iceland, isolated in the North Atlantic, kept the old language while the other Nordic countries developed more distinct languages, while we kept our language, so we like to say that Icelandic is the Latin of the North.

My Chinese name is Gu Shixian. And it reflects both the meaning of my name and the pronunciation. Because Gunnar Snorri Gunnarsson in Icelandic language, Gunnar means warrior, Snorri is an ancient literary figure from the thirteenth century in Iceland. In Chinese, Gu means old, Shi means both a warrior and scholar, Xian means a nice noble connotation. So, altogether, many people have commented on the fact that it's a nice name.

"We will Climb the Hill Together, We will Go Down the Valley Together"

—Interview with Raja Dato' Nushirwan Zainal Abidin, Ambassador of Malaysia to China

Ambassador of Malaysia to China Raja Dato' Nushirwan Zainal Abidin told me that his favorite Chinese dish is Xinjiang Latiaozi. He had came to China more than 20 times before and it's very impressive for him to see the phenomenal growth in China.

Ambassador Raja Dato' Nushirwan Zainal Abidin shared with me one Malaysian saying that President Xi Jinping used at the APEC meeting which Malaysia chaired, meaning"We will climb the hill together, We will go down the valley together. "This sentence shows the strength of our bilateral relations, which he thinks has grown even stronger during the pandemic period and hope in the post-pandemic period.

See the Phenomenal Growth in China

Sun Chao: Dear Mr. Ambassador, thank you so much for joining me. I remember the last time we met not long ago was World Book Day. Today we are celebrating the World Museum Day. Speaking of the first time, here comes my first question. Do you still remember the first time you came to China? How do you feel about your life in Beijing now?

Raja Dato' Nushirwan Zainal Abidin: I just like to begin by taking this opportunity to thank you for giving me the honor of being interviewed. This is a very important chance and let me also congratulate you on your book *Ambassadors' Views on the Belt and Road Initiative*. It's a very prestigious one as well as the commemoration of today as World Museum Day.

I first arrived in China in 1995 as a part of a training program. Beijing in 1995 is obviously very different from Beijing today. I always like to share this anecdote. We were staying in a hotel. I forgot the name of the hotel. But it was one of the few hotels open to foreigners in those days. I remember that I lived on the 14th floor and magnetic key cards had just been introduced back then. So instead of using the usual key, I used the magnetic key card. There was one time when mine could not work. There was a very young man, a boy really, and he was a janitor, cleaning the corridor. He came up to see me. He didn't speak any English. I didn't speak any mandarin. It was like a chicken speaking to a duck. But finally, he realized what I was trying to say, and I realized what he was trying to say. So, in the end, he took my key card and ran down 14 floors. After that, he ran up again, 14 floors. He came out all very sweaty and very exhausted. I asked him: "while you have the key card, why didn't you just use the lift?" He said: "no, that lift is for guests. "I was very impressed by the sheer discipline of this young man at that moment. I knew even then that many of the youth in China with this kind of work ethic and attitude, then this country will go very far. My experience now coming here as the ambassador has proven that what I thought in 1995 to be true.

I often wondered what happened to that boy. I was very impressed by his attitude and fast forward. I've been coming to China more than 20 times since then, including the Beijing Olympics in 2008. It's very impressive to see the phenomenal growth in China.

And there is another anecdote from the time when I first arrived in China. You could use credit cards but it was a very difficult and very cumbersome process. I had to line up three times. First, I took the thing that I wanted to buy, lined up, gave it to the counter, and they gave me a receipt. Second, with the receipt, I went to another counter to make the payment using my credit card. Then they gave me another receipt and finally I had to line up another time to take the thing from another counter. It took about an hour just to make that purchase using a credit card. But nowadays people can just use WeChat pay and so on, which only takes a couple of seconds. It's an incredible progress.

Sun Chao: Thank you, Ambassador. It's very touching. I have learned a lot from what you have shared. I am very interested in your experience as well. You are a very successful diplomat and have a wonderful life. I am just wondering if there are any unforgettable stories during your diplomat experience you would like to share with me?

Raja Dato' Nushirwan Zainal Abidin: I'd like to share an experience. But this is a less happy experience than the one that I encountered before. I remember, as a very junior diplomat, the foreign ministry was all over the world and had to operate for 24 hours a day. So even when the office was closed, we would have to have somebody mending the foreign ministry to get phone calls. And I'm talking about 1993, then you had to have somebody ready on the land line, just in case something happens. And I was then the duty officer, so I was mending the phone in the ministry. I remember it was a Sunday afternoon, and I received a call from our consulate in Los Angeles, saying that two Malaysian students had died in an accident. They were driving somewhere and then they were involved in an accident and two of them passed away.

Our consulate in Los Angeles gave me the number of the family in Malaysia. I had to call the house and inform the parents that their son had died. You could hear the parents crying in the background, which made a very profound impact on me. Because up to today, I always say to my younger colleagues that the first and most important duty of any embassy is to take care of the welfare of your people. Sometimes these are not pleasant experiences because you have to bring the bad news to them.

Often people think diplomatic life is particularly glamorous, like this, conducting very nice interviews with you and very pleasant people. But there is a different responsibility as well: more human aspects of being a diplomat which I never forget, which I never forget reminding my younger colleagues of.

Sun Chao: Dear Mr. Ambassador, you've been to China so many times before. What is your favorite Chinese dish nowadays?

Raja Dato' Nushirwan Zainal Abidin: I think it is called Xinjiang Latiaozi. It is a lamb stew with noodles from Xinjiang Province. I prefer this kind of noodles which are very chewy. Any chewy noodles are my favorite.

Malaysia, Truly Asia

Sun Chao: Thank you for sharing such an important life experience that has given us a deeper understanding of how to bring people together and how to be a true global leader. My next question is related to your country, Malaysia, as our neighbor across the sea. Malaysia has long and deep historical friendship with China. When the rest of the world is talking about your country, what would you want them to know and to remember?

Raja Dato' Nushirwan Zainal Abidin: Actually, I must say that Musang king is very well known in China and to be perfectly honest, the Musang king durian, I eat more in

China. I eat more in China than I do in Malaysia.

Here I get it for free, because I promote it. In Malaysia, it is far too expensive for me. So that's the advantage of being the Malaysia Ambassador to China.

But to answer directly to the question that you post, I have to think about it again. My job is very easy, because we have a very well-known sentence: Malaysia, Truly Asia. When people ask me how I want them to remember or to recognize Malaysia, I say that: Malaysia, Truly Asia. There is all of Asia in Malaysia given our diversity, because we are two parts, one is attached to mainland Asia peninsula and we also have two states in the Sabah, which means that we are the only country that is attached to mainland Asia as well as Kalimantan. The other word that I like people to associate with Malaysia is diversity. Malaysia is a very small country. The population is only 32 million, which is about the size of Chongqing in China. But there is a lot of diversity within a very small country. Those are the two phrases that I'd like people to remember Malaysia by.

The First Country of ASEAN Established Diplomat Relations with China

Sun Chao: Yes, I went to Malacca a few years ago. I think that was one of the happiest trips for us. My next question is related to our bilateral relations. What will be the focus of our future cooperation?

Raja Dato' Nushirwan Zainal Abidin: We established diplomat relations with China in 1974. And we were the first country of ASEAN to do that. Let's start off with some figures. In 2020, our bilateral trade was to the tune of 131. 16 billion dollars, which makes us China's 9th largest trading partner. And despite the pandemic, this figure grew by about 5. 7%. We expect to create new highs in the future.

Our relationship between China and Malaysia has been thousands of years. And in many cases, what Malaysians know of our history is through the writing of Chinese travelers to Malaysia for more than 1, 000 years. So, we see our past through the eyes of China. Because Chinese travelers were much better at record keeping than we were. Ours is more a oral tradition.

In terms of people-to-people relations, about 20% of the population is of ethnic Chinese origin. Mostly coming from the southern part of China, that's a very strong linkage as well. Malaysia is the only country that still officially has schools teaching in Mandarin. We call it vernacular school, which is quite unique in the world. This creates people-to-people links, political relations, cultural relations as well, a mix for a very strong foundation for bilateral relations between our two countries. As in any relationships, as close as China and Malaysia, there are issues. There is a Malaysian saying goes, that even the tongues get beaten by the teeth. This shows that, regardless of how close you are, sometimes you do have issues, but in the case of Malaysia and China relations, we have a way to resolve those issues very nicely and very effectively as well.

"We will Climb the Hill Together, We will Go Down the Valley Together"

Sun Chao: As far as I know, Malaysia is one of the founding members of the Asian Infrastructure Investment Bank (AIIB). How do you see the Belt and Road Initiative? How do you see the globalization in the new era?

Raja Dato' Nushirwan Zainal Abidin: The Belt and Road Initiative is obviously a very important initiative globally and particularly for Malaysia. As you mentioned, we are a founding member of the AIIB, we are one of the first few countries to sign up when it was first announced. And Malaysia becomes one of the pivotal countries in the BRI because of our geographical location. It's something may not be very well known, but the largest single Chinese investment in an infrastructure project is actually in Malaysia, which is the east coast rail link, whose value is about 11 billion US dollars. So it's a very important project, not only for China but for Malaysia as well.

In actual fact, the Belt and Road Initiative adapts very well to the Malaysian vision, which was first evolved back in the late 80's and early 90's by our former prime minister, who thought of having two things. One is the Asia-Europe rail link. And second, rail link between Singapore and Kunming, obviously passing through the Malay peninsula. So, the BRI fits in very well into our plan of the infrastructure project. Linking is not only with mainland Asia, but also with Europe. China is playing a pivotal role in realizing that vision. That is as far as the land aspects of the Silk Road.

Obviously, Malaysia is also an important partner for China in the Maritime Silk Road. Now as you have mentioned, this has been something which has occurred for hundreds of years, including through the very important voyages of the maritime era. Since you've been in Malacca, you must have seen the statues to commemorate the very important voyager Zheng He. Now we welcome China's Belt and Road Initiative. We are very happy that China is expanding the scope of the BRI, not only focusing on the infrastructure but also on a green BRI and healthy BRI. And we are very excited to be part of that.

The Challenge now for countries activities under the BRI like Malaysia and China is to make sure that the regulatory or what I call the soft parts of the Belt and Road Initiative, developed as quickly as the hard aspects of the BRI. Because if you think about it, connectivity is one aspect of the equation. The other aspect of the equation is to set up standards, rules, and procedures, which will facilitate the movement of these activities across borders. This is a very cumbersome process, even in the context of ASEAN.

These are very technical aspects, but when you want to roll them out in so many countries, these tend to create issues. But I'm sure that we are making good progress on this. People have spoken of automation, digitalization and so on as means to facilitate the movement of goods between countries. But then again, you would have to have a common platform to any boarders. And again, these are matters which we need to discuss very deeply among countries involved in this initiative. We 15 countries and regions have signed the Regional Comprehensive Economic Partnership, the RCEP, which means to facilitate the movement of goods. So hopefully with RCEP and other similar initiatives, we will be making good progress on the full realization of BRI.

Sun Chao: Dear Mr. Ambassador, as a traditional questions of my interview, what is your favorite sentence or motto from your country?

Raja Dato' Nushirwan Zainal Abidin: I think my sentence will be simple. I will quote a Malaysian saying that President Xi Jinping himself used when he was delivering his statement at the APEC meeting which Malaysia chaired. And the saying means that"We will climb the hill together, We will go down the valley together". This sentence shows the strength of our bilateral relations, which I think has grown even stronger during the pandemic period and hope in the post-pandemic period.

A New Type of Multilateral Development Bank in the New Era

—Interview with Jin Liqun, President of Asian Infrastructure Investment Bank

As a new type of multilateral development bank in the 21st century first ever initiated by China, Asian Infrastructure Investment Bank(AIIB) practices professionalism, efficiency, green and integrity. After only 18 months of operation, AIIB has achieved the highest credit rating of three major international rating companies(Standard & Poor's, Moody's and Fitch Rating).

"The goal of China initiating the establishment of AIIB is to meet the huge infrastructure financing needs in Asia. AIIB belongs to all member countries. China will take more international responsibilities to promote cooperation and win-win situation in Asia and between Asia and the other regions in the world. "Jin Liqun, the president of AIIB, said continuously and pleasantly.

President Jin was reelected and his new five-year term began in the year of 2021. When I entered his office, I was surprised by its simplicity and the large number of books; during our dialogue, I was deeply touched by his great sense of responsibility and vision. For example, the sentence from China he wanted to share with our audience is"Adversity Activates, Pleasure Kills". "The world is full of challenges, and Asia cannot expect to sustain itself alone. It is also our mission to cooperate with the other regions in the world. We want to explore the most inclusive and sustainable development path in a world full of uncertainty. "

Born in the same year of the founding of the People's Republic of China, Mr. Jin started to learn English in his elementary school. But in 1968 he went to the countryside and mountainous areas as educated urban youth and then 10 years later in 1978 he was admitted to Beijing Foreign Studies University as a graduate student; he was Vice Minister of China's Finance Ministry, Chairman of the board of supervisors of CIC, Chairman of CICC, one of the 22 trustees of the International Financial Reporting Standards Foundation(IFRS Foundation) and the first Chinese Vice President in the history of the Asian Development

Bank, and now the President of Asian Infrastructure Investment Bank, the first ever multilateral development bank initiated by a developing country. Jin Liqun's rich life experience and international expertise shaped his pattern and great vision.

No Motherland, No Individuals

Sun Chao: Mr. President, I would like to start with the question of your personal experience. As I know, you were major in English literature. After graduation you have excelled in the work including China's Ministry of Finance, World Bank, Asian Development Bank and now Asian Infrastructure Investment Bank. Literature and finance are two totally different majors. Is there any coherence between finance and literature or is there any coherence between your learning experience and working experience?

Jin Liqun: It's very interesting to think about my personal history. Because as you know, I was introduced to the English language as the 5th grader in the 1950's and at that time, few people knew that the English language was already one of the most important subjects for the schools and not every elementary school could offer the English language courses. I was in a very good elementary school and I started learning English when I was about ten, and then I went all the way to 1968. During the cultural revolution, I went to the rural areas as educated youth to work on the land for 10 years.

I kept learning English as a hobby. But it's not just learning English. It's learning history, culture, and the people who speak that language. At the same time, I've certainly devoted lots of time to the study of the Chinese language, history and culture. So broadly, language learning is a kind of liberal education and humanities. I think that's the very basis of any person's education. Science, technology, mathematics, all these are very important. But first of all, we are all human beings. We have to know how to behave as a civilized human-being, as a responsible member of the society.

Sun Chao: Mr. President, you have a wonderful life, successful career and you have seen the world. I am wondering what you find most unforgettable in your professional life?

Jin Liqun: I was very lucky. In 1978 when the graduate schools, graduate programs were restored in China, I got into Beijing Foreign Studies University to pursue my graduate study with professors including Xu Kezhang, Wang Zuliang, that generation of intellectuals in China. China was just opening up and China was embarking on the reform of the program at that time. So I had the best opportunity to be involved and engaged in the reform at the very beginning of these program.

When I finished my program in 1980, the membership at IMF and World Bank came back to the mainland. People's Republic of China formally represented in these two Bretton Woods Institutions and that paved the path for my career development.

When I was assigned to work in the World Bank in 1980, China was just on the threshold of opening up, China was on the cusp of major reform. But few people would expect what would become of this country, what would happen to this country in those days. I'm grateful to my country, people, government and the Communist Party that gave me the opportunity to be engaged in the process. That's an exciting period. And now when we look back at those days in the 1980s, 1990s, the early 2000s, we experienced personally the taking off of the Chinese economy. I was lucky, because I was part of this whole process, doing my bit for my country.

Now we China boasts all the modern infrastructure and has the fame of number two economy in the world. China is very much advanced in science and technology. China is also one of the few countries who would quickly produce vaccinations to deal with the COVID-19.

Now I certainly, as the president of the AIIB, work in the interest of all the members. Recently we had a new member, the 87th full member, Chile. We have now 104 members, and 87 members have completed their ratification of the whole process.

Sun Chao: Congratulations, not only on the new member, but also on the amazing job you have done for the past 40 years.

Jin Liqun: I think as an individual that we all have our limitations, and we should understand that if we are given a platform to play our role, this platform is provided to us by our country, by our people. You cannot possibly do anything without having a platform. That's the first step.

Secondly, if you are given the opportunity to play your role on the platform, you have to do your job well. For instance, when the Chinese leader initiated the creation of Asian Infrastructure Investment Bank, which was designed to provide financing for its member countries to promote prosperity and economic development through investment and infrastructure and in other productive sectors.

The creation of AIIB is a great vision. And this is not just a vision proposed by

China, but also the vision shared by all of the perspective members. So as the first multilateral bank created by China in the 21st century, the very basic idea of AIIB is to set up a new type of multilateral development bank, which would complement the existing multilateral development banks like World Bank not replace them which is impossible.

For instance, AIIB complement the functions of existing multilateral banks by focusing on the work of infrastructure which can share China's experiences effectively. China started to invest in infrastructure early in the 1980s, and by mid 1990s, and China's economy started to take off on the basis of modern infrastructure. So we believe that infrastructure paves the path for poverty reduction, for the taking off of the economy, and for the possibility of catching up with developed countries.

But first things first, we try to have the prospective members to understand why it's necessary to have a new institution and what kind of experience we could share from China's perspective with all the other developing countries. It's a very interesting process.

In 2014, we started to negotiate the Arctic agreement with the ASEAN countries, the gulf countries and central Asian countries, eventually with many European countries. So step by step, we built up the confidence of the prospective members in this institution.

It's interesting to note, AIIB would remain in the gene of the development banks. Over the last 5 years, we've been working on the governance, the standards and all the policies, strategies and rules of this institution to show that AIIB is on the path with the existing multilateral institutions.

AIIB also enjoys the advantage of learning from the experience of the well-established institutions. But some of them were created 50 years ago, and some were created seven decades ago, so they were created in a different environment. AIIB, as a new institution created in the 21st century, we certainly have some new elements to fit into this new environment. AIIB has the core values of being lean, clean and green. We avoid bureaucracy, We have zero tolerance for corruption and we promote green economy.

Focus on the Big and Set Free the Small

Sun Chao: Thank you so much for shading very important lights on the significance behind AIIB. During the past 5 years, there must be some difficulties as well. What was the biggest challenge you have faced?

Jin Liqun: I find it's very hard to pick out the biggest challenge. But there are a couple of difficult things we need to address. First of all, China is the biggest shareholder accounting for 30% of the capital subscription and 26.06% of the voting power. This is the first time that one developing country initiated the setting up of a bank and being the biggest shareholder. We must help all of the members and probably future members to have confidence in the high standard of this bank. This is the first challenge. And you cannot talk people into believing you, credibility has to be earned by your work.

So starting from day one as the president, I with our management team, did our best to operate by the highest possible standards. And it's amazing to see that only 18 months of the bank was running, we got triple A rating by the three major global rating companies. It's mainly because the rigorous implementation of the system and high standards we set up. The rating companies firstly focusing on the system we set up, and the governance structure, policies, procedures, rules and so on.

And they also caring about whether we are following all these rules, whether you implement this. At the same time, we recruit professionals worldly. I recommend the candidates to the board for the appointment of the vice presidents purely based on meritocracy. They must be professionally competent, have a very high ethical standards, and be steward devotees to development. Adding all of these, when the whole picture was presented to the rating companies, to the international community, they would believe this is going to be a great bank.

The second challenge is that a lot of developing countries expecting AIIB to give them financing as soon as possible. How could we meet their needs? We have limited manpower. Was it a good idea to quickly recruit many people? That's not a very good idea because we have to build up your institution step by step. And at the same time, we want to make sure that each project we finance must be of high quality. So to meet expectations and to manage quality is a challenge.

The third challenge is how we can bring the developed countries and developing countries together and focus on the most important part.

For instance, developing members would be very eager to get the financing. But developed members would look at all standards including environment protection, sustainability, gender balance and so on. Both sides have their very good views, very good reasons to highlight the most important part from their perspective. But as the management we must take all of them into consideration.

Also, as a new institution we now have professionals from 55 countries. Each and everyone has his or her own background. Some of them had experience working in other multilateral development banks, maybe in the governments or in the private sector. The challenge that how we can help them bring the best of their experience they picked up in their previous employer and fit our new standards at the same time is also a big one.

Sun Chao: Mr. President, you once mentioned, at this early stage of the establishment of AIIB it is vital to establish a great a corporate culture. In the past 5 years since AIIB has been created, what is the corporate culture of AIIB?

Jin Liqun: I always believe a corporate culture is the key to success of any institution. Without a very good corporate culture, it is impossible for the people to be devoted into the development of this institution and put their hearts and minds into their work. And as management we certainly need to take care of the staff as comprehensive as possible. So striking a proper balance between jobs, career development of the staff and their family life is at the heart of the corporate culture.

I think corporate culture covers whole range of aspects which are important for the healthy operation of any institution.

First of all, a corporate should be inspiring to all the staff, encourage the employees to work hard to the best of their ability and contribute to the institution. But for that to happen, the institution should be attended to variety of the needs and requests of staff. For example, young staff would like to see whether they could have a future in this institution, whether they could be moving up on the curve as quickly as they would like to see.

But for senior people who have years of experience in the former employers, they would like to know what extent they can make the best use of their career experiences to help build up a new institution. It's not often you could have a chance to build a new institution.

So we should create a working environment in which all the people can enjoy their dignity and be treated fairly. Relatively speaking, the senior managers indeed have more responsibilities. But that does not mean they stand a shoulder higher than others, let alone they can bully the staff or speak in a way which is not respectful.

We enjoy working on the premise of respecting each other with a very good team spirit. If we do a survey, there's always room for improvement. But if an institution has 80%~90% of people who enjoy working there and do not want to leave the institution, then that can prove the corporate culture is pretty good.

As the president of AIIB, I should spend more time on building the corporate culture than on detailed technical issues.

In 2020, we built up a very strong pipeline and provided $9.6 billion for COVID-19 financing. And China was the first country to get the support from AIIB.

Immediately after the outbreak of the COVID-19 the management took measures to deal with the pandemic. And we depended on the staff to do their job even when they were still scattered all of the world.

Sun Chao: You are truly a global leader and also a role model for many people, including the younger generation. So what kinds of young talents are more in line with international organizations including AIIB?

Jin Liqun: There are a couple of considerations for the recruitment of the young talents.

First certainly is meritocracy. They must be very good indeed, very competitive. When we advertise a position, normally we will have hundreds of applicants. Sometimes it will go over one thousand. The competitions are very tough. We will look at certainly their education background which is the hard and fast rule. And then we did a require at least minimum of 3 or 5 years of working experience before they join us.

Because this is a new institution, we could not take students fresh from college and train them, waiting for them to grow up, it's not possible. What we need are professionals who are relatively mature and have working experience.

And then we look at the different special fields. Normally we need people who are trained in Finance, Law and Operations. Operations come in various areas including transportation, water supply and energy, urban development, and banking.

We are more open than most of the MDBs which only recruit professionals from their member countries. We are inclusive regardless of the membership of their country. Professionals from the countries which are temporarily not our members still can join the competition. We look at professional experience and track record rather than passport.

And what is more, AIIB has the highest ethical standards. We have zero-tolerance for corruption. I don't want people who break the rules and I will not tolerate any harassment in this institution.

All in all, I can tell you we have very good people. I use the word steward devotees to call them.

Rooted in Asia, Global Perspectives

Sun Chao: Speaking of the differences, I know AIIB is closely to the value of openness and sharing, so it's natural to have different voices and different ideas. As the President of AIIB, how do you handle the differences and bring people together?

Jin Liqun: In our bank, we have professionals from about 55 countries. They have different background in terms of religion, culture, and their personal history and probably impact of the previous employers. The key is how we can bring these people to work together, to focus on implementing the mandate of our institution. You also can say this is an important achievement that we aim at.

You have experience working in the United Nations. Then we all work in interest of the humanity as a whole, build up the well-being of the entire human society. This is also the values of the Chinese leader. I think we are exactly doing this. Every day we have some challenges and difficult issues. But if our job is not to pursue our personal interests, we would be inspired with kind of enthusiasm to do things which is meaningful to your life.

So I think it's very important for people to stay together and chat a little bit so that they can reinforce this kind of conviction instead of working very narrowly on their own part of job. We encourage people to stay together, exchange ideas and to share their experiences. Though they have different views. It's fine.

We are all working in the best interest of AIIB. We are all working to promote the well-being of the people in our member countries. We are all dealing with global problems like climate change. It makes no sense to focus only on differences. What we should do is focus on the common ground and goals we pursue together.

Sun Chao: After 5 years of the establishment of the AIIB, What would be the next investment focuses and priorities?

Jin Liqun: We have just completed our corporate strategy, which would look forward to 2025 and 2030. And this corporate strategy was approved by the board in October 2021. This will be guiding the bank moving forward over the time horizon of 5 to 10 years.

For the next 5 years during my second term, it is to implement this corporate strategy. In a nutshell, we would be promoting a financing for climate change and mitigation to reach 50% of the approved projects by 2025.

We aim at reaching 50% of the financing in private sector development, mobilizing private resources for development by 2030.

China has a very ambitious program to achieve. This includes 2 steps: achieve "carbon peak" by 2030 and "carbon neutrality" by 2060. We are also trying to help China because China is a role model to achieve this objective. It is hugely important for other developing countries, a great inspiration.

We also would like to improve the health sector in our member countries. Because no nation is productive unless it is healthy. The articles agreement of the bank's mandate is to promote economic and social progress through investment, infrastructure and other productive sectors.

Health care system is also certainly a productive sector. The COVID-19 has brought everyone to understand how important it is to develop a good robust health care system. So far, we focus very much on Asia. But as we move forward, we need to finance infrastructure projects in other regions including Africa and Latin America.

We often say Asia cannot expect to sustain itself alone. Asia has to work with the other regions in the world and this is also our mission. So we should not be complacent and there are lots of things we need to do.

It has been 5 years after the establishment of AIIB, no matter how successful it has been, it still does not guarantee what is to come. We need to focus on what's to come. Life is tough and challenges are daunting. But in China we konw"生于忧患,死于安乐". In English, adversity activates, pleasure kills.

Sun Chao: Mr. President, congratulations on the second term which means expectation and hope, how do you define your new role for the next 5 years?

Jin Liqun: My role as the president and chairman of the board will remain the same, to manage the bank by high standards. I would forget about any achievements we are made together. I would just focus on improving on what we have achieved. I will focus on the most important part and continue to work with the senior manager members from different countries.

I always keep in mind that I'm a Chinese. I just want to share China is capable of creating and leading a major institution. And if I do well, I think people would have confidence in this institution moving forward.

Sun Chao: Because AIIB was inaugurated in China, headquartered in Beijing, when people especially the ones who have never been to China talk about China and Chinese people. What would be the best way to let them know a real China?

Jin Liqun: Actually becoming a staff of AIIB has brought quite a lot of people to China. For many of them, it's their first experience of living and working in China. It's their first time experience, they all enjoy living and working here.

Beijing has a large international community and foreigners can always find their own people. To my knowledge, many of them love this country and enjoy working here. Some people for whatever reason have to leave, they leave with a heavy heart. So I think the Chinese people are very friendly and the people here really make them feel very comfortable. Some professionals told me that, particularly ladies, Beijing is so safe and comfortable. There's not a single place which they would have the courage to go out in the mid night.

Sun Chao: I have a very important question about Belt and Road Initiative. I wonder your points of views on Belt and Road Initiative.

Jin Liqun: The Belt and Road Initiative is the platform, an international platform for all of the countries who are willing to promote cooperation and developments stay together. It's a platform inviting all of the countries, companies, individuals to work together. Asian Infrastructure Investment Bank is a multilateral Development Bank, which is an international institution operates by its own governance by its system and its rules.

The Belt and Road Initiative and AIIB share the same vision of promoting global connectivity or regional connectivity, promoting the globalized economy in which we all enjoy the outcome of 1 + 1 is more than two.

AIIB are very supportive of the Belt and Road Initiative. And we want to ensure that all the Belt and Road projects proposed by the member countries will be completed by high standards. And it is our responsibility to give credibility to the Belt and Road Initiative by finishing our jobs well.

Sun Chao: Mr. President, if there is a time machine that you can go back, what advice would you like to give your younger self?

Jin Liqun: It is an interesting question and let me put it this way. The thing I want to say to all the young people is that I think it's important for each and everyone from childhood to have very good education in ethics. In china we often say people must be politically reliable. Politically reliable means anyone must be patriotic. They should try their very best to represent their own country. If people work in the multilateral development institutions, the best way for them to serve their own country is through their work by serving their institution.

For instance, we Chinese working here, doing a good job in supporting the developing countries. They will be recognized as a qualified professional, a Chinese. So when they are respected by their high performance, China enjoys respect. Likewise, if any other countries' professionals working here doing good job, we will say, this gentleman or this lady comes from such a country. So when it comes to multilateral development institutions, they should always keep in their mind that they are national of their country.

When we grow up, we always had this kind of very important education. As you know, we had a saying at that time we should keep my country in my heart, but we should also look forward to the whole world and this is exactly what I have experienced.

Besides, Learning should be a life-long experience. I think I developed a habit of keep learning. I love to read and I love to think. Actually my dream as a teenager was not to do something like my job today because I didn't know there were this kind of job back then. I wanted to be a professor doing research. But you see if you develop yourself wholly, that could help you fit into any job which will come your way. Who knew, in the 1950s, English language proficiency could be so important? When I was a kid, I did not quite understand the whole point of learning Mathematics.

Do we really use that in our real life? Maybe not. But actually it's very important. Mathematics is very important in training your mind. I went on to learn economics. As you know that need calculus and mathematics. The basic education in all this helped me a lot.

If there's any piece of advice to young people, I would encourage them to be balanced in their approach to learning. They should learn history about their own country, they should learn history about the world.

Some people had a false idea, they thought once they got their degree, once they graduated from college, learning is finished. But on the contrary learning is just beginning. What is important is that translate your book knowledge into your real life, expertise and ability. Never ever stop learning.